名师工程
优化教学系列

新课标·新理念·新教学
丛书编委会主任：马 立 宋乃庆

让教学更生动

激发兴趣让学生快乐认知

智慧讲授/师生互动/教法创新/丰富资源/锤炼语言/走近大自然/打造生动课堂/运用故事/音乐/谜语/竞赛/多媒体课件等教学辅助手段/激发学生兴趣/让课堂充满趣味

朱良才/主编

西南师范大学出版社
全国百佳图书出版单位 国家一级出版社

图书在版编目（CIP）数据

让教学更生动——激发兴趣让学生快乐认知/朱良才
主编. —重庆：西南师范大学出版社，2011.3
（名师工程系列丛书）
ISBN 978-7-5621-5124-1

Ⅰ.①让…　Ⅱ.①朱…　Ⅲ.①课堂教学 – 教学研究 –
中小学　Ⅳ.①G632.421

中国版本图书馆 CIP 数据核字（2010）第 253835 号

名师工程系列丛书

编委会主任： 马　立　宋乃庆
总策划： 周安平
策　划： 李远毅　卢　旭　郑持军　郭德军

让教学更生动——激发兴趣让学生快乐认知
朱良才　主编

责任编辑： 钟小族　陈　琛
封面设计： 小强设计
出版发行： 西南师范大学出版社
　　　　　　地址：重庆市北碚区天生路 1 号
　　　　　　邮编：400715　市场营销部电话：023-68868624
　　　　　　http：//www.xscbs.com
经　销： 新华书店
印　刷： 重庆紫石东南印务有限公司
开　本： 787mm×1092mm　1/16
印　张： 17.75
字　数： 323 千字
版　次： 2011 年 3 月　第 1 版
印　次： 2014 年 2 月　第 3 次印刷
书　号： ISBN 978-7-5621-5124-1

定　价： 30.00 元

《名师工程》
系列丛书

编者的话

当前，以人为本的教育理念正在逐步深化，素质教育以及基础教育课程改革不断推进。在这场深刻又艰苦的教育改革中，涌现了无数甘为人梯、乐于奉献的优秀教师。他们积极探索、更新观念、敢于创新、善于改革，在实践中创造性地发展、总结了很多先进的教育思想、教育理念；创造性地开发了很多新的教学模式、教学内容和教学方法。这些新思想、新模式、新方法在实践中极大地提高了教学质量，是教育改革实践中的新内涵和宝贵财富。这些优秀教师就是我们的名师，这些新内涵就是名师的核心教育力。整理、总结、发展、推广这些教育新内涵，是深化教育改革、完善教育体制、提高教育质量、提升教师水平的一件大事。

教育，是民族振兴的基石；教师，是教育发展的根基。

胡锦涛总书记在全国优秀教师代表座谈会上指出："教师是人类文明的传承者。推动教育事业又好又快发展，培养高素质人才，教师是关键。没有高水平的教师队伍，就没有高质量的教育。"十七大报告又进一步强调了必须加强教师队伍建设，不断提高教师的素质。当今世界，社会进步一日千里，科技发展日新月异，知识更新的周期越来越短。教师作为"文明的传承者"更要与时俱进，刻苦钻研、奋发进取，尽快提升自身素质和能力，为推动教育事业的健康发展贡献自己的力量。

基于以上，西南师范大学出版社策划、组织出版了大型系列教育丛书——《名师工程》。希望通过总结名师的创新经验、先进理念，宣传名师的核心教育力，为广大教师职业生涯提供精神源泉和实践动力，在教育实践层面切实推动从教者职业素养的提升。通过《名师工程》实现"打造名师的工程"。

丛书在策划、创作过程中力求实现以下特色：

一、理念创新，体现教育的人本精神

教师角色在以人为本的教育理念下发生了重大的变化，教师的素质和能力也面临更高的要求。如何弘扬、培植学生的主体性、增强学生的主体意识、发展学生的主体能力、塑造学生的主体人格等问题成为教师在目前教育中亟待解决的难题。丛书以教育管理者和教师为主要读者对象，通过教师综合素质的提高而将人本教育的思想落实到教育实践中，真正实现教育培养人、塑造人、发展人的本质要求。

二、全面构建，系统提升教师的教育能力

丛书选题的最大特点就是系统、全面地针对教师教育能力的提升而展开。施教者的能力决定教育的效果，教育改革的落实、教育效果的提高无不体现在教师身上。丛书针对不同教育能力、不同教学要求、不同教育对象，有针对性地设置选题。棘手学生、课堂切入、引导艺术、班主任的教导力、互动艺术、课堂效率、心灵教育等等，这些鲜明的主题从教育的细节出发，从教育实际情况出发，有针对性地解决问题，让教师在阅读中学有所指、读有所获。

三、科学权威，体现教育的时代前沿性

丛书邀请全国各地著名的教育工作者执笔，汇集在教育改革与实践中涌现的先进理念、成果和方法，经过专家认真遴选、评点总结而成，代表了目前教育实践中先进的教育生产力，具有时代前沿性，是广大一线教师学习、借鉴的好素材。

四、注重实践，突出施教的实用价值

丛书采用了通俗的创作方法，把死板的道理鲜活化，把教条的写法改变为以案例为主，分析、评点为辅，把最先进的教育理念和方法融入有趣的情境中。经典的案例，情境式的叙述，流畅的语言，充满感情的评述，发人深省的剖析，娓娓道来、深入浅出，让教师更充分地领会先进、有效的教育方法。

在诸多教育、出版界同仁的支持与努力下，《名师工程》陆续推出了《名师讲述系列》《教学提升系列》《教学新突破系列》《高中新课程系列》《教师成长系列》《大师讲坛系列》《教育细节系列》《创新语文教学系列》《教育管理力系列》《教师修炼系列》《创新数学教学系列》《教育通识系列》《教育心理系列》《创新课堂系列》《思想者系列》《名师名课系列》《优化教学系列》《教研提升系列》《名校系列》等系列，共110来个品种，后续图书也将陆续出版。

丛书在出版创作过程中得到各地、各级教育部门与教育工作者的大力支持与帮助，在此一并表示感谢！

教育事业是全社会共同的事业，本丛书的出版一方面希望能对广大教育工作者有所帮助，共飨先进成果；另一方面也是抛砖引玉，希望更多的教育工作者参与到出版创作中来，百家争鸣、百花齐放，为促进教育事业的发展共同努力！

目 录

前 言

智 慧 讲 授，蕴 涵 生 动

教师在课堂上根据讲授内容穿插些短小的故事来说明、注解或强调所讲内容，甚至干脆用故事代替讲课内容，会让学生感到课堂的趣味性，并能激发学生的听课热情，启发学生思考。

教师根据教材内容、性质和特点，选取适当的音乐营造教学气氛，会让教学过程更加生动，达到事半功倍的效果。

中小学生好奇心强，编一些谜语让他们猜，能激起他们对知识的渴望，让他们在愉快的情境中收获知识、获得智慧。

在教学活动中，教师运用各种有趣的口诀，以轻松愉快为主旨，对课程内容开展形式多样的讲解，能充分调动学生学习的积极性。

诵读是运用响亮的声音把语言文字念出来。它是一种言志传神、负载丰富思想感情的口语表达艺术；也是一门用心来揣摩，用情来表达的声情并茂的艺术；它是体味作品的艺术，是欣赏词句的艺术，是调动情感的艺术，是拨动心弦的艺术。教师应通过诵读，引导学生领悟课文思想，让学生在诵读中解决疑难问题。

优美的语言能给人一种悦耳、轻松、愉快的感觉，能唤起学生积极的情绪状态，促使他们精神振作，产生强烈的探究和接受知识的欲望，并进行积极有效的思考。

教学需要设计，精心设计才能使教学精彩。但不论教师如何费尽心思地设计预案，总有一些意外情况是无法预料的。这时就需要教师有丰富的教学机智和高超的反应能力。

第二章

创 设 互 动，激 发 生 动

在众多教学方法中，游戏教学法无疑是激发并保持学生学习兴趣的一种重要途径，也是受教师喜爱，并被教师经常使用的教学方法。

教师作为学习活动的组织者、引领者，应适时、灵活、有效地设置一些课堂辩论，以激活学生思维，调动他们的积极性，让课堂变得更加生动。学生在这种愉快又具有挑战性的氛围中，可以充分挖掘自身潜能，使探究更加深入，产生更多的创造性成果。

竞赛式教学法是"竞赛"和"教学"的巧妙结合，是一种实用性极强且收效显著的教学方法。它将课本上的静态知识直接转化成动态竞赛游戏，让参赛者在活泼欢乐的气氛中，在激烈刺激的竞赛中，不知不觉地学到应该学习的知识。

"纸上谈兵"式的知识传授，往往使知识变得飘渺和枯燥，让学生很难"下咽"。教师有必要给学生开拓参与实践的新型教学模式，让学生在"做"中学到知识。

强烈的问题意识是思维的内动力，是创新精神的基石，更是素质教育的突破口。

第三章

教法创新，创造生动

真正的课堂应该是允许学生甚至教师出错的地方。学生的错误是一种很好的教学资源，教师要善于把握机会，创造性地对待学生的错误行为，让学生学会正视自己的错误，从错误中获得真实的知识，也让错误成为教师课堂教学的一个亮点。

子，不仅可以使深奥的理论通俗易懂，复杂的问题简单明了，而且还能帮助学生加深对新知识的理解与记忆，活跃课堂气氛，吸引学生注意力，提高学生学习兴趣。

丰富资源，打造生动

设计精彩板书，让学生感受教学魅力

优质的板书，往往是教师对教材的"再创造"，它能生动地体现教者对教材的深刻理解和巧妙处理，显示教者的教学思想、教学风格和教学智慧。

展示图片，激发学生的学习积极性

将教学内容用高度精练的关键字或图片表现在不同的卡片上，结构层次会更清晰。而且由于卡片很直观，让本来枯燥乏味的内容变得形象化、趣味化、交际化和生活化，大大激发了学生的学习兴趣。

巧用投影仪，让课堂图文并茂

在教学中，应用投影仪能加大课堂教学容量，使教学环节紧凑。上课时，首先将课文的学习目标、重点、难点、要求等投影出来，让学生一目了然，既明确了要求，又能在学习过程中做到有的放矢。

说到不如看到，在实物模型上寻找突破点

在教学中，使用模型可以提高学生的学习兴趣，激活学生的思维；可以使课堂变得生动有趣，让学生轻松掌握所学知识。

发掘教育资源，实施开放的室外教学，要求教师打破学校与社会、自然的壁垒，引导学生走出课堂、走出校园、走向社会、走向自然，广泛而深入地开展综合实践活动，让学生在体验人情、体验生产、体验社会、体验自然中增强社会责任感，提高综合实践能力。

用 PPT 课件辅助教学，能把教学时说不清道不明的知识，通过形象生动的画面、声像同步的情境、言简意赅的解说、悦耳动听的音乐，更形象、生动地展现在学生面前。

利用贴近生活的报刊内容来为教学服务，是一种新颖的教学方法。教师应经常利用时尚而贴近生活的报刊内容开展教学，开展活动讨论，拓宽学生的知识面，使传授的知识更加贴近生活，使课堂变得更加活泼、生动。

前　言

　　美国著名教育专家罗伯特·马扎诺博士提出了一种应用性教学理论，即学习的维度论。该理论倡导将脑科学研究中关于人如何学习的成果运用到教育上，这对于把握学生学习的性质和思维的特点、规划课程和教学评估等来说具有积极的借鉴意义。

　　这一理论把学习的过程概括为以下五个维度：

维度一：态度与感受

　　态度与感受影响着人的学习能力，如果学生在课堂上不够安全、舒心和愉快，学习的效率就会大打折扣。同样，如果学生对课堂学习任务持消极的态度，学习时就可能心不在焉。因此，有效教学的关键因素之一，就是帮学生建立起对课堂及学习活动的积极态度和感受，这就要求教师的教学要生动。只有让课堂具有吸引力，才能让学生更积极地学习。

维度二：获取与整合知识

　　帮助学生获取与整合新知识是学习的另一个关键层面。同时，马扎诺博士认为，因为知识可以分为陈述性知识和程序性知识，所以当学生在学习陈述性知识时，教师就必须指导他们将新旧知识联系起来；当学生在掌握新技能与新程序等程序性知识时，教师就必须让他们学会一个模式（模型或一组步骤），然后形成这一技能的程序，使之运用起来得心应手，最后，通过内化或操练技能让学生达到娴熟于心的目的。

维度三：扩展与精炼知识

　　学习不能止于获取与整合知识。学生应该通过扩展与精炼来加深对知识的理解，以便能在不同的情境中运用知识，这有赖于运用推理过程来分析已经学过的知识。对各门学科而言，共同的推理步骤有：比较、分类、抽象、归纳推理、演绎推理、提供支持、分析错误、分析观点。

维度四：有意义地运用知识

最有效的学习应体现在学生运用知识来完成任务上。因此，在安排教学活动时，教师要确保学生有机会合理运用知识，这是最重要的一个环节。

维度五：良好的思维习惯

学习有方的学生具备优良的思维习惯，他们的思维具有批判性、创造性和调节性三大特点。教师要帮助学生形成良好的思维习惯就要做到：（1）帮助学生理解习惯，如课堂讨论、树立榜样、同伴示范等；（2）帮助学生明确与形成同思维相关的策略，如边想边说、同伴分享、与人交流和专门训练等；（3）在学习环境中创造一种文化来鼓励学生思维习惯的形成，并给予积极强化。

这些思想给对我们实施新课程改革和教学改革有很大的启示，这个系统思维的过程，教育工作者更需要侧目以看。为了以更具体的形式将这一理论表现出来，让基层教育人借鉴思路，我们整合这些思想，设置了这套丛书：《让教学更生动——激发兴趣让学生快乐认知》《让教学更高效——策略创新让教学事半功倍》《让知识更系统——整合与概括让学生建构体系》《让教学更开放——拓展延伸让学生触类旁通》《让教学更生活——体验运用让学生内化知识》《让思维更创新——思辨与发散让学生思维活跃》，希望能够为教学做点贡献。

在图书的编撰过程中，我们引用了一些一线研究者和教师的论述、案例，由于不能取得一些原作者的联系方式，我们再次深表感谢！同时，也希望原作者见到图书后能和我们联络，以便寄奉样书并支付稿酬。书中不当之处，敬请指出，以便改进。

丛书编委会
2011 年 3 月

第 一 章

智慧讲授，蕴涵生动

以故事为契机，让知识生动化

中小学生处于成长关键期，他们好奇、好问又富有想象力，对于引人入胜的故事更是喜闻乐见。教师在课堂上根据讲授内容穿插些短小的故事，以说明、注解或强调所讲内容，甚至干脆用故事代替讲课内容，会让学生感到课堂的趣味性，并能激发学生的听课热情，启发学生思考。

一个动人的故事、一个美妙的传说或一个有趣的典故，都会让课堂教学更有吸引力；用故事对学生进行规劝、启发或警告，也往往会收到意想不到的效果。教师要改善灌输式教育导致的沉闷、僵化的局面，不妨用一些精彩的故事穿插在课堂中。

（一）以故事导入新课，让课堂引人入胜

托尔斯泰说："成功的教学所需要的不是强制，而是激发学生的学习兴趣。"用精彩小故事导入新课，不仅能瞬时营造轻松愉悦的课堂氛围，而且能迅速调动学生的积极思维，学生学习的积极性和主动性也会空前高涨。

用故事导入新课时，教师要注意故事不能太长，因为这样容易分散学生的注意力。这就要求教师要精心选择故事，力求选择紧扣课堂内容的简短故事。只有这样，故事在课堂中才能真正化枯燥为生动，起到点燃学生学习激情、增强课堂生动性的作用。

案例一

在讲"甲烷"一课时，安徽六安市大沙埂中学的沈善武老师，就是用"东陵大盗"的故事导入新课的。

"1928年，全国上下军阀混战，群龙无首。军阀徐源泉部下的一名军长孙殿英，盯上了宝藏丰富的东陵慈禧墓，打算开墓盗宝。经过两三个月的挖掘和爆破，奉命开墓的官兵终于打开了慈禧墓。进入墓室后，他们首先看到的是一个精致的烟盒，里面装着上等的鸦片。旅长韩大宝烟瘾顿发，摸出火柴就想美美地抽它几口。可他刚把火柴一划，突然间卷起了一片火光，墓室爆炸了，他们顷刻间被炸得血肉横飞。到底是什么东西使盗墓贼横遭厄运呢？原来是甲烷创下的奇迹。"

听了这个故事，学生们一下子就对甲烷产生了极大兴趣，沈老师很自然地就将他们带到了有趣的化学世界。

案例二

江苏省常州市第五中学历史教师李晨，也喜欢用小故事导入新课。

一天，在讲《明清君主专制达到顶峰》一课时，李老师发现学生大都对课文内容不太感兴趣。于是，李老师就结合课文，给他们讲了一个故事。

"明朝的'廷杖'制度，就是指皇上打犯错臣子的屁股。不管是不苟言笑的国家栋梁，还是学富五车的大学士，只要皇帝一发火，就必须乖乖地趴在午门外的砖地上，亮出屁股挨打。这种廷杖制度沿袭了整个明朝，是皇帝惩办朝臣的重要手段……"

在听这段故事的时候，学生时而哈哈大笑，时而又瞪大了双眼流露出惊讶的表情。看得出来，他们已经被故事深深吸引了。

李老师马上趁热打铁地提问："从这则故事中，我们可以看出明朝的君臣关系如何？"

"君贵臣卑。"学生高声回答。

看到学生有了上课的热情，李老师马上切入到本课的重点："为什么比起前朝，明朝臣子的地位如此卑微，君主的地位更为至上呢？我们来看一篇新课文……"

就这样，学生一下子被新课的内容吸引住了。

李老师把这种导入方式称为"激趣式导入"。李老师说，故事导入新课的方式是多样的，比如"冲突式导入"的教学效果也很好。

在上"席卷资本主义世界的经济危机"这课时，李老师先给学生讲了这么一个故事。

故事发生在20世纪30年代初，一个美国煤矿工家里。

寒冷的北风呼呼地吹着，一个穿着单薄的小女孩蜷缩在屋子的角落里。

"妈妈，天气这么冷，你为什么不生火炉呢？"小女孩在瑟瑟发抖。

妈妈叹了口气，说："因为我们家里没有煤。"

"为什么我们没有煤呢？"

"因为你爸爸失业了，我们没有钱买煤。"

"妈妈，爸爸为什么失业呢？"

"因为煤太多了。"

讲完故事后，李老师问学生："小女孩挨冻的根源是什么？这个现象是不是互相矛盾呢？"

学生面面相觑，谁也答不上来。

"当时不仅煤太多了，而且牛奶也太多了，猪也太多了，一桶桶的牛奶、一车车的大肥猪被倒进河里。当时不仅美国出现这个现象，英国、法国等一大批资本主义国家都出现了这个现象。当时不仅小女孩的爸爸失业了，欧美各国共有 300 多万工人失业了。这个看似矛盾的现象矛盾吗？它并不矛盾，这就是当年真实发生在整个资本主义世界的经济危机。它为什么会产生呢？"

听李老师说完，学生仍然静静地看着他，显然被震撼了，故事中的冲突激起了学生强烈的探究欲，李老师也顺势开始讲述课本内容。

沈老师用"东陵大盗"的故事导入新课，不仅让学生认识了甲烷的化学性质，还让他们一下子就对新课内容产生了极大的好奇心，从课堂一开始就调动起了他们的求知欲，点燃了他们智慧的火花，使课堂气氛很快活跃起来。

同样，李老师用"打屁股"和"矿工一家"的故事，拉近了学生与历史的距离，使学生觉得历史课不再枯燥。

可见，运用故事导入新课，不但让学生感到具体、亲切、生动、有趣，还可以造成悬念，使学生的心理处于一种惊奇、猜想和期待的最佳学习状态。

（二）把知识点编入故事中，让课堂富有情趣

教师根据学生的心理特点，将课堂学习重点有机地编入到故事中，可以将本来枯燥的知识教活，从而达到激发学生兴趣的目的。

有位心理学家说过："在人的内心深处都有一种根深蒂固的需要，那就是希望自己是一个发现者、探索者。"在青少年的精神世界里，这种需要特别强烈，他们通常有着旺盛的表现欲。因此，教师在自己编故事的同时，还要注意和学生互动，通过这样的方式，使学生建立良好的课堂感受，更好地调动他们在课堂中的学习积极性。

把知识点编入故事，是浙江省台州实验小学生物教师张强惯用的做法。在讲"消化系统"一课时，简单的开场白后，张老师问："同学们都吃过苹果吗？"

"吃过。"

"我经常吃的。"

学生们纷纷回答。

"有没有不小心把苹果籽吃下肚的？有什么感觉吗？"

"没有什么感觉，最后都拉出来了。"在笑声中有学生回答。

"对呀！苹果籽在你体内经历了一次长途旅行之后，又出来了。想知道苹果籽在你身体内到了哪些地方吗？请听这样一个故事：'苹果籽的人体历险记'。"

接下来，张老师把自己扮作一颗苹果籽，开始给学生讲故事，故事的内容大致是这样的：小朋友姗姗吃苹果时，不小心将"我"咽下去了。"我"在姗姗的消化道内，经历了一天的历险记。"我"先遇到像轧钢机似的上下坚硬的怪物，差点儿将"我"压得粉身碎骨；躲过这一劫，"我"马上进入了一根管道，被送到一个下着"酸雨"的地方；后来"我"钻进了一条又长又窄的迷宫，在那里走了很久，期间"我"身边的许多物质都神秘地消失了；好不容易走出迷宫，"我"又差点儿钻进死胡同，幸亏及时改变方向；后来"我"与一些很臭的东西混在了一起；最后，"我"和它们在姗姗上厕所时，一起离开了姗姗，重新见到了光明。

学生们在笑声中听张老师讲完后，对故事内容议论纷纷。

张老师打断学生们的讨论，问道："你们知道'我'经历的都是人体的哪些地方吗？"

"我知道上下坚硬的怪物是我们的牙齿。"

"下'酸雨'的地方是胃。"

"我知道那些很臭的东西是大便。"

……

学生的情绪空前高涨，各抒己见。

"真厉害，同学们知道得还不少嘛！那你们想知道这些地方具体在哪里吗？我们来看挂图。"等张老师把挂图挂起来，顺着故事的内容，学生们便兴趣盎然地学起来。

和往常一样，张老师又让学生们在欢笑声中感受到知识是有趣的。

为教学编故事，首先要按照所教的内容，将知识点融入其中，进而考虑故事的趣味性。无趣的故事味同嚼蜡，当然吸引不了学生，"激发兴趣"也就无从谈起。张老师根据学生心理特点，将课堂学习重点有机地编入到故事中去，将本来枯燥的知识教活了。

　　杨爱萍是浙江台州实验小学的语文老师，在教拼音时，杨老师这样对学生说："拼音宝宝们都住在一座三层的楼房里，这座房子叫'四线三格'。一般情况下，它们住在二楼。但也有一些长得高的拼音宝宝，它们在二楼住不下，就把头探出放在三楼，或者把脚伸出放在一楼。"

　　学生很快接受了这个形象有趣的比喻。

　　在指导学生书写"b、p、m、f"时，杨老师说："让我们把 b、p、m、f 送回家吧！它们该住哪儿呢？"

　　学生仔细观察后，都高高举起小手。

　　一个说："b 和 p 的半圆都住满了二楼，b 只好把头放在三楼，p 就要把脚伸出放在一楼了。"

　　一个说："m 的个子矮，它只要住满二楼就行了。"

　　还有的说："f 的个子高，它喜欢出头，右弯竖要放在三楼。"

　　学生纷纷准确地给出了答案。

　　在讲三拼音节 gua 时，她是这样给学生讲故事的："g 喜欢和 a 在一起玩，他们组成了音节 ga。可是有一天，他们忽然闹起矛盾来了，两个人背对着背，撅着小嘴，谁也不肯先认错。小 u 是个热心的同学，他走到 g 和 a 的中间，拉起他们的手说：'大家都是朋友，为什么要吵架呢？快别生气了，我们一起玩吧！'g 和 a 脸红了，觉得自己不该生朋友的气，于是他们三个一起玩，组成了三拼音节 gua。"

　　在整体认读音节中，韵母 i 是常见的组成部分。对此，在教整体认读音节 zi ci si 时，杨老师是这样向学生解释的："小 i 是个有礼貌的孩子，每次标调都会把帽子摘下来。z、c、s 看见了，都非常喜欢他。他们说：'小 i，你跟我们去玩吧！'小 i 高兴地说：'好呀！'他们一起出去，就组成了整体认读音节 zi、ci、si。"同样，在 zhi、chi、shi、ri 的教学中，杨老师也延续了这个故事，让学生牢牢记住了这些整体认读音节。

　　讲到标调规则时，杨老师把手放在耳边，靠近黑板上的单韵母卡片："咦，是谁在争吵呀？"

　　学生都不明所以地看着杨老师。

　　杨老师装作恍然大悟的样子："原来是 a、o、e、i、u、ü 争着要戴帽子呢！（标调）。可是它们每次出门都只有一顶帽子，给谁戴呢？同学们来当个小小调解员吧!"

这样的提问,让学生都兴奋起来,一个个高高举起小手,大声说出他们的想法。当他们说到按大小顺序标调时,杨老师及时给予肯定,并告诉学生:"i和u特别要好,他们商量好了,谁站在后面帽子给谁戴。"

杨老师的教学设计,不但让学生学会了标调规则,而且满足了学生表现自己的愿望,让他们充分体会到成功的快乐。

在杨老师为学生创设的拼音王国里,拼音不再是简单的符号,而是一个个有生命的精灵,它们具有人的性格,会哭也会笑,这对学生来说有着很强的吸引力。

(三) 用故事帮助复习,让知识情节化

复习巩固是课堂教学的重要一环,其目的在于帮助学生对所学知识有效记忆,防止遗忘,加深理解。为了达到这个目的,一般教师的做法是:不厌其烦地解题示范,接二连三地进行题型练习,反反复复地提问回答,重重叠叠地复述小结等。如此复习,大部分学生都会感到是一种痛苦的折磨。因为,他们所复习的都是"似曾相识"的旧知识,已不再有新鲜诱人的魅力。所以,在这个环节的教学中,教师更应注意方法的灵活多样。

在复习中,恰当引用一些生动有趣的故事,不但可以化解枯燥乏味之感,而且能给学生留下鲜明的印象,增加他们的愉悦感,让他们将知识记忆得更牢固。

新疆喀什中学的化学老师张震,在讲过"置换反应"的知识后,引用了一则古代故事引导学生复习,以加深他们的理解和记忆。

"宋代有一个商人唯利是图,用'点铁成铜'的方法骗人钱财,他把别人交来的铁器放在清水中,然后放入一些白色粉末,清水立即变成了蓝色的溶液,只见溶液中的铁器慢慢地变成了紫红色的金器。请同学们想一想,商人是利用什么进行骗人的?"

这样的提问,让学生自然想起之前学过的置换反应:$CuSO_4 + Fe \longrightarrow FeSO_4 + Cu$。

张老师在复习初中化学第三章"碳酸钙"这节课的内容时,是运用"杀狗洞"的故事巧妙复习巩固的:"在意大利有一个奇怪的山洞,狗进去很快就会死亡,人进去却安然无恙。据说洞内有一个妖魔专门杀狗,而人作为万物之

灵，受到上帝的保护，它不敢轻举妄动。意大利化学家波曼尔听到传说后，不畏艰险，毅然进洞考察，他发现这个奇怪的恶魔竟是 CO_2。"

张老师接着用之前讲过的知识给学生解释："山洞属石灰岩溶洞，在地层深处石灰岩的主要成分碳酸钙受热分解出 CO_2，CO_2 可溶于水，山洞中溶有 CO_2 的水又与 $CaCO_3$ 反应，生成可溶性的 $Ca(HCO_3)_2$，当含有 $Ca(HCO_3)_2$ 的地下水溢出地面时，由于受热，$Ca(HCO_3)_2$ 又分解放出 CO_2。山洞里弥漫着二氧化碳气体，由于二氧化碳比空气重，从水里逸出后积聚在洞内地层低处，形成高度为半米左右的二氧化碳层，而二氧化碳不能供给呼吸，所以狗在洞里会完全淹没在二氧化碳气体里窒息而死。"

故事讲完，学生们恍然大悟。

张老师通过讲故事的方式带领学生复习，充分调动了学生的兴趣，活跃了课堂气氛，用一个故事就涵盖了需要复习的全部知识点，而且使学生记得更加牢固。

在用故事帮助学生复习巩固知识的教学过程中，教师应力求故事内容与所复习的知识相贴合，不要因追求故事的生动性而偏离复习的重点，更不能让学生仅仅记住故事情节，而忽略了巩固知识。要让学生看到旧中有新，让他们感到复习同样是新鲜有趣的，从而帮助他们更高效地复习。

（四）用故事启迪心灵，让学生有所感悟

长期以来，在教室里听课往往被学生认为是最乏味的事情。究其原因，除了客观因素外，还有教师教学设计过于枯燥的问题。在课堂中用故事启发学生，可以避免传统的平铺直叙，可以调节课堂气氛，提高学生的学习效率，还能给学生留下非常深刻的印象。

安徽省霍山县大沙埂中学的历史老师李庆华，在讲课过程中注重穿插故事，经常利用一个个小故事启发学生。

在讲古罗马的公民法和万民法的时候，李老师给学生讲了一个凯撒大帝和埃及女王的故事。

"当凯撒大帝带领罗马大军，一路攻打到埃及的时候，他和埃及女王这对战场上的对手，在情场上却一见钟情。之后，两人相爱并生下了一个孩子。战争结束后，埃及女王带着年幼的孩子来到罗马并请求罗马法庭准许她们母子加入罗马籍。请问同学们：你们觉得当时的罗马法官会同意吗？"

没想到，古代战场上还发生过这么浪漫的爱情故事，台下的学生兴趣盎然地回答："不会!"

"为什么呢?"李老师问。

"因为当时的罗马公民法只适用于罗马公民之间，埃及女王不属于罗马公民，所以不行。"学生回答。

"那你们觉得这种判决合理吗?"李老师问道。

学生在下面议论纷纷，开始质疑罗马法："是啊，这种判决不太合理。""罗马大帝的亲儿子，怎么会不能加入罗马籍呢?"

"那如果这种法律判决不合理，法律要不要修改?"李老师不失时机地提问。

"改，一定得改。"学生几乎是异口同声。

"是的，这种判决很不合理，罗马的统治者们也觉得是这样，于是才逐渐把公民法修改为万民法。"

李老师不仅用小故事来启发学生对知识进行探索，还用它来对学生的错误言行进行启发式教育。

一天，李老师正在讲课。突然，一个学生高声说："为什么我们非要学习这些没用的东西呢? 我都学烦了。"

突如其来的变故一下子打破了课堂的秩序，教室里一片哗然。对这个学生是批评还是置之不理，对于李老师来说成了难题。但李老师毕竟是有着丰富教学经验的老教师，他灵机一动，对同学们说："既然大家听课都听累了，那我就讲个故事给你们解解乏吧。"

听到要讲故事，学生个个都很兴奋。

李老师接着说："从前，有一群牧民正准备扎下帐篷休息，忽然他们被一束耀眼的光芒所笼罩。他们知道神就要出现了，于是，他们满怀殷切的期盼，恭候着来自上苍的旨意。神果然如期而至，并对他们说：'你们去多捡一些鹅卵石，把它们放在你们的马褡子里。明天晚上你们会非常快乐，但也会非常后悔。'说完，神就消失了。牧民们感到非常失望，因为他们原本期盼神会给他们带来无尽的财富和健康长寿，但没想到神却吩咐他们去做这毫无意义的事。但是，不管怎样，那毕竟是神的旨意，虽然有些不满，他们还是各自捡了一些鹅卵石，放在他们的马褡子里。他们又走了一天。夜幕降临，他们又开始安营扎寨。他们突然发现放在马褡子里的鹅卵石都变成了钻石。他们高兴极了，但却后悔没有捡更多的鹅卵石。"

讲到这儿，李老师对学生们说："同学们，现在你们觉得所学的知识像鹅卵石，没有什么用处，而我要告诉你们，这些像鹅卵石一样看着不起眼的知识，将来在你们人生的某一时刻有可能变为无尽的财富。"说着，李老师看了看刚才高声提问的学生，说："现在你们不多捡一些，等鹅卵石变成钻石的时候可要后悔的呀。"

学生们听完这个故事，教室里变得非常安静。李老师没有再接着说下去，而是话题一转："好，让我们书归正传……"又讲起了他的历史课。

可能是受到了故事的启发，讲台下，学生听课比先前更安静了，也更认真了。

中小学生正处于心理发展的时期，思维模式正由具体形象思维向抽象逻辑思维过渡，而故事具有情节性强、容易引人注意的特点。在教学中，如果能够恰当地运用讲故事的方法，把故事作为问题情境的载体，就会激发学生投入到课堂学习中去的兴趣和热情，改善灌输式教育所导致的沉闷、僵化的局面，引起他们积极的思考，从而大大提高课堂效率。

像以上教例中告诉我们的那样，教师如果能够把握好故事的运用，更可以化解课堂尴尬，和谐师生关系，对学生的教育转化作用也非常明显。另外，面对学生的错误，直接说教或批评很可能会伤及他们幼小的心灵，通过包含哲理的小故事给学生启发，学生更容易对不正确的行为做出正确的反应。

诚然，讲故事是一门艺术，它能体现出一名教师的语言功底、表演才能和教育智慧。但如何在课堂教学短短四十分钟内，在不影响正常教学的前提下，见缝插针地利用好讲故事这个环节，则需要教师努力钻研。如果能利用好讲故事的教学方法，教师就会发现，原来学生是可以去享受教育的。

让课堂奏响乐章，增强教学感染力

实践表明，音乐在课堂教学中的灵活运用，是提高课堂教学实效性的重要途径。把音乐与课堂教学结合起来，是教师在探索课堂教学改革方面的一种尝试，这种尝试提醒我们：开辟新的教学方法，不能受制于传统思想的禁锢，要借助现代教学手段，努力实现教学生动化。

音乐作为鼓励学生学习的强化手段之一，能让学生在课堂中彻底摆脱不良情绪的影响，心情愉快、充满自信地参与到课堂活动中来。

教师根据教材的内容、性质和特点，选取适当的音乐融于教学中，可以营造出更加生动活泼的课堂气氛，收到事半功倍的效果。

（一）音乐激情，给学生营造感受氛围

心理学家查尔斯·埃默里曾说："音乐能够通过人脑中的不同神经传导回路，影响人的认知功能。音乐可以把人类的肉体、精神以及感情三者融合起来，它可以透过人们的意识，让人达到其他办法所不能达到的愉悦感。"

课堂教学要提高实效性，将音乐作为一种催化剂，提高学生的思维灵敏度，激发学生的情感，震撼学生的心灵，不失为一种好方法。

江苏省海门市第二中学的历史老师李龙华，在上课时，常常把音乐引入到课堂中去，用音乐激发感情，把历史课生动地展示给每一位学生。

在学习"九·一八事变"时，李老师是选用歌曲《松花江上》来导入的。

当歌声响起时，那悲愤的曲调填满了教室的每一个角落，那亡国丧家的悲愤，那对亲人的深情呼唤，那重返家园的呐喊……立刻感染了每一个学生。

"九·一八，九·一八"的反复吟唱，将学生带到了那令国人蒙羞、令民族蒙难的时刻。由此，李老师顺理成章地导入新课的讲解。

在讲"中国工农红军的长征"时，李老师先播放大合唱《七律·长征》："红军不怕远征难，万水千山只等闲……更喜岷山千里雪，三军过后尽开颜。"

学生一开始就被歌声深深震撼了，情不自禁地和着强劲的节拍唱了起来。在歌声中，学生自然而然地联想到红军的长征，为新课的讲解起到了很好的情感烘托作用。

在音乐中，李老师自己也会全身心地投入，用语言来增强音乐的感染力。在讲"一二·九运动"一课时，李老师先以激昂的情绪、饱含爱国之情的语言描绘了北平学生抗日救国、英勇斗争的场面，然后放了一段《黄河大合唱》。在歌声中，李老师用洪亮的声音问学生：

"这首歌反映了中华民族当时处在怎样的危急关头？为挽救华北危急局势，北平学生以怎样的行动对待这次斗争？我们今天应该向参加"一二·九"运动的爱国学生学习些什么？"

气势雄浑的曲调与充满激情的话语，产生了声声同步的巨大感染力。学生从音乐和旁白声中感觉到昔日中华民族的怒吼气息和如火如荼的抗日战争场面，如同回到了那个时代，有身临其境之感。

在讲"巴黎公社的历史意义"时，李老师采取"史论结合"法，利用前面所学的内容阐述巴黎公社是无产阶级推翻资产阶级统治，建立无产阶级专政的一次伟大尝试。

然后，他问学生："同学们可知道，有一首气势磅礴的歌曲，就是以巴黎公社为题材写成的吗？"

"《国际歌》！"学生回答。

于是，李老师播放了那首悲壮、嘹亮、深沉而又雄浑的曲子，引导学生去倾听"把旧世界打个落花流水"的呐喊，坚定"英特纳雄耐尔一定要实现"的信念，学习公社战士们"为真理而斗争"的不屈气节。学生学习的主题在音乐的陶冶中得到了升华。

李老师认为，音乐最重要的是起烘托氛围的作用，不一定非要在内容上有什么特殊的涵义。比如，上完"社会主义建设的新时期"这一课后，他播放了大合唱《歌唱祖国》："五星红旗迎风飘扬，胜利歌声多么响亮，歌唱我们亲爱的祖国，从今走向繁荣富强……"学生听了这首气势磅礴的歌曲，不禁陶醉在歌声中，受到极大的感染和鼓舞。

李老师按照历史内容，找到与其相关的歌曲让学生亲口唱一唱，能让学生跨越历史时空，感受历史情怀，体验历史的真实感。

在课堂中运用音乐创造良好的教学情境，对增强教学内容的吸引力、感染力有着积极的作用。书本文字对历史的描述，加上李老师对历史的精彩讲解，以及音乐强有力的烘托，形成了极强的课堂感染力。

（二）"以文配乐"，让课堂情趣盎然

音乐是世界上最美好的事物之一，它是人类情感的高度凝聚，可以陶冶人的心灵，直接作用于人的灵魂。不同语言、不同种族、不同文化背景的人们都可以通过音乐来交流他们的思想感情，音乐在人类的生活中发挥着越来越大的作用。不可否认，将音乐和课堂教学整合在一起，可以在育人中审美，在审美中育人，使学生轻松学、自由动、灵活用，更好地融入课堂。

江苏省海门市中心小学的韦继文老师善于"以文配乐"，用音乐和课文共同筑起一道课堂的亮丽风景线。

1. 咀嚼音乐，顿悟课文的思想内容

在教学中，韦老师将很多课文配上恰当的乐曲，来进行课堂教学。如在讲《可贵的沉默》这篇课文时，韦老师利用音乐渗透其中，达到让学生学会关心父母、回报父母之爱的教育目的。

在课前，韦老师先用歌曲《祝你生日快乐》导入。放完歌曲，韦老师问学生："当你们听到这首歌的时候，你们想到了什么？"

"生日蛋糕。"

"生日礼物。"

"父母和我一起过生日的场景……"

学生纷纷回答。

"讲得很好。今天我们就一起来学习发生在我们身边的一个庆贺生日的故事。"韦老师说，同时转身板书：可贵的沉默。

接下来，韦老师带领学生学习课文。

讲解完课文，韦老师给学生播放了阎维文的《母亲》："你入学的新书包有人给你拿，你爱吃的三鲜馅有人给你包……啊，这个人就是娘；啊，这个人就是妈。这个人给了我生命，给我一个家……"

韦老师说："母亲点点滴滴地付出，我们生病时她无比焦急，平时她默默

无闻地关心我们生活学习的每个细节……她为我们付出了太多太多。在听这首歌的时候，我们想想平时爸爸妈妈是怎么关心我们、照顾我们的，今后，我们该怎么做呢？"

"爸爸妈妈下班时给他们倒开水。"

"给爸爸妈妈捶背。"

"在他们生日的时候，送上我亲手做的生日礼物……"有学生含着泪水回答。

2. 欣赏音乐，感受课文的时代背景

韦老师在上《谁是最可爱的人》这课时，让学生先听《志愿军军歌》："雄赳赳，气昂昂，跨过鸭绿江，保和平，卫祖国……"

听罢，韦老师问："歌声让你想到了什么？"

"战争片中部队行军的镜头。"

"想到大部队奔赴朝鲜战场和敌人拼杀的情景。"

"上甘岭战役。"

"邱少云。"

学生回答。

韦老师通过音乐播放，让学生了解了抗美援朝的时代背景，为学习课文、分析人物思想打下了基础。随后，韦老师带领学生轻松地完成了学习任务。

3. 通过音乐，让学生深刻把握课文

韦老师在课程编排及教学实践中发现，音乐与文本之间有许多共通之处。比如，在讲《长江之歌》之前，韦老师会先给学生播放音乐纪录片《话说长江》，这样，学生们的兴致一下子就给调动起来了，继而让他们认真地看、仔细地听、投入地唱，感受长江的大气磅礴，让他们对长江的认识从朦胧变为清晰。通过看、听、唱，理解课文内容。学生学习时气氛轻松活跃，顺利完成了教学目标，达到了良好的情感体验效果。

在讲《月光曲》时，韦老师让学生在课前、课中和课后多次欣赏音乐《月光曲》，帮助学生理解课文内容，让学生配以时而徐缓抒情、时而高亢激昂的乐曲诵读课文，使学生身临其境：在水天相接的海面上，一轮圆月冉冉升起，月亮越升越高，穿过了一缕一缕轻纱似的微云，继而海面上刮起大风，卷起巨浪，波涛汹涌的大海格外壮观……这样，学生入其境而通其情，朗读时也就真正达到了声情并茂的效果。

将音乐与课堂教学有机结合，是有效实施素质教育的重要方式之一。在语文教学中适当地插入背景音乐，能够渲染气氛、活跃课堂，帮助学生理解课文内容、主题。让学生既品味了语言美，也体验了音乐美；既陶冶了情操，又丰富了生活。经过长期的经验总结，韦老师发现在语文教材中，有很多课文本身就具有音乐的节奏美、音韵美。韦老师将音乐与之结合，让学生在旋律中品味语言，在文本中感受音乐，让教学达到了事半功倍之效。

（三）吟唱古诗词，让诗词教学别具一格

古诗词本来就是用来吟唱的，但由于时代久远，曲调基本已经失传了。现在人们把一些古诗词的内容、风格融入现代音乐中，创作出了一些具有独特魅力的歌曲。教师在教学时，把音乐和古诗词有机地结合起来，能够调动学生学习的兴趣。此外，音乐还能帮助学生理解和领会古诗词的意境美，促进对诗词内容的记忆。

黑龙江省哈尔滨市方正县二中的毕明凤老师教学生学习古诗词时，经常让学生进行配乐吟唱。让我们来看看她是如何进行古诗词《虞美人》的教学的。

在课前，毕老师先播放古诗词新唱《咏鹅》《春晓》等，然后问学生："同学们，刚才听到的这几首歌你们熟悉吗？"

学生回答："熟悉。是唐诗《咏鹅》和《春晓》。"

"你们对唐诗、宋词喜欢吗？"毕老师接着问。

学生们齐声回答："喜欢！"

"老师也很喜欢古诗词，而且还特别爱唱古诗词。今天这节课同学们想通过吟唱来学习一首古诗词吗？"

学生们大声地回答："想！"

看到学生们热情很高，毕老师又说："这里有一首老师很喜欢的词。作曲家给它谱曲后，成为一首非常优美动听的歌。请你们听听，说说你们的感觉并讲出是哪首词，好吗？"（播放歌曲《虞美人》）

"歌曲的感觉是忧伤的，是《虞美人》，这首词我们预习过。"

"歌曲比较慢，很哀愁，是南唐李煜的《虞美人》。"

毕老师继续问："哪位同学说说，这首词表现了怎样的思想感情呢？"

学生们纷纷举手抢着回答。

"哀愁的。"

"非常哀伤的。"

……

"谁能朗诵一下这首词?"毕老师问。

许多学生都举手要求朗读这首词。

于是，毕老师就邀请一位有朗诵能力的学生进行配乐朗诵。

朗读完毕后，毕老师问学生："能让你们感动吗? 说说好在哪里?"

"很好、很感动。"

"很有感情。"

"他朗诵抑扬顿挫、很慢，完全表现出思念和哀愁之情。"

学生们七嘴八舌地发表自己的意见。

毕老师评价道："说得很好。这位同学通过较慢的速度、抑扬顿挫的语调把握住了这首词的情感基调，表现出了后主李煜在亡国后对故国的无比怀念和哀愁之情。刚才我们听的歌曲和词所表现的情绪吻合吗?"

学生们齐答："吻合。"

毕老师说："那么请大家再细细听歌曲，了解歌曲是怎样表达这种情绪的? 播放的同时请同学们跟唱歌曲，听完后有三个问题要请你们考虑。"

听完歌曲后，毕老师问学生们第一个问题："同学们，你们觉得这首歌曲是慢速平稳的还是快速多变的?"

这个问题很简单，学生们也很快回答出正确答案。

"慢速平稳的。"一名学生回答。

毕老师问："第二个问题，用这样的速度节奏能表达哀愁之情吗?"

"可以。"学生们大声地回答。

"第三个问题，如果用快速多变的速度和节奏来表现哀伤的情绪，让我们来感受一下，合适吗?"毕老师问，并把歌曲用快速多变的速度和节奏范唱了几句。

学生们听后都大笑起来，连忙说："不合适。"

毕老师适时地问学生："那为什么要这样处理呢?"

"人在情绪低落伤感时，动作、语速都是很慢的。"

"我听过的忧伤的歌曲，都是速度比较慢，比较平稳的。"

毕老师表扬道："同学们观察得真仔细。要表现哀伤的情绪，通常要用慢而平稳的音乐节奏。"在黑板上板书：哀伤——慢速平稳。

毕老师问："同学们，这首歌曲表达了无尽的哀愁，是用清脆明亮的语调还是柔和低沉的语调表现?"

"用柔和低沉的语调比较合适。"一名学生回答。

"情绪低落哀伤时，讲话都是慢慢吞吞，很轻的。"另一位学生说。

毕老师赞叹："说得真好！"接着在黑板上板书柔和低沉。"音乐通过速度、节奏和力度这些基本的表现手法能表达词的情绪或意境吗？"

一名同学回答："能。通过较慢的速度、平缓的节奏、较弱的力度和低沉的语调，可以深刻地表现出无限哀愁。"

"同学们回忆一下，刚才朗诵的同学是怎样表现词的情绪的？"毕老师继续问。

"速度也是较慢，抑扬顿挫的。"

"语调低沉。"

"对了，你们以后朗读这一类的诗词时就要用这种语速和语调。下面，大家就用这种语速和语调把《虞美人》这首词集体朗读一遍。"毕老师适时地引导学生注意朗读技巧。

读完以后，毕老师问学生："你们从中有什么发现吗？"

"诗词和音乐的表现方法一样。"

"诗词在速度、语调、力度等方面是和音乐表现手法相似的。"

……

"好，大家一起听一听，跟着唱一唱，再感受一下。"毕老师要求再听一遍歌曲。

听完歌曲后，毕老师总结道："同学们了解到音乐通过速度、节奏、旋律和声音的高低强弱这些基础的表现手法，也能恰当表现诗歌所要表达的情绪、意境。我相信通过今天这堂课，你们肯定理解了这首词的意境。当然，听过、唱过这么多遍，相信你们记忆诗词的内容肯定也不成问题了。"

古人云："读遍唐诗三千首，不会作诗也会吟。"毕老师让音乐走进古诗词课堂，让学生在吟唱中真正感受到学习古诗词的独特乐趣，领略古诗词的美感和意境，对于教学来说，是一种可喜的创举。

（四）背景音乐，是课堂的"兴奋剂"

针对体育活动的单调乏味，教师应着手创造欢乐轻松的教学氛围，调动学生锻炼的积极性，让他们以最佳的心理状态进行各种活动。采用音乐伴奏，使学生的运动与音乐节拍和谐配合，不但可以激发学生的学习情绪，充分调动学生的学习积极性，活跃课堂气氛，加强练习效果，同时还可以提高学生的音乐素养，培养审美和感受美的能力。

有关科研统计资料表明，在音乐下锻炼比没有音乐时耗氧量大，而人的主观却并不疲劳。这就证明音乐伴奏不仅能培养节奏感，还可以减轻运动疲劳。正确运用音乐伴奏，对于提高体育课的教学质量十分重要。

江苏省苏州中学体育老师郑先军，用音乐作为辅助工具，把体育课上得精彩纷呈。

在准备阶段，郑老师会选择欢快、节奏感强的音乐，让学生在音乐声中振奋精神，提高兴奋度，充分活动开身体各部位。

在做热身操时，郑老师让学生站成四列横队，体操队形散开，并给大家播放音乐《越北小调》，让大家随着音乐的节奏做操，这样避免了以往徒手练习的单调性。

在运动量较大的活动中，他常播放激烈的音乐刺激学生。比如气势雄伟、让学生感觉热血澎湃的《万里长城永不倒》和催人奋进、具有号召性、节奏果敢、给人一种勇往直前的气势的《义勇军进行曲》，以及教育学生要有集体观念的《团结就是力量》。学生随着音乐的旋律活动，在训练中获得快乐，在快乐中取得了很好的锻炼效果。

剧烈运动后或在课堂的结束部分，郑老师会让学生听些轻柔的音乐，如《茉莉花》，学生可以在那典雅、优美、舒展的旋律中调节与放松心灵。郑老师让学生跟随柔美的音乐做各种放松拉伸练习。轻柔的音乐让学生进入一种轻快的意境，使学生在生理和心理上充分得到松弛，轻松愉快地结束教学。

郑老师认为，在内容较枯燥、运动量较大的耐久跑及身体素质练习中，适当地听些激昂的音乐曲调，能提高学生的兴趣，转移注意力。

郑老师在讲解、示范时播放轻音乐，在学生练习过程中配播轻节奏的乐曲，在结束部分用轻柔音乐结束课程，除了增加课堂的愉快气氛外，还增强了运动激情，减轻了运动疲劳，提高了学生对体育课的热情。

在体育教学中把体育、音乐融为一体，能改变以往单纯的"教"与"练"的传统教学方式，实现以音乐激发学习热情、启迪智慧、满足兴趣、调节身心的目标，真正做到陶冶学生的情操、增强学生的体质。

综上所述，让音乐走进课堂，不仅是课堂生动化的需要，也是课堂教学未来发展的趋势。卢梭说过："音乐包含了比语言大一百倍的力量。"在教学中运用音乐这一艺术手段，是让课堂生动的途径之一。音乐与课堂教学的有机结合，为教学注入了生机和活力，提高了教学的艺术性，也让学生从中得到启迪、萌发灵感，在潜移默化中提高了学生的审美能力和气质涵养。

因此，教师要善于用音乐创设轻松欢乐的教学氛围，调动学生的积极性，让他们以最佳的心理状态进行课堂学习，把"要我学"变成"我要学"，把紧张单调的课堂变成生动活泼的课堂。

但要注意的是，教师应针对不同年龄段学生的心理特点选择正确的音乐。例如，班上的同学都正值青春期，比较喜爱流行歌曲，教师可以尽量选择一些与课堂内容相匹配的流行歌曲。如果所选的音乐太老套，就有可能事与愿违。

猜一猜，让学生跃跃欲试

在家庭中，家长往往喜欢用猜谜的方式作为早期教育的手段之一。这首先是因为谜语的娱乐作用，谜语能够以健康活泼、引人入胜、妙趣横生的形式，使孩子在愉快的氛围中获得知识和艺术享受。其次是因为谜语的教育作用，谜语取材广博，内容涉及政治、经济、历史、地理、文学艺术、自然科学等，可以说是一门包罗万象的综合性科学。通过猜谜，能够启迪智慧、丰富知识、开阔眼界。

谜语由谜面和谜底两个部分组成，谜面常用生动的描述、巧妙的隐喻，形象地刻画出某种事物的特征，妙趣横生。有些谜语还蕴涵丰富的情节和深刻的哲理。猜谜语可以帮助学生发现自然的奥秘，探索世界的神奇，发展学生的语言能力，培养学生的创造性思维。

（一）谜语，让课堂沸腾的催化剂

谜语常常用来表现生活中的事物，有锻炼智力，提高思维能力的功效。教学中，恰当地使用谜语，把谜语作为课堂教学的一种催化剂，能诱导学生对课堂产生浓厚的兴趣，让学生在猜谜活动中开阔视野，发挥联想，启发思维，陶冶情操，提高学习的积极性。

杨秀金是河南省焦作市山阳区塔南路小学的老师。在课堂上，杨老师把小学生的口语表达训练、形象思维训练和识字训练都融入谜语中，用谜语来调动学生的课堂学习热情。杨老师有自己的套路，共分为三个部分：了解玩法、师生互动和生生互动。在一堂一年级的口语交际课中，杨老师按照预先的设计，进行了一堂颇为生动的教学。

第一部分：了解玩法

简短的寒暄后，杨老师问学生："我收集了很多谜语，想在这节课上让大家猜一猜。那么如果你想说谜语，该怎样说呢？"

"我们应该大声说，要把谜语的内容说清楚。"有学生回答。

根据学生的回答，杨老师一边板书"大声说清楚"，一边问："听的同学又该怎样做呢？"

"我们要认真听，听完之后还要动脑筋想一想谜底是什么。"又有学生回答。

根据学生的回答，杨老师板书"认真听、想。"

"如果你没听明白怎么办呢？你会怎么说？"转过身，杨老师再问。

"问一问谜语猜的是哪一方面的事物。"

"我会请说谜语的人再说一遍。"

……

在同学们的回答中，杨老师在黑板上写下了一个"问"字。

至此，杨老师向同学们总结道："现在我知道说谜语的人要大声说，把内容说清楚；听谜语的人要认真听，还要问，要动脑想。其实我们可以问好多问题，有不清楚的地方可以问，想知道猜谜语的人是怎么猜出来的也可以问，想了解说谜语的人谜语是从哪里收集到的还可以问……"

杨老师这样的开场白，让学生们知道了谜语的玩法。

第二部分：师生互动

"知道了猜谜游戏的玩法，现在我们就开始猜谜语吧。"说完，她拿出一叠卡片说道："现在，老师先出谜语，请同学们猜，谁猜到卡片上的谜语，漂亮的卡片就送给谁。"

卡片附谜语1：

有个妈妈真奇怪，

肚上有个皮口袋，

不放萝卜不放菜，

里边放个小乖乖。

——打一动物

卡片附谜语2：

白公鸡，

绿尾巴，

一头钻进地底下。

——打一蔬菜

卡片附谜语3：

小小坛子，

装满饺子。

吃完饺子，

吐出珠子。

——打一水果

这时，学生们的学习积极性已经被调动起来，他们争先恐后地举起小手，主动参与到了活动中，课堂气氛高涨。在你争我抢中，答对的同学获得了漂亮的卡片。

杨老师接着问："这儿还有几则谜语，你们能自己读吗？读谜语时，遇到不认识的字怎么办？"

"我们可以问同学，问老师，还可以在课本里找一找。"学生回答。

"对！这些都是好办法。"杨老师道，"请你自己读一读，猜出谜底，并且说说是怎么猜出来的。"

……

在学生们竞猜的时候，杨老师不时地点拨，只要杨老师稍作引导，他们就会主动说出自己的答案和见解，个性得到了充分展现。

第三部分：生生互动

展示完手中的谜语卡片，杨老师问："刚才猜过的谜语是老师收集的，现在谁想把你自己收集的谜语给大家说说？你想让谁猜就让谁猜，而且记着问问他是怎么猜出来的？"

学生个个积极主动，跃跃欲试，真正参与到了活动中，争先恐后地要求上讲台把谜语拿出来和同学们互动。

学生一个个走上讲台……

"刚才这两位同学一问一答，大方又有礼貌，合作得多好呀！谁能比他们做得更好？"杨老师不停地在一旁鼓励参加活动的学生。

由于学生都想拿出谜语和同学互动，在几个学生活动过后，杨老师说："请你们把谜语写在纸上交给组长，让组长把谜语贴在教室的周围，让同学们猜一猜。如果猜对了，就把谜语小心地摘下来回到座位上……"

学生们积极思考起来。不一会儿就有学生从墙上摘谜语纸条，很快，墙上的纸条就所剩无几了。

"同学们真棒，猜出了这么多谜语！谁来把自己猜出的谜语说给大家听？"杨老师说。

学生们纷纷说出他们的猜谜根据和理由。杨老师对猜谜语多的学生进行了充分的表扬，学生的情绪也空前高涨。

杨老师的谜语教学法，激发了学生的学习热情，课堂气氛十分活跃，学生的注意力高度集中。"了解玩法""师生互动""生生互动"三个环节逐渐深入，充分调动了学生的表达欲望和积极主动性。

（二）谜语式教学，让课堂充满生气

猜谜语是一种妙趣横生的文化娱乐活动。充分利用谜语的特点进行教学，能使原本枯燥无味的课堂变得生动有趣起来，也使原本千头万绪的文章变得简单起来，既激发了学生们学习的兴趣，又帮助他们梳理了思路。小小的谜语，不仅可以营造宽松和谐的课堂教学气氛，也让学生在趣味盎然中进入后面的学习，使学生逐渐学会联想、推理、判断、归纳的方法，最终实现教学目标。

《山谷中的谜底》是苏教版小学六年级语文教科书中的一篇课文，它是一篇富有哲理的散文。作者用简练的文笔，通过记叙加拿大魁北克山谷的一个奇异的自然现象，告诉人们，在逆境和压力面前，既要敢于抗争，也要学会退让、以退为进。

在教这篇课文时，安徽省六安市三里店小学的语文老师朱冠男，充分利用谜语有趣好玩、富有探究性的特点进行教学，让课堂充满生气，收到了良好的教学效果。

"同学们，你们喜欢猜谜吗？"朱老师问学生。

"喜欢！"学生高兴地回答。

"老师今天就先让大家来猜个谜语：麻屋子，红帐子，里面睡着个白胖子。猜猜是什么？"

"花生！"

"同学们真聪明，一下子就猜出来了。你们能告诉老师谜语由哪两部分组成吗？"朱老师鼓励中带有提问。

"谜面和谜底。"这个简单的问题没有难倒学生。

"很好！今天，我们要学习的这一篇课文就像一个谜语。请同学们仔细听老师朗读，认真思考：这篇课文的谜面是什么，谜底又是什么？"朱老师给学生布置了任务。

朱老师读课文，学生边听边思考，按照朱老师的指示，兴致勃勃地在课本中找"谜面"和"谜底"。

几分钟后，一些学生有了答案："这篇文章的谜面在第一自然段——加拿大魁北克山谷的西坡长满松、柏、柘、女贞等杂树，而东坡只有雪松。"学生们纷纷回答。

"那谜底又是什么？"朱老师问。

"在第三自然段的最后部分，谜底被揭开了——东坡雪大，其他那些树，因为没有雪松的这个本领，树枝都被积雪压断了，渐渐地丧失了生机。"

"西坡雪小，树上少量的积雪根本就压不断树枝，所以除了雪松之外，柘、柏、女贞之类的树种，也都存活了下来。"

……

学生们争先恐后地抢着回答。

"你们找得很准，一下子就把谜面和谜底找了出来。不过老师有一个疑问：在谜底中提到的'雪松的本领'究竟指的是什么？"

学生回答问题的热情不减，积极争抢"话语权"。这时，朱老师改变集体回答的做法，他指定了一名学生回答。

"雪松的这个本领在第三自然段谜底的前面——当雪积到一定程度时，雪松那富有弹性的枝丫就开始向下弯曲，于是积雪便从树枝上滑落，待压力减轻，刚弯下去的树枝又立即反弹过来，雪松依旧保持着苍翠挺拔的身姿。"一名学生大声地回答。

"真是太聪明了，但是我要提醒大家的是，如果雪松的枝条仅仅弯一次，能不能存活下来？"

"不能！它是不断重复弯曲的动作才使自己存活下来的。"同学们干脆地回答。

"现在你们能不能把雪松的这个本领用书上的一段话来概括？"

"就这样，反复地积，反复地弯，反复地落，反复地弹……不论雪下得多大，雪松始终完好无损。"学生整齐地诵读道。

"对！雪松的这个本领，我们用一句话概括就是——雪松正是因为它的枝条富有弹性才存活了下来。现在，谁能把雪松的这个特点放到谜底中去说？"朱老师加大了问题的难度。

"东坡雪大，其他那些树，因为不像雪松的枝条那样富有弹性，树枝都被积雪压断了，渐渐地丧失了生机。"

"西坡雪小，树上少量的积雪根本就压不断树枝，所以除了雪松之外，柘、柏、女贞之类的树种，也都存活了下来。"

"好，谜面和谜底我们都知道了，下面我请大家把谜面和谜底连起来说一说。"

"（谜面）加拿大魁北克山谷的西坡长满松、柏、柘、女贞等杂树，而东坡只有雪松。（谜底）因为东坡雪大，其他树，没有像雪松的枝条那样富有弹性，树枝都被积雪压断了，渐渐地丧失了生机。而西坡雪小，树上少量的积雪根本就压不断树枝，所以除了雪松之外，柘、柏、女贞之类的树种，也都存活了下来。"

"太棒了！今天的谜语我们学得太好了，祝贺大家！"朱老师边为学生鼓掌边赞叹。

上课伊始，朱老师便问学生喜不喜欢猜谜语，学生听了，便一下子活跃起来。听完课文的谜面，学生开始冥思苦想，继而交头接耳、互通谜底，最后交流发言。学生们在朱老师的引导下，猜谜语、读课文、想问题，最终达到了掌握课文主要内容、理清文脉的目的。

（三）把谜语当做活跃课堂的因子

苏霍姆林斯基曾说："教师讲课生动与否，很大程度上决定着学生在课堂上的脑力劳动的效率。"教师在教学时，应当努力调节课堂气氛，使学生感受到学习的快乐。在教学中插入谜语，是活跃课堂气氛的一种好方法，它能充分激发学生的学习兴趣，使教学顿生辉色，从而营造出一种有利于学习的、轻松愉快的氛围，使学生愉快地理解、接受和记忆知识。

谜语是活跃课堂的因子。在课堂中穿插谜语，往往能让课堂更加生动有趣——这是河北省某重点中学的老师们一贯主张、并始终坚持去做的一条教学技巧。

学校教地理课的董老师，常把一些富有哲理性、科学性的谜语，巧妙地引入课堂。在讲授"中国的疆域和行政区划"时，为让学生记住省会，她让学生猜这样的谜语：一寸光阴一寸金——贵阳；圆规画鸡蛋——太原；夸大话的嘴——海口；带枪的男人——武汉等。通过让学生猜谜语"黑汉本领强，浑身闪闪亮，入炉放光热，工业好食粮——煤""大地冰雪谁融化——太阳能"等来活跃课堂气氛，从而导入新课"矿产资源""太阳能"等。

董老师在地理课中插入谜语，既活跃了课堂气氛，调动了学生的学习兴趣，又巧妙地传授了新知识，培养了学生的分析能力。

又如，在生物课上，李老师在讲"原生动物门"这节课时，先让学生们猜谜语，"小小鞋儿水中漂，满身遍体长纤毛，显微镜下细细看，扭转身子倒着跑"（打一动物）。

当老师念完谜面时，教室里立即沸腾起来，学生们争先恐后发言。当找到答案时，这节课的重点内容——草履虫成为学生关注的话题，大家很快对草履虫产生了浓厚的兴趣。随后，学生们带着愉快的心情投入到学习之中。

在这所学校，让谜语成为活跃课堂的因子的案例比比皆是。语文课堂上，运用谜语教学就更普遍了。有人认为，在小学的语文课上运用谜语才最有效果。其实不然，在给中学生上语文课时，学校的舒老师依旧用谜语来调动他们学习的积极性。

在讲文言文《石钟山记》之前，舒老师把一则谜语写到了黑板上：

一门三父子，

俱是大文豪。

诗赋传千古，

峨眉共比高。

——打中国历史上的三位文学家

同学们看到谜语，一下子活跃了许多。经过反复思考和讨论，大家得出两个答案——要么是三曹，要么是三苏。

究竟哪个答案才正确呢？舒老师与同学们一起分析了板书内容。前两句，三曹三苏皆可。关键是最后一句，峨眉是苏轼的故乡。对苏轼生平比较熟悉的学生很自然地得出正确答案：三苏。答错的学生也意识到自己在资料阅读积累方面的不足。这样，既提醒了学生阅读，又活跃了课堂气氛，一举两得。

谜语将智力游戏、知识教育和诗情画意融为一体，以短小精悍的语言，包容大千世界与人类智慧。用它来装点现代课堂教学，可使教学充满智慧和乐趣。

喜欢猜谜是学生的共性，它可以使学生的发散性思维得到训练，使课堂气氛变得活跃。当学生听课累了，或者在课堂内容较为乏味时，教师不妨插入一些谜语，去调节学生的学习情绪。巧用谜语点缀教学，会使课堂生辉增色。

（四）巧用谜语识字，寓教于趣

学生自主学习意识的培养不容忽视，尤其是在小学识字教学中，教师更应选取最佳的识字方法，通过猜谜语，让学生轻松进入"识字乐园"，寓教于趣，使学生在愉悦的心境中，进行有趣的识字活动。学生一旦对识字产生了兴趣，他们就会自觉地克服各种困难，想方设法抓住一切机会识字，并且学以致用，自得其乐。

甘肃省兰州市兰园小学语文教师陈阳在教小学生识字时，发现许多小学生对识字不感兴趣。在陈老师看来，识字教学首先要让学生喜欢学习汉字，产生主动识字的愿望。因此在教学设计中，陈老师经常用动物图画、多媒体课件、编谜语等方式拉近学生与教材的距离，特别是在利用谜语进行识字教学方面，陈老师是最有体会的。陈老师善于用谜语赋予文字生命力，唤起学生识字的愿望，激发学生识字的兴趣。那么在课堂教学中，他是怎样做的呢？

1. 用顺口溜式谜语识字

编谜语是陈老师的拿手绝活。为了教学生识字，陈老师自编了大量的汉字谜语，例如在学习"拔"字时，陈老师顺口就编出了这样一则谜语：

"小朋友伸出手，用力拽，拽不动，头上冒出了汗。"（"友"上边的点就是小朋友头上出的汗）；

再如，在教"画"字时，陈老师又编出了谜语"一位姓田的小朋友去坐小船"；

此外还有"三人看日落——'春'"；

"一个人，他姓王，兜里装着两块糖——'金'"；

"一口咬掉牛尾巴——'告'"；

"上边竹子下边毛，写字画画离不了——'笔'"；

……

陈老师的识字谜语，深受孩子们喜爱。陈老师认为，学生猜谜的过程就是识记生字的过程，这种识字方法，生动活泼，既调动了学生的积极性，又激发了学生的兴趣，活跃了学生的思维，比单纯的读字抄字效果好得多。

2. 用谜语小故事识字

小学生都喜欢听故事，陈老师认为，在识字教学中若能把一个个抽象的汉字演绎活化成一个个生动有趣的谜语小故事，让他们通过听故事、讲故事，在轻松、愉快的氛围中记住生字，更能激发他们的识字兴趣。例如在教"影子"的"影"字时，陈老师把"影"字拆成"日（太阳）""京（京京）""彡（影子）"三个部分，编成这样一个谜语故事："有一个小朋友叫京京，他站在太阳下，地上留下了三撇影子。"这样，通过讲谜语故事的方式，让学生在轻松愉快的氛围中认识了生字，记忆深刻，效果很好。

3. 根据字形的特点编识字谜语

例如，学习"飘"字时，陈老师用边猜谜语边写字的方法出示生字："西二小，真轻巧，风一吹，它就飞起来"。学生们哈哈大笑，很快就记住了"飘"

字。再如教"坐"字时，陈老师边板书"坐"字边说："两人在土上，这是什么字？"学生摇头。陈老师再问："你们现在是站着，还是怎么着？"学生齐声回答："坐着"。陈老师说，这就是我们要学的"坐"字，然后让学生再把上面的谜语说几遍，字形与字义就自然而然地掌握和理解了。

4. 鼓励学生用自己喜欢的方式编谜语识字

每个学生都希望自己成为一个发现者、创新者，他们喜欢用自己独有的方式去认识事物，得到肯定后往往会获得心灵上的满足，并会以更高的热情、更积极的方式去探索新知。陈老师为了保护学生这种热情，鼓励学生用自己的方式编谜语识字，不强求统一或规范。如：学习"司"字时，有的学生就以"司"字编出谜语："'同'字去掉一笔'丨'变成了什么？"有的学生编成："'词'去掉'讠'旁就变成了什么？"还有，在学习"李"字时，有的学生用"李"字编出谜语："'十、八、子'这三个字组成了什么？"有的学生则编成："'木、子'这两个字组成了什么？"出现这种情况时，陈老师对二者都会给予肯定和鼓励，因为这样有利于激发学生识字的兴趣。教学效果表明，这种识字方式非常适合低年级的学生。陈老师所带班上的学生也很少出现写错别字的现象。

学生通过朗读、推理、说理、猜谜等探究活动，会轻松地记住许多生字，有助于学生举一反三，培养独立识字的能力。另一方面，学生掌握了猜谜识字的规律，可以自己编字谜，这样一来，学生识字的兴趣就被最大限度地调动起来了。

可见，谜语具有较强的趣味性和启发智力的作用。它通过对事物的形状、结构、用途进行由表及里，由形及神的描写形成谜面，高度集中地反映了事物的本质，蕴涵了丰富的知识、思想和情感。教师若能精心选择一些符合学生心理特点和智力发展水平的谜语，合理应用于课堂教学中，集学习和娱乐于一体，必将起到事半功倍的作用。

因此，恰如其分地将谜语运用于课堂教学中，把一些抽象的或深奥的科学知识形象化、具体化，变复杂为简单、变深奥为有趣，能较好地培养学生灵活机智的性格和快乐学习的心情，学生在这种轻松愉悦的课堂气氛中学习，会思路开阔、思维活跃，学习兴趣也会相应得到提高。

营造课堂教学气氛、激发学生兴趣的方法很多，而将知识性、趣味性和思维性熔于一炉的谜语教学是一种生动有趣，富有成效而又深受学生欢迎的好方法。

口诀，让知识朗朗上口

现代心理学研究表明，学生在接受外界输入的教学信息时，自身所处的状态直接关系到接受的效果。教学时教师使用言简意赅、具有诗歌韵味和幽默感的口诀能较快地集中学生的注意力，提高学生的学习兴趣和学习积极性，激发学生的求知欲，使学生学习时的思维、情绪等处于良好的状态，因而能较快地接受教学信息。

口诀包括民谣、谚语、古诗词、新诗、歌诀、对联、顺口溜、打油诗等文体，具有知识性强、趣味性强、概括性强、通俗易懂、朗朗上口等特点。

在教学活动中，教师通过各种有意思的口诀，以轻松愉快为主旨，对课程内容开展形式多样的讲授，能充分调动学生学习的积极性，发挥学生的主体作用，培养学生的参与意识和实践能力，使学生在轻松、愉快的课堂气氛中完成学习任务。

（一）通过歌谣，让繁琐的知识变得简易

口诀教学法就是把广泛而芜杂的教学内容系统化、条理化、概括化，把学生需要掌握的知识集中起来进行教学，其目的是让知识变繁为简，使学生在轻松、愉快、自由的教学氛围中充分发挥想象力，快速获得知识。

安徽省安庆中学的历史老师项发明发现，在课堂教学中，若能把有关知识进行整理，并用歌谣归纳出来，不但会大大减轻学生的负担，而且有助于调动学生的课堂兴趣，对提高学生成绩能起到积极作用。

在讲"光辉的新民主主义革命"这一课时，他把内容归纳成以下几句话：

"开创一条道路、经过四次战争、推翻三座大山、建立一个政权、结束半个历史、实现两个变化。"

很快，学生就记住了这个歌谣，也明白了其中的含义："开创一条道路"，是指开创了一条农村包围城市、武装夺取政权的新民主主义革命道路；"经过四次战争、推翻三座'大山'"，是指中国共产党领导全国各族人民浴血奋斗，经过北伐战争、土地革命战争、抗日战争和解放战争这样四次伟大的人民革命战争，推翻了压在中国人民头上的帝国主义、封建主义、官僚资本主义三座"大山"，取得了新民主主义革命的胜利；"建立一个政权、结束半个历史、实现两个变化"，强调1949年建立了中华人民共和国，结束了中国半殖民地半封建社会的历史，实现了民族解放和国家独立。

这种概括化的语言，激发了学生的学习热情；把繁琐的内容凝结成几句话，大部分学生在几分钟之内就掌握了这部分内容。

这种方法被项老师称为口诀教学法，它能让知识变繁为简，让课堂生动有趣。

口诀教学法在各科教学中都有广泛的应用。比如，地理老师在讲巴拿马运河的重要性时，很难一下子说清楚，而编写了"世界的桥梁、海运的心脏。连接南北美，沟通两大洋"的口诀进行教学，不但可以让教师教得轻松，也能让学生学得愉快。

物理老师也可以把繁琐的"光的折射"原理编成歌谣："要画光的折射图，需要记住七要素：入射光线入射角，折射光线折射角；法线穿过分界面，不要忘了入射点。"

某生物老师讲"心脏的结构特征"一课时，发现知识点琐碎，大部分学生在有挂图和模型的基础上，对各部分结构名称及与心脏相连的血管还是容易混淆，于是老师编写出"两括加一括，中间一竖过。两房叠两室，左右对调坐。心房连静脉，左肺对上下。心室连动脉，左主右通肺。"然后对学生加以说明：前两句是心脏结构简图的画法；三、四句是针对看中常出现的错误加以提醒，引导学生确立正确的看图观念；后四句把与各心腔相连的血管交代清楚了。讲课时边画简图边标明结构，学生依照歌谣边画边记，对所学内容可以迅速掌握。

歌谣的运用，让安庆中学教学风格生动明快，知识要点一目了然。如今，歌谣教学法在安庆中学被广泛运用，它成了课堂生动化的法宝。

口诀教学法让知识变繁为简，既增强了学生的记忆效果，也让课堂更加生动有趣，极大增加了学生对课堂的喜爱程度。可见，在课堂教学中，教师若能把有关知识进行整理，并用口诀归纳出来，不但会大大减轻学生的负担，而且有助于调动学生的学习兴趣，对提高学生成绩将起到积极的作用。

（二）通过顺口溜，让枯燥的知识生动起来

顺口溜是口诀的一种，在我国源远流长。它产生于民间，具有通俗易懂、切中时弊、短小精悍、诙谐幽默、形象逼真、朗朗上口等特点，为广大劳动人民所喜爱。课堂上运用顺口溜，能充分发挥学生的主体作用，使学生在较短的时间内轻松愉快地获得较多的知识。

案例一

浙江省巨化二中的老师们常把知识点编成顺口溜，不仅活跃了课堂气氛，更让书本中枯燥的知识变得生动。

上过汪涵老师化学课的学生总会记得，在学元素在地壳中含量的顺序时，汪老师把"氧硅铝铁钙"编成"洋鬼子扛着铝铁盖"，引得学生哄堂大笑。一句"顺口溜"就烘托了课堂气氛，学生不仅获得了欢乐，而且还把元素在地壳中含量的顺序记得一清二楚。同样，在学酸碱指示剂"紫色石蕊在酸溶液中变红色，在碱溶液中变蓝色；无色酚酞在酸溶液中不变色，在碱溶液中变红色"时，通常情况下，学生们对这样枯燥的叙述不感兴趣，总记不住，而汪老师只告诉学生两句话："紫色石蕊有本领，碱中变蓝酸变红；无色酚酞另记清，只在碱中才变红。"从此，学生在做这方面的习题时，都是提笔便答，而且从不出错。

汪老师讲到氧化还原反应的知识时，发现学生很难把失去电子、化合价升高、被氧化三个概念联系起来记住，怎么办呢？汪老师先用"顺口溜"给学生讲了一个生活小常识：骨折了，打石膏，伤好了，皮肤痒，简单说就是"石膏痒"。之后，他把氧化还原反应的三个步骤总结为：失（失去电子）、高（化合价升高）、氧（被氧化）。

汪老师把繁琐的知识编成了"顺口溜"，在这种轻松愉快的课堂气氛中，汪老师的学生都成了"过目不忘"的聪明人。

案例二

济南市历城区彩石中学的学生英语基础普遍较差，又缺少有益于英语学习的家庭环境，学习积极性也不高。为了培养学生的学习兴趣，英语教师李宽生把知识点总结成一个又一个有趣的"顺口溜"。

在学习 f 或 fe 结尾的可数名词时，李老师编出这样一句口诀：妻子（wife）持刀（knife）去宰狼（wolf），吓得小偷（thief）发了慌，躲在架（shelf）下保己命（life），半（half）片树叶（leaf）遮目光。

在教"ay"字母结合发 [i] 音时，初中只有九个这样的单词，李老师归纳为，"昨天放了一周的假，太短了。"（"昨天"指 Yesterday，"一周"指 Monday 至 Sunday 的七个单词，"假"指 holiday，"短"指"ay"在这里的发音 [i] 很短）

李老师不仅自己编口诀，还教学生们编适合记忆的"顺口溜"，然后把大家的"顺口溜"拿出来比赛和分享，极大地调动了学生的学习积极性。

在教学活动中，教师可根据相应的教学内容，在分析理解的基础上，对课堂内容进行概括，把繁杂的内容编成顺口溜。这样，学生读起来朗朗上口，很容易联想到其中所包含的知识要点，不但能减轻学生的记忆负担，还能激发学生的学习兴趣。

（三）利用谚语，让课堂充满情趣

谚语是人民群众口头流传的惯用固定语句，是人民群众丰富智慧和普遍经验的规律性总结，主要特点是言简意赅，能用日常生活中的具体事例来说明带有普遍意义的真理。恰当地运用谚语可使语言风趣活泼，增强课堂的表现力，有利于提高学生的学习兴趣和语言素养，还有利于培养学生的欣赏能力和表达能力。

江苏江阴新桥中学的吴国峰老师在英语教学中，喜欢引用谚语，这不仅提升了课堂教学的趣味性，还很好地帮助学生掌握了知识点。

在给学生讲解 there be 句型时，他利用 "Where there is a will, there is a way."（有志者，事竟成）这个谚语来讲解 there be 句型，学生不仅很轻易地记住了 there be 句型，还记住了这一谚语。在讲解 trouble 的意思和两种词性时，吴老师利用 "Don't trouble trouble, until trouble troubles you."（车到山前必有路）进行讲解，不仅让学生们理解了"trouble"的两个不同词性，同时还讲解了 not……until 这一重点句型。在讲解 teach sb to do sth 这一知识点时，吴老师用 "Teach fish to swim"（教鱼游泳、班门弄斧）这则谚语来结合讲解，都起到了很好的效果。

吴老师借助谚语引发学生兴趣，不仅能让学生很快掌握新知识，更能有效巩固和复习旧知识。例如，在复习动词的—ing形式作定语修饰名词，且与主语有逻辑关系时，他提供了以下谚语帮助学生巩固这一知识点。

"Barking dogs seldom bite."（吠叫之犬不咬人。）

"Let sleeping dogs lie."（别弄醒睡着的狗。）

"A rolling stone gathers no moss."（滚石不生苔。）

"Rats desert a sinking ship."（树倒猢狲散。）

又如，复习巩固who/that引导的定语从句时，他借助了下列谚语来进行教学。

"The man that suffers much knows much."（磨难多，见识广。）

"He who laughs last laughs best."（笑到最后，笑得最好。）

"No one is informed but he who inquires."（有所问者有所得。）

这些谚语短小精悍、音韵和谐、朗朗上口，又贴切生动、幽默风趣，吴老师将它们运用到课堂上，收到了意想不到的教学效果。

将谚语运用到其他课程的教学中，也可以收到活跃课堂气氛，调动学生学习积极性的效果。

同校的陆老师在地理教学中恰当引用通俗易懂、生动有趣的谚语，让学生加深了对地理知识的理解。

如引用"早穿皮袄午穿纱，围着火炉吃西瓜"的谚语讲解我国西北地区大陆性气候温差大的特点，形象逼真，富有感染力；引用"一山不存二虎"的谚语讲解生态平衡能量流动逐级递减的特点，言简意赅，富有启发性；引用"不违农时""抢季节"的谚语，让学生充分理解农业生产的季节性特征。

教学过程中，陆老师把劳动人民在长期生产劳动中总结的谚语用于其中，既能引起学生浓厚的学习兴趣，也能传承文化、激发学生对传统民俗的兴趣，做到了两全齐美。

同校的生物教师舒老师，在讲到环境对生物性状的影响时，引用古语"橘生淮南则为橘，橘生淮北而为枳"；讲到生物的遗传现象在自然界普遍存在时，引用"龙生龙，凤生凤，老鼠生儿会打洞"；描述食物链的关系时用"螳螂捕蝉，黄雀在后"，通过"树→蝉→螳螂→黄雀"这一食物链的有机联系，引申出生态系统中的物质和能量的传递过程。

不难看出，把谚语运用到教学中，能够提高学生的学习兴趣，使课堂教学意趣无穷。

（四）利用打油诗，让课堂充满生活气息

"问渠哪得清如许，为有源头活水来"。只有让课堂充满生活味，才能让学生学得轻松，记得牢固。而打油诗恰恰可以作为促进课堂教学生活化的一种"调料"，有了这种"调料"，课堂教学的"盛宴"会变得更加美味可口。

安徽省霍山二中政治教师涂修明在课堂教学中，常用打油诗进行小结，使课堂充满生活气息。他在讲"树立正确的消费观"这一课时，使用打油诗对课程内容进行了总结，同时也极大调动了学生的兴趣。

涂老师先做了这样的开场白："一般来说，消费者在进行消费活动时要考虑一些问题，如消费什么、消费多少、以什么方式消费、消费后自我感觉如何等，这些问题总是伴随着消费者复杂的思维活动。这种贯穿消费活动全过程的思维活动的总和，叫做消费心理。今天，我们不妨就把教室当做聊天的地方，聊一聊我们生活中的一些常见的消费现象。"

接着，涂老师用粉笔在黑板上写出第一个聊天话题："生日与消费。"

"生日是一个人出生的纪念日，对每个人都有着特殊的意义。不过，近年来，为生日过分操办、铺张浪费的现象也很普遍。我想知道：你们过生日时是怎么消费的？你们对过生日高消费又是怎样看的？"涂老师首先问学生们这样的问题。

学生 A 首先说出他的生日过法："不久前我过生日，过得很热闹，还收了不少礼物，在酒店里弄了好几桌，一个大蛋糕，两三层的。其实，我并不喜欢这样，可我妈说，就我这么一个儿子，过得热闹点儿没什么，别人这么过，我们也这么过，谁也不比谁矮三分。唉，我也没有办法。"

学生 B 说："过去我们有的同学过生日请过我，你说不去吧，显得不够意思，但轮到我过生日，当然要回请人家，不然，多丢面子呀！"

学生 C 却不这样认为："我觉得过生日很有意义，亲朋好友围在一起，唱生日歌，吃生日蛋糕，这是一种时尚！大家不都这样吗？"

同学们纷纷说出自己对过生日的看法。

涂老师进行了总结："从大家的话里，我听出来了，原来我们自身一点儿原因也没有，全是别人的原因，完全是身不由己？"

学生们连忙说："也不对，当然，我们自己也有问题。虽说有时身不由己，但毕竟还是我们立场不坚定，追赶潮流，再加上商家的炒作，就随大流了。"

涂老师解释说："追随时尚是人的一种心理，这种心理往往能引发人们对

某类或某种风格商品的追求，并形成流行趋势。这种消费心理叫从众心理。简单地说，不光大家这样，就连我也是这样。"

学生们急忙问："老师，是不是说消费不能从众呢?"

"对这个问题还得具体分析，我们不妨讨论一下，是不是所有的消费都不能从众呢?"涂老师抛出了一个问题供学生们讨论。

有学生说："我认为这样的说法不对。比如，2008年北京要开奥运会了，学习英语成为一种潮流，很多人花钱去培训英语，这样的从众消费有什么不对呢?"

涂老师赞赏道："这位同学分析得很好。对消费是否应该从众要具体分析，要看消费行为产生的意义。我们不主张的是盲目从众。我用一首打油诗来小结：

从众不从众，

关键看意义。

有意赶潮流，

无意莫效仿。"

"好，下面，我们再聊第二个话题——'校服，让我欢喜让我忧'。刚才，我的话题一出，很多同学都不由自主地彼此打量了一下。校服，是不是让我们欢喜又让我们忧呢?"涂老师问学生们。

学生D说："我喜欢穿校服，校服是一种标志，我把它看做是我人生路途上的标牌。"

涂老师比较赞赏这一说法："好！这一说法很有诗意，也很有哲理，大家有不同意见吗?"

"有!"一些学生喊道。

学生E说出自己的看法："对校服我谈不上喜欢，时间长了也挺烦，天天这样，没劲!"

学生F说："到学校时我穿，回到家我肯定不穿。不是我否定校服的标志作用，而是太没有个性。"

有一半以上的学生都说他们不愿意穿校服上学，穿校服是出于学校的规定，迫于无奈。

涂老师适时地引导："展示个性，引起别人关注，这叫'求异心理'，这种心理需求，有时要借助消费活动来满足。也就是在消费时，追求展示个性、追求与众不同的效果。这种消费心理引发的消费也有一定的积极作用，推动了新工艺和新产品的出现。但是求异、展示个性也是有限度的。你们知道'张爱玲'这个名字吧?"

学生们都说："知道，是一位著名的作家。"

涂老师问学生们："张爱玲有一个最大的爱好，知道吗？"

有学生知道这个问题的答案："她喜欢穿奇装异服。"

"对。张爱玲在穿衣服时有她的想法，她认为穿什么衣服是不重要的，重要的是引起别人的高度关注。她什么衣服都敢穿。有一次她就穿了一套寿衣去赴宴，把她的朋友吓了一跳。这样的求异，你们怎么看？"

学生 F 说："展示个性要考虑社会的认可，还要考虑代价，为显示与众不同而过分标新立异，不值得提倡。"

涂老师总结道："你这样的评价是恰当的，我认为在学校还是穿校服好，回家了，展示自己的青春风采，张扬一下自己的个性也是应该的。但不能过分。我用一首诗来总结：

盲目从众不可取，

过分标新吓死人。

虚荣攀比活受罪，

理智求实乐融融。

好了，第二个话题就暂告一段落，我们再接着聊第三个话题……"

很快，一堂课就在轻松的气氛中结束了。

在本堂课中，讲消费的心理问题，涂老师没有进行空洞的说教，而是为学生创设了一种聊天的情境：围绕着过生日、穿校服等，引导学生从日常的消费，聊到从众心理和求异心理；从消费的原因，聊到消费时的思维过程；从物质消费，聊到精神消费；从自己的消费，聊到作家的消费；从"虚荣心""面子"聊到理智消费。聊完后，再用打油诗总结，学生自然记住了教学内容。

因此，口诀能对课堂内容起到化多为少、化繁为简的作用，是一种很好的辅助教学方法。但口诀从何而来呢？口诀的来源有两种途径：一是借鉴现成，一般前人会或多或少给我们留下一些相关的口诀，我们可以通过查阅相关书籍得来并借鉴引用；二是自主创制，当找不到现成的或现成的不适合的时候，教师就要发挥创造性，自己动手编制口诀。

在教学活动中，教师通过各种有趣的口诀，对课文内容进行概括、诠释，能让课程变繁难为简易，能让知识变枯燥为生动，能让课堂教学充满趣味性。

诵读，调动学生激情

诵读法是我国几千年来一直沿用的教学方法。司马光非常推崇诵读。他说："书不可不成诵，或在马上，或中夜不寝时，咏其文，思其义，所得多矣。"朱熹说："诵读是'得他滋味'。诵读重在'味'、重在'玩'，'须是沉潜讽咏，玩味义理，咀嚼滋味，方有所益'。"古代许多国学大师无不在琅琅的诵读声中积淀深厚的国学底蕴。

在《论诵读》一文中，朱自清写道："诵读是一种教学过程，目的在于培养学生理解和写作的能力……诵读的方法是先由教师范读，后由学生跟着读，再由学生自己练习着读，有时还得背诵。"可见，朱自清将诵读法定位为一种教学方法，他对诵读法的研究自然局限在课堂教学中。从先教后读的形式来看，朱先生重视诵读技巧的训练和朗诵效果的呈现。

现代教育所倡导的诵读法，也称为朗读法，是立足于"读"而致力于"悟"的教学方法，是直觉感悟和理性分析的结合，更为关注内容和理法的探究。这正如语言学家及语文教育家张志公先生所说的："看一篇文章，先读一遍，得其大要；再读，才知道文字结构层次的安排；又读，才能体会哪些词、句子用得准确、生动，从而对文章的理解也就加深了一步。"

诵读教学法要求学生在读书时眼观其文，口读其声，耳听其音，脑思其义。对于这样一种眼、口、耳、脑都动员起来的读书方法，教师们不妨在教学实践中多做一些尝试。

(一) 多层次诵读，引导学生领悟思想内涵

古人云："松声、涧声、琴声、鹤声……皆声之至清者，而读书声为最。"

新课标明确指出："阅读教学要重视朗读，要让学生充分地读，在读中整体感知，在读中培养语感，在读中受到情感的熏陶。"

　　诵读需要运用响亮的声音把语言文字念出来。它是一种言志传神、负载丰富思想感情的口语表达艺术；它是一门用心来揣摩、用情来表达的声情并茂的艺术；它是体味作品的艺术、是欣赏词句的艺术、是调动情感的艺术、是拨动心弦的艺术。

　　一篇课文，要通过诵读，才能体味文章的精义妙理，体味作者的神思妙笔。有感情的诵读，往往能使一首优美的诗歌、一篇抒情的散文更富有感染力。

　　诵读能够架起文本与阅读之间的桥梁，是语文学习的传统方法，更是现代语文学习的一个关键环节。

　　全国特级教师、湖北省荆州市中学语文教研员余映潮老师，有一个"板块式"的教学基本模式，即诵读、品析、训练。把"诵读"当成一个相对独立的教学环节，体现了余老师对"诵读"的重视，也确立了"诵读"在其课堂中的重要地位。

　　教"律诗二首"一课时，余老师说："同学们，诗歌最重要的学习方法是朗读。下面请两位同学将《过故人庄》和《游山西村》分别读给老师听一听。"

　　待学生读完后，余老师笑了笑说："两位同学，有一个读错了一个字，有一个两个字读反了。大家再读的时候节奏要分明一点，不能读断。读文言诗词，重要的是吟读。吟读，是按照诗的个性来读，按照自己的体会来读；要读得比较慢，有时候有拖音。吟读和朗读的味道可不同啦！现在老师把《过故人庄》吟读一遍，请大家注意听。"

　　余老师示范吟读《过故人庄》，读完后，说："和朗读相比，吟读的味道更足一点。下面请同学们学着吟读《过故人庄》。"

　　学生大声地自由吟读《过故人庄》。

　　读毕，余老师说："'斜'字可以读为'xiá'，'家''斜''花'是押韵的。好，咱们再来吟读一次。"

　　学生又齐吟道："故人具鸡黍，邀我至田家。绿树村边合，青山郭外斜。开轩面场圃，把酒话桑麻。待到重阳日，还来就菊花。"

　　余老师评价道："'合'字读得特别好，'绿树村边合，青山郭外斜'。但第三句情感没有读出来。"

　　接着，余老师吟读："开轩面场圃，把酒话桑麻。待到重阳日，还来就菊花。"停顿了一会儿后，他说，"后一句是相邀，要读慢一点，读得意味深长。

好，再试读一次。"

学生再次吟读《过故人庄》。

余老师满意地说："这一次味道就读出来了，老师为你们喝彩。同学们带着这种体会，揣摩揣摩，自己吟读《游山西村》。"

学生自由吟读。一会儿，余老师请一名女生吟读。

女生读完后，余老师说："'夜叩门'三个字还要读得有意境一点，要读出叩你家的门到你家来做客的快乐情感。"

说着余老师不禁吟读起来了："从今若许闲乘月，拄杖无时夜叩门。"

于是，学生们齐声吟读："莫笑农家腊酒浑，丰年留客足鸡豚。山重水复疑无路，柳暗花明又一村。箫鼓追随春社近，衣冠简朴古风存。从今若许闲乘月，拄杖无时夜叩门。"

余老师说："读得非常好！今天的朗读就进行到这里。下面我们进行译读。大家不要以为'译'很容易，老师给你们出个难题，什么叫译读呢？以诗译诗，译出来的现代文最好也有点韵脚，也要像一首诗。现在请同学们做一下'预备动作'，将两首诗的注释好好读一下，然后根据注释口头翻译课文。"

学生各自进行译读活动。

一会儿，余老师说："现在咱们开始吧！老师先以《游山西村》为例进行示范。大家读，老师译，注意听老师对'押韵'的处理。"

学生齐声读："莫笑农家腊酒浑，丰年留客足鸡豚。"

余老师译读："莫笑腊月里农家的那一杯浑酒，丰年有足够的鸡和猪把客挽留。"

学生接着读："山重水复疑无路，柳暗花明又一村。"

余老师译道："一重重山啊一道道水，好像是无路可走；谁知柳暗花明又一个村庄在前头。"

译完后，余老师说："下面请大家来译《过故人庄》。老师来读诗。大家先来试一下，看看它应该押什么韵。"

学生依据课文注释译诗。

稍后，余老师说："建议你们翻译的时候，将'家''斜''麻''花'用来押韵，但不一定用这几个字。'家''花'可以用，中间'斜'和'麻'怎样翻译押韵，第四句和第六句怎么翻译，好好想一想。把这两个问题解决了，就能以诗译诗了。"

于是，学生讨论了一会儿。

余老师读："故人具鸡黍，邀我至田家。"

学生译道："朋友准备了饭菜，邀请我来到他家。"

余老师接着："绿树村边合，青山郭外斜。"

学生译道："村边有成片的绿树，远处有青色的山崖。"

当学生把"待到重阳日，还来就菊花"译成"到重阳时还来欣赏菊花"时，余老师说："这一句老师是这样翻译的：到了重阳节那一天，再来喝酒和赏菊吧。这样朋友相邀的味道就出来了。"

因为学生的翻译还差一点诗味，余老师就和学生互换了角色，即学生吟诗，老师翻译。

译诗环节完毕后，余老师总结道："以诗译诗可以培养同学们的情趣。好，下面一个学习环节是背读。背呢，也不能让你们轻易过关，先提一个问题。老师把这两首律诗放在一起教学，肯定有原因。原因是什么呢？这两首律诗有很多相同和相似的地方，同学们想一想，商量一下。"

经过一番商量、讨论，学生们纷纷发表看法：

"这两首诗都是律诗。"

"这两首诗都是写做客。"

"这两首诗都写农家生活。"

"这两首诗都是写景的。"

当有学生说是写景的时候，余老师立即补充道："这句话必须限制性地回答两首诗中的某一句都是写景的。"接着问道，"这两首诗首联都是写什么？颔联都是写什么？"

学生讨论后，分别回答。余老师总结说："首联都是写做客原因，颔联都写旅途见闻，颈联都是写到农家做客，尾联都是写做客的留恋。先表达心愿，写做客原因，再写所见所闻，然后就相邀。你们看，根据这样的思路，我们背诵这两首诗不是很容易了吗？"

于是，学生开始齐声背读。

进入到最后一个环节，余老师说："下面的活动就更有意思了，也更难了，我们要进行说读。说读是对诗人说话，就是把诗意扩展开来，在原诗句的基础上增加很多自己描写的内容，然后对诗人说。比如，你看'青山郭外斜'只有五个字，我们可以把它说成一个长句子。'开轩面场圃'——他们在打开窗户说话的时候，打谷场上堆着金色的谷子，大公鸡在喔喔地叫，鸭子也在嘎嘎地叫，还有花香从窗户飘进来……这就要有丰富的想象。老师现在作一个示范，将'山重水复疑无路，柳暗花明又一村'进行说读——诗人啊，一个明朗的春日，你在青山绿水中漫步。清澈的山泉在曲折的山谷间汩汩穿行，山路蜿蜒，一路春光。啊！又一个美丽的村庄在前头。"

接着，余老师要求学生分成几个小组说读《过故人庄》。

学生分组讨论，每小组分别选派一名代表说读。

余老师读："故人具鸡黍，邀我至田家。"

甲组一名学生说道："诗人啊，老朋友准备了饭菜，还冒着热气，邀请你到山水如画的田园乡间做客。"

"绿树村边合，青山郭外斜。"余老师接着读。

乙组一名学生说："诗人啊，一棵棵茂盛的绿树把村子围了一个圈，小鸟展开翅膀在蓝天飞翔，亮着自己清脆的喉咙，欢快地歌唱着。一只大公鸡在悠闲地漫步，村外有青青的山峰斜立着。"

接下来丙组一名学生在说读"开轩面场圃，把酒话桑麻"时，道："诗人啊，你轻轻地打开窗户，一缕和暖的阳光照在窗子上。空旷的打谷场上，不时走过大公鸡。菜园里蝴蝶在飞舞，花儿把菜园子装扮得那么美丽。你手里拿着酒杯，在和朋友畅谈今年的好收成。"

"老师再来接着说说尾联吧。——诗人啊，喝着谈着，谈到以后的生活，可能是诗人说了一句，到九九重阳那一天，我再来喝菊花酒吧！这话说得好直率，犹如儿童般天真。也可能是主人说了一句，到重阳节这一天，再邀你来喝酒赏菊吧！这话说得好真诚，细心而热情的主人一定想到了：那时篱菊已开，又别有一番悦目的情趣了。"余老师说读着。

最后，余老师总结道："同学们，老师给这节课取了个名字：一诗四读。以后你们也可以用这种方法来读古诗。这是文言诗词的一种学习方法。"

巴尔扎克曾说过一句意味深长的话："真正懂诗的人会把诗人诗句中只透露一星半点的东西拿到自己心中去发展。"

语言学家徐世荣说："诵读是语文教学中一个非常重要的环节，和全面教学息息相通。它不只是有利于教学口头语言（听，说），教学全国通用的普通话（听，说），更是辅助阅读、写作的绝妙手段。"

诵读，是中华民族的优良传统，随着新课程改革的不断深入和教学方法的不断更新，诵读依然是学习的主要方式，在课堂教学中，教师要多点拨，让学生通过诵读，把握作者感情，走进作者心中，更好地领会文章主旨。

《琐忆》一文中这样写道："鲁迅先生叹息道：'倘是狮子，夸说怎样肥大是不妨事的，如果是一口猪或一匹羊，肥大倒不是好兆头。'"

如果不朗读，学生对这段文字充其量只能作一般的肤浅的理解：鲁迅先生在这里形象而婉转地批评了盲目夸耀中国地大物博的青年——这种理解，课文中此前的文字就有提示。如果进行多层次、有讲究地朗读，学生感受到的就远远不止这些了。

于是，在朗读这一段文字时，某教师强调了"猪""羊""不是好——兆——头"，且用了低沉的语调、肃穆的表情及向远方凝望的眼神，读出了一种让人产生沉重感的语气，然后问学生还感受到了什么没有。一遍不行，他就再读一遍。

通过复读，学生渐渐地体味和领悟了这段文字还表现了鲁迅先生对当时的列强入侵、政治腐败、国家贫弱的深沉忧虑。

诵读，不仅是在读文字，更是在读文字背后的深层含义。余老师和上面案例中的教师，在自己诵读或学生诵读时，都把关注点放开了，不仅看学生的发音是否正确，更是在看学生能否体会到作者想要传达的感情。如果学生没能良好把握这些，教师就应该引导学生通过诵读，帮助学生去体会，否则读书就只能算是认字。

读《琐忆》这段文字的老师，正是通过朗读中自然掺入的神态、表情、语调、语气，填补了书面文字的不足，再现和丰富了文字的内容和情感。如果不朗读，只作字面的分析，一般理解是可能达到的，但会失于肤浅片面，要想让学生深入而多侧面地理解是很难、很费力的。

（二）带着问题朗读，让学生产生共鸣

语文特级教师洪镇涛老师说："学习语言，要把'读'作为开启语言宝库的钥匙。读出思想、读出情感、读出形象、读出韵味。"

朗读是语文教学中最重要的一种训练形式，是最直接、最常用的语文实践活动。教师应边朗读、边提问，让学生带着问题去朗读，在朗读中寻找问题的答案，使朗读更有目的性。而且，层层递进的提问也会将学生的情感推向高潮，引起学生的共鸣，让学生更快、更准、更深刻地体会文章的主题思想，课堂也会因此而更加精彩。

湖北省监利县玉沙小学曾瑜，是一个在课堂上很善于抓住学生情感、调动学生情绪的语文老师。以读促情、以情动人，是她主要的教学手法。

教《慈母情深》这一课时，曾老师就将朗读教学发挥得淋漓尽致，让学生在朗读中充分感受到了文中的境和情。

1. 读出境

曾老师问："瘦弱的母亲，疲惫的母亲在怎样的一个环境里工作？"

学生答道："七八十台缝纫机发出的噪声震耳欲聋。"

"震耳欲聋的意思是什么？"曾老师引导学生体会文中所描述的环境。

"就是声音响得耳朵快要聋了。"一名学生答道。

"很好！请大家带着这种感觉读出来。"

学生齐读后，曾老师又问："同学们曾经感受过震耳欲聋的场面吗？当时的心情是怎样的？"

有学生说心情很糟糕。

有学生说很烦躁。

还有学生说很刺耳。

"那好，现在你们把这种感觉带进去读一读。"曾老师又让学生读了一遍。

读完后，曾老师问道："女工和母亲本来是面对面，但她们说话时为什么大声喊？我为什么大声说出母亲的名字？母亲为什么大声回答？"

学生齐声回答："因为七八十台缝纫机发出的噪声震耳欲聋。"

"梁晓声多会写文章啊，从'我'、母亲、女工的大声，感受到声音响。母亲就是在这种环境下工作的。"曾老师总结道。

2. 读出情

在读"背直起来了，'我'的母亲。转过身来了，'我'的母亲。褐色的口罩上方，一对眼神疲惫的眼睛吃惊地望着我，我的母亲……"这一段时，曾老师问一名学生，"你读出了怎样的感觉？"

该生一时语塞。

曾老师说道："你一定有感觉，你轻松吗？你想表达怎样的感受？"

"我感到很难过，我真想哭。"该生说道。

"你的心思真细腻。来，一起读。你一定会发现这部分写得非常特别。"曾老师表扬道，接着又补充说，"'我的母亲'出现了三次。把三个'我的母亲'放在前面读。"

学生按老师的要求读完课文后，曾老师问道："这样写有什么好处？"

"更能体会到作者对母亲的心疼。"学生们体会到了作者的心情。

"你们看过电影、电视里面的慢镜头吗？自己读，感受一下哪个地方给你慢镜头的感觉？"

一名学生答道："我能从'背直起来了'和'转过身来了'感受到慢镜头。"

"细细慢慢地读。通过读，你看到了一个怎样的背？这是我的母亲吗？她曾经是怎样的？"曾老师引导学生读出作者当时的情怀。

"这是一个极其瘦弱的背，十分弯曲的背。母亲曾经是十分健壮的。"一名学生回答道。

"然而，现在的背竟变成这样的背。请同学们再读课文，看看母亲现在的脸是一张怎样的脸？"曾老师引导学生从母亲的脸部变化体验作者的情感。

"粗糙的脸、疲惫的脸、瘦弱的脸……"

"把你的想象融进去再读。这是我的母亲吗？她曾经拥有一张怎样的脸？"曾老师又问。

"曾经拥有一张光洁的脸，曾经是一张红润的脸。"学生们回答。

"曾经那样光洁、美丽的脸，可现在却变成这样了。大家再读一次。"曾老师再次让学生读母亲脸部的变化，从而体会母亲的艰辛。

学生们读完后，曾老师又让学生从母亲的眼睛去体会母亲的变化，说："那是怎样的眼睛？慢慢看，细细看。"

"那是布满血丝的眼睛，那是疲惫的双眼……"

"这是我母亲的双眼吗？不，不是这样的。我母亲的双眼曾经是怎样的？"曾老师再问。

"是清澈的，是水灵灵的，是炯炯有神的。"

"然而，现在水灵灵的、炯炯有神的眼睛没有了。大家再读。"

"母亲坚挺的背、光洁的面容、水汪汪的眼睛到哪里去了？让我们带着困惑、惊诧来读这句。老师读三个'我的母亲'，同学们读剩下的部分。"曾老师再让学生读课文，将学生的情感推向高潮。

3. 读出爱

在教"母亲说完，立刻又坐下去，立刻又弯曲了背，立刻又将头俯在缝纫机板上了，立刻又陷入了忙碌"这一段时，曾老师说："我的母亲如此瘦弱，如此拼命地工作，她为了什么？"

一名学生说："为了多挣点钱。"

另一名学生说："为了让我们多读点书。"

又一名学生说："为了一家人的生活。"

接着，曾老师又根据课文所描述的场景播放音乐，营造相应的氛围，让学生在这种氛围中读出母亲深沉的爱。

当学生们读"晨曦微露，我的母亲就开始争分夺秒地工作；烈日当空，我的母亲正在争分夺秒地工作；晚风拂过，我的母亲还在争分夺秒地工作"的时候，激情澎湃。有的学生一脸凝重的表情，有的学生眼里含满了泪花。

"春露秋霜，寒来暑往，我的母亲就一直这样争分夺秒地工作。是什么支撑着母亲如此争分夺秒地工作？"曾老师又让学生带着问题，带着感情地读。

"是母爱！"学生读出了课文的中心情感。

"是的，我们每个人的生活都离不开母爱，我们每天都在享受着母爱带来的幸福，我们随时都能感受到母爱的伟大。请大家带着对母亲的心疼，带着对母亲深深的爱读30~35自然段。"

学生读完后，曾老师说："当时'我'的内心一定感慨万千、思绪万千、情不自禁。'我'会一遍又一遍地对着震耳欲聋的噪声；对着母亲瘦弱、弯曲的脊背；对着毅然塞给'我'钱的母亲说出此时此刻的心里话。"

"文章不是无情物。"在朗读文章时，教师若能充分利用丰富的表现手法，开启学生丰富的想象力，发挥学生的审美水平，多角度、多层次地反复诵读，把握语脉，进而把握思想的脉搏，就能消除与作者的距离感，引起感情上的共鸣。

带着问题朗读课文，是一种能够引发学生思考、想象的教学方式。学生带着问题朗读课文时，就会开动脑筋思考，就会在朗读与思考中，学到要学的知识，体会到要体会的情感。

（三）导读结合，培养学生的理解能力

苏东坡说："旧书不厌百回读，熟读深思子自知。"

朱熹说："大抵观书先须熟读，使其言皆若出于吾之口，继以精思，使其义皆若出于吾之心，然后可以有得尔。"

教师通过导读结合进行教学，一方面可以及时了解学生的学，灵活调整自己的教；另一方面，课文所关涉的点点滴滴，也都可在对学生诵读的指导中解决。教诵读实际上就是教语言，教学生学习语言、驾驭语言、运用语言；教诵读实际上也是教能力，教学生更好地理解、领会课文。

在《泉水》一课上，当学生读到"叮咚，叮咚，是谁在山上弹琴？哦，原来是一股清泉从石缝里冲出来，来到这阳光灿烂的世界"时，某教师感到学生读"叮咚，叮咚"的声音比较沉重，没有弹性，不轻巧，就问："同学们，'叮咚，叮咚'是谁发出的声音？"

学生齐答："泉水。"

"是吗？老师怎么听着大家读得像是一块大石头从山上落到了水里啊？"

学生们哈哈大笑。

教师继续说："那我们怎样读才是泉水发出的声音呢？"

学生们想了一会儿，又读了一遍。这一次诵读虽然声音清脆、轻巧了，但

没有强弱对比和层次感。

　　"既然泉水是在弹琴，那它弹出的声音肯定不是同一个音高。我们音乐老师弹琴时是只给你们弹一个音吗？是呀，泉水弹的琴声也和音乐老师的琴声一样动听。大家想想该怎样读这两个'叮咚'呢？"

　　这一次诵读时，学生的声音既清脆、轻巧，又有了强弱对比，层次较分明。

　　接着，学生继续读："哦，原来是一股清泉从石缝里冲出来，来到这阳光灿烂的世界。"

　　"同学们，假设我们现在正在山里走得很累，忽然听到叮咚的泉水，看到一股清泉奔涌而出，大家的心情会怎样？"教师加入情境问道。

　　"我应该会很激动的。"

　　"很高兴。"

　　"很兴奋。"

　　"是啊！那就把你此时看到泉水的心情表现出来吧——就用这一个'哦'。"

　　经过老师指导，学生读出了惊喜和兴奋，但还是没有泉水"冲"的感觉。于是，教师又问道："同学们，泉水是怎么流出来的？"

　　"冲出来的！"学生一边答一边还带上了"冲"的动作。

　　教师反问道："是吗？我怎么没有感觉到泉水是'冲'出来的呢？"

　　看到学生依然一脸茫然，教师继续引导："同学们，你们平时有过'冲'出去或'冲'出来的情况吗？什么时候你们是'冲'着向前跑的？"

　　"去操场上体育课的时候。"

　　"爸爸妈妈带我出去玩的时候。"

　　"把一天的作业都写完了的时候。"

　　"老师知道了同学们在这些时候都是'冲'出去的。那泉水干吗也要'冲'出去啊？"

　　"它想马上看到阳光灿烂的世界。"

　　"它想立刻把自己的泉水奉献给人们。"

　　"它在石缝里很孤独，没有朋友，所以就迫不及待地想出去找伙伴。"

　　"大家真是善解人意的好孩子。如果你们是泉水，你们'冲'出来的时候，心情是怎样的？"

　　有的学生说着急，有的学生说快乐，还有的学生说急切。

　　"太棒了！那我们该怎样用声音来表现泉水此时的心情呢？"

　　于是，学生再读课文："哦，原来是一股清泉从石缝里冲出来，来到这阳光灿烂的世界。"

"好！'冲'字重读了，而且语速也稍快了，泉水心情之急切表现出来了。"教师表扬道。

在学生读到"泉水说：'来吧，来吧！我的水很多很多'"时，教师问道："同学们，泉水愿意让山里的姐姐来打水吗？"

学生齐答："非常愿意！"

"既然愿意，那它对山里姐姐说话时的语气就该怎样？"

一名学生说："老师，我知道，应该是热情和欢迎。"

"很好，现在你就是泉水，老师是山里的姐姐，我来打水了，请你对我说。"

"来吧，来吧！"该生语调高昂，充满了热情，但是逗号和感叹号没能读出区别。

"读得真好！但是，老师有个疑问，'来吧，来吧！'的标点符号一样吗？"

"不一样。"

"你能读出它们的区别吗？"

"能！"学生继续读，这一次第二个"来吧"明显地比第一个更热烈，语调更高昂，让句子有了层次感，让人一下子就感觉句子生动了起来。

"你太了不起了！自己就能把文章读得这么好！"

接着，之后的第三、四、五自然段里的"照吧，照吧！""喝吧，喝吧！""唱吧，唱吧！"等，不用教师再指导，学生们就用刚刚学到的方法把句子读得生动无比了。

让教师感到惊喜不已的是：学生们居然还用了同样的方式去读第六段里的"你好！你好！""大海里见！大海里见！"，把句子的层次感表现了出来，而且没有出现相同句子语调重复的现象。

第七段"叮咚，叮咚……"只有短短的四个字，却有两个不同的标点符号。该教师就问道："同学们，老师不太理解这里省略号的意思。谁来告诉我？"

学生们纷纷举手，一名学生回答道："省略号的意思是泉水还在继续欢快地向前流着。"

"泉水渐渐地离我们远去了。"

"它在流淌的过程中还会遇到更多的伙伴。"

"谢谢你们帮助我理解了省略号在这里的意思。同学们，现在能把刚才你们说的意思读出来吗？"

学生齐读道："叮咚，叮咚……"他们读的两个"叮咚"语速相同，音高、强弱没有发生任何变化。

教师说："我好像没有看到泉水逐渐离我们远去的样子。怎样才能把它欢快地流向远方、离我们越来越远的感觉读出来呢？"

经老师指点，学生这次的朗读，前者与后者有了明显的语速和音高上的变化。对于后一个"叮咚"，学生读得渐弱、渐慢，好像真的让人看到泉水流向远方了。

正如话不是谁都会说一样，书也不是谁都会朗读的，否则学生也不会把泉水"叮咚"读成"一块大石头从山上落到了水里"。这说明学生不太明白文字的意义，需要教师的引导。

每篇要读的课文中都有能表达写作意图、或者表现所描述事物特质的文字，以学生的学习水平，有时可能发现不了，这就需要教师适时引导。

所以，对于尚未掌握读书技巧的学生，教师要多用点儿心，引导学生读书，引导学生去找出文章所要表达的东西。

这样时间一长，学生自然就能找到诀窍，会自己去品味文章的精妙了。此时，他们的思维能力也得到了很好的锻炼。

虽然诵读教学法主要运用在语文教学中，但并不仅限于语文教学。英语、政治、历史，甚至数学等其他学科也可以使用诵读教学法。诵读法也不仅限于课堂上，教师更应引导学生在课外进行诵读，让诵读回归本真，进入师生的生活常态，还原为朴素的形式，既起到训练学生语感的作用，又起到培养学生良好读书习惯的作用。正如国学大师南怀瑾所说："诵读能'增加一个人的智力、记忆力、思考能力，还会让人头脑更细腻、更精详'。"

未来社会需要口头和书面表达能力强的人才，学生正处于语言学习的黄金阶段，如果不多读多记一些，就不能"胸藏万汇凭吞吐，笔有千钧任歙张"。

锤炼教学语言，让课堂异彩纷呈

古人云："工欲善其事，必先利其器。"这话也可套用为"师欲善其教，必先利其言。"不管一堂课的教学设计多么精美，课堂组织多么严密有序，如果教师的授课语言使用不妥，学生就有可能或在催眠曲中昏昏欲睡，或在震耳欲聋的调子里焦躁不宁。

美国心理学家塞门斯说："一种不好听的或低沉的声调很可能阻碍教师事业的成功。"相反，优美的语言能给人一种悦耳、轻松、愉快的感觉，能唤起学生积极的情绪状态，促使他们精神振作，产生强烈的探究知识和接受知识的欲望，并进行积极有效的思考。这就调动了学生的自主意识，使他们真正摆脱"接受影响者"的被动地位，变成"主动参与者"。而学生积极主动地参与学习，也就真正实现了教学双边互动，大大提高了课堂教学的生动性。

(一) 用"停顿"吸引，引发学生思考

停顿，是指讲课时，教师在句与句之间、段与段之间留有的空隙。通常，停顿有以下几种情况：一是为了吸引学生注意力而停顿；二是为了加强逻辑性、层次性而停顿；三是为了突出重点、难点而略加停顿；四是为了强化高潮，使高潮进一步升华而停顿。

课堂教学中，语句的停顿或短暂的沉默，都可以很好地吸引学生的注意力，引导学生专注于课堂内容，激发学生的思考欲望。

此外，停顿蕴藏着潜在的意外性和不确定性，因而与不间断的、持续的口语表达相比，它对学生的情感、注意力、想象等心理因素的影响，有时比任何有声语言都更胜一筹。

江苏省扬州市邗江区运西中学的朱忠金老师，很擅长用停顿来收拢学生纷乱的思维，使学生的注意力较快集中在课堂上。

　　讲《周总理，你在哪里》时，他不像大部分教师那样条分缕析、按部就班地讲课文，而是先在黑板前挂上了一幅镶着黑纱的周总理的照片，然后用充满真情的语言，把学生带入了一种庄严肃穆、荡人魂魄的氛围之中。

　　课堂上，师生的感情在一点点地酝酿着、积蓄着。

　　当大家的悲恸感情达到最高峰时，朱老师用充满悲痛的语调呼唤了一声"周——总——理——"，然后，声音戛然而止。

　　如此动情的语言，让有些学生声泪俱下。

　　就这样，对周总理的缅怀、敬仰之情全都凝聚、升华在这个特定的停顿上了。

　　一天，上午第四节课时，可能是因为午饭时间到了，有些学生显得精力不足，注意力很不集中。朱老师见此情景，就说："不少同学虽然在第四节课肚子很饿，急着吃中午饭，但却能一直坚持认真听讲，很好。可是，就有那么一位同学叽里咕噜地在埋怨我：怎么还不下课？这个人是谁呢？"讲到这里，朱老师故意作了一个长停顿。

　　学生们面面相觑，互相猜测。

　　这时，朱老师才接下去说："这个人就是'肚同学'，也就是我们的肚子呀！"

　　话音一落，课堂上一片笑声。学生听课又有了精神。

　　还有一次，朱老师进教室时，教室里比较混乱，嘈杂声一片。他没有斥责学生，而是默默地登上讲台，停顿了好几秒钟后，才说："同学们，今天我来到教室，一上台就发现一个秘密。"到这里，朱老师就停下来不说了。顿时，教室里安静了许多。

　　"你们想过没有？全国十几亿人，农民在烈日下忙秋收，工人在车间忙生产，商人在商场东奔西走……各行各业的人都在辛苦地忙碌着。可是，有一群人却被这些人娇惯着，幸福自在地生活着。你们知道他们是谁吗？"他的又一次停顿，让教室完全安静了。

　　"你们！就是你们！"朱老师说得很大声。这下子教室里更安静了。过了一会儿，学生们就都自觉地打开书，学习起来。

　　中考将近，为了抓紧复习，学校取消了"五一"长假。听到这个消息，学生们都很泄气，上课也没了精神。

　　看到学生有消极情绪，朱老师走进教室后，没有立即讲课，而是说："告诉大家一个好消息。"然后，他停顿了下来，看了看四周。听到有好消息，学生们个个精神了不少，都侧耳倾听起来。

"我们'五一'放七天假……"朱老师故作较长停顿，学生听后立刻报以热烈的掌声。

"但是不可能的!"此话一出，学生们顿时泄了气。

"可是，我们可以放三天……"朱老师又一个较长停顿。学生嘘了一口气，失望的情绪少了不少，最后还是报以热烈的掌声。

"这只是我想要的!"

听到朱老师的话，学生又是嘘声一片。

"最后决定……"朱老师又停下来不往下说。这使得学生们又紧张起来，瞪大眼睛看着他。

"为了满足你们的要求，学校将给你们放假!"现在，只要有假期，不管几天，学生们都听得很开心。

"那是在中考以后!"停了一会儿，朱老师补充道。

顿时，学生们笑得东倒西歪，取消"五一"长假的不良情绪顿时一扫而空。

就这样，朱老师用停顿让学生的情绪变得饱满起来，还让课堂变得生动起来了。

在朱老师的课堂上，停顿就像灵丹妙药，包治百病，可以帮助学生蓄积情感，可以引导学生自省，可以调动学生的情绪。

其他教师不妨学学朱老师，有目的地给学生安排几处停顿，多发挥停顿的特殊价值，调整一下学生情绪，给学生一点儿思考的空间，增加一些课堂语言的色彩和魅力。

在课堂教学中，教师应根据具体的教学内容、情境，以及学生的反应等客观情况，对停顿加以控制，当行则行，当止则止，而不应为了停顿而停顿。

(二) 言语含情，让学生痴迷其中

卢梭说过："教育的艺术是使学生喜欢你所教的东西。"

列宁说："教学内容有时是枯燥的，但也可以用语言让它成为美妙动听的音符。"

可见，教师所教的东西学生是否喜欢，关键在于课堂教学的语言能否含情。含情的语言能打开学生稚嫩的心扉，激发学生的情感，点亮学生的心灵之火。

执教《只有一个地球》时，江苏省海门市实验小学的教师周益民，就是通过自己富有诗意、充满激情的语言，让学生学得忘记下课的。

"同学们，请拿出课文，轻声读读，用心体会，看看哪儿打动了自己，碰响了咱们心底的哪根弦。"刚上课，周老师就给学生们布置了一项任务。

学生认真地阅读起来。

"看得出，许多同学读得都非常投入，非常专注。读书，其实就是同文字交流，同书中的人物对话。想想，读这篇课文，我们是在同谁交谈呢？"

学生齐声回答："地球母亲。"

"是啊！课本文字的后面是地球母亲的心跳，是地球母亲的呼吸。我们默默地读，静静地听，就能听见地球母亲在跟我们诉说呢！现在，我们先默读文章的1、2自然段，听听地球母亲首先跟我们在说什么。"

……

"同学们，刚才我们用心聆听，感受到了地球母亲的心声。接下来，就让我们仍像刚才那样，默默地读下面的部分，静静地听，听听地球母亲还在跟我们诉说什么。"

……

"多么让人心酸啊！一开始，我们听到了地球母亲的笑声，现在又听到了她的乞求。你们还听到别的了吗？"

"我还听到了她悲惨的哭声。"

"哭声，母亲的哭声！令人揪心！这哭声来自课文何处？"

……

"受伤的母亲，苍老的母亲，青春不再的母亲！此刻，我们重温她昔日的美丽，心情还会如当初那般轻松愉悦吗？"

学生们默默地摇着头。

"这使老师不由得想起了黎巴嫩著名诗人纪伯伦的文章——《田野里的哭声》。你们想听听吗？"看学生不住地点头，周老师用充满感情的语调朗诵，读完后，满文军的《懂你》深情地响起来……

"其实我们什么都不必说了。面对地球母亲哀伤的眼神，作为她的孩子又该如何应答呢？这是我们每一个地球人都应该直面的问题。大家静静地想一想，然后写下来吧。"

把真情展现在学生面前，让学生沉迷陶醉于这种展现中，并让他们在陶醉中反省、思考，这应该是课堂教学中教师语言所应努力达到的境界。

教陆游的《示儿》这首诗时，某教师一节课上不断地分析诗的内容，解释词句的意思。就这样，这短短28个字的一首诗，他居然把字词以及每句话的意思写了满满一黑板。教师讲得筋疲力尽，学生学得有气无力、昏昏欲睡。但更让这位教师伤心的是，第二天检查背诵时，竟然还有一部分学生不会背。

同样是古诗教学，另一位教师在上《题临安邸》这节课时，却讲出了不同的效果。在引导学生粗通诗意后，这位教师把教学重点放在了感悟诗情上。

在教学中，他设计了这样一个环节：

"同学们，你们有没有注意本诗的第二个句子——'西湖歌舞几时休'是个什么句子？"

"是个问句。"有个男生回答。

"谁问谁？"

"是作者在问南宋统治者。"

"那你觉得作者当时的心情怎么样啊？"该教师继续提问这个男生。

"很愤怒，很生气。"

"如果你是作者，你会怎么问他们呢？"

男生有些愤怒地读道："西湖歌舞几时休？"

"现在，假设南宋的统治者就在你面前，请你指着他们的鼻子质问他们。你觉得自己会怎么问他们？"

男生的愤怒程度有所提高："西湖歌舞几时休？"

"是啊！都国破家亡了，连首都都丢了，老百姓们过着穷困不堪的生活，而他们这些统治者却在那儿自顾自地花天酒地、寻欢作乐。现在，假设那个昏庸的南宋皇帝就站在你的眼前，你正指着他的鼻子，你怎么问？"

男生越来越愤怒了，大声地骂道："西湖歌舞几时休？"

"好！读得不错！现在，让我们一起来问一问这些南宋统治者。"

学生们的情绪一下子被调动起来了，读得有声有色。

教师们都懂得：要想把书读好，不是带着感情去读就可以了，还应该读出文章所要传达的感情来。所以，在读文章时，教师除了自己用充满感情的语调把文章的感情给学生读出来，还要引导学生去理解、体会，并用适当的语调表现文章的情感。

为了更好地凸显课堂的生动性，教师不妨把课准备得精一点，再精一点。每一个字，每一个词，每一个句子，都要让它是鲜活的，是饱蘸深情的，是生命深处的呐喊。

（三）用多变的语调，激发学生情感变化

语调是由音量的轻重强弱、音调的抑扬顿挫、节奏的起伏快慢、语速的停顿连续构成的。它直接影响着口语的效果。教师的教学语调是一种有别于其他任何交际语言的独特的符号系统，它表现着细腻的情感，负载着丰富的信息。

课堂教学中，语调富于变化，能使口头语言有声有色，增强感染力。有位意大利演员登台表演数数技艺，按照数目的顺序从一数到一百。这么平淡的数字一般人数起来肯定枯燥无味，但那位意大利演员却通过非同寻常的多变的语调，把数数得有声有色，台下的观众听得津津有味。这不能不说变调术是提高语言艺术的一种有效的方法。

四川省广汉市兴隆中心小学的语文教师刘冬梅，认为课堂教学中的语言非常重要，尤其是语文课，对于语言的要求更高。她说："写文章有逗号、句号、问好、感叹号之分，这样一句话就会有轻重缓急，读起来才会特别有感情。而讲话就像写句子一样，也要讲求章法。"

因此，在教学中，她很注意变换语调。

1. 变换音量

刘老师认为，教学是一种特殊的认识过程，在这个过程中，教师可以采用改变音量的方法来捕捉学生的注意力，比如，讲到关键的句子或短语时提高音量。

为了让学生听得清楚，一些教师往往简单地使用高音，但如果学生整堂课都处在教师的高音中，就会觉得刺耳，教学效果也不会好。所以有时候刘老师就用柔和的声音来与高音中和，甚至还模仿动物的声音吸引学生注意力。

《识字2》这篇课文中涉及到"小鸟、闹钟"。教这节课时，刘老师就在讲课前，模仿了鸟叫声和闹钟声。

在课堂上能听见这种"奇怪"的声音，很稀奇，所以学生们立刻集中精神看着她，脸上个个露出好奇的表情。

"这是什么声音啊？"刘老师趁机问。

学生笑着齐声回答："小鸟的叫声和闹钟的声音。"

这时，课堂气氛非常融洽，就连那些平时爱开小差、不认真听课的学生也目不转睛地看着刘老师。

下课时，学生都围过来问："老师，你是怎么学会鸟叫的啊？"

"老师你教我好吗？"

"老师你好厉害啊!"

"老师,今天的语文课真有趣!我很喜欢!"

......

2. 控制音调

刘老师认为,课堂教学语调的控制,除了要机智地调控好音量,还应把握好音调。音调如何,固然有教师本身的问题,如本人的音色是不可改变的,但是声音中所传达出来的感情却能靠教师自己发挥控制。如果一堂课用一成不变的声音讲,学生就容易疲劳,对课堂失去兴趣。因此,教师的语言要情感充沛,音调要时而柔和、时而刚劲、时而紧张、时而松弛,让学生在美的享受中度过一堂课。

课文《东方明珠》中讲道:"上海黄浦江边,有一座广播电视塔。她有一个美丽的名字,叫'东方明珠'。"讲到这里时,刘老师用柔和的声音朗读这段,并配上插图,让学生感受东方明珠的美。

"这座塔,头顶蓝天,脚踩大地,像一个巨人。"在这里,刘老师用了刚劲的声音来朗读,让学生充分感受到了东方明珠的高大。

"夜晚,塔上的灯都亮了,五光十色,非常好看。"这里,她又用了柔和的声音。

最后结尾时,她则突然提高音量朗读:"上海广播电视塔,真是一颗美丽的东方明珠。"

学生们听得非常认真,听完刘老师的朗读,自己也学起老师的样子,津津有味地读起来了。

3. 语调要有韵律美

用美的语言向学生传授知识,是一项教学基本功。在教学时,运用美的语言,能激起学生的兴趣,使知识易于接受。因此,教师在讲课时,讲求语言的韵律美是十分重要的。

汉语拼音有平声、上声、去声之分,在古诗中有平、仄之分,这均体现出了语言的韵律美。教师在讲课中的各种语调,能引发学生联想。如短音体现着急、心烦,长音体现松弛、宽裕、缓慢,清音体现年轻、敏锐,浊音体现年老、迟钝……把握机会,恰当地使用这些语调,能让学生感到愉快、有趣。

比如,《冰花》一课有妈妈和女儿的对话。朗读妈妈说的话时,刘老师就模仿妈妈的声音,稍微带点浊音;朗读女儿的话时,她就模仿孩子柔嫩的清音。这样听起来就好像是妈妈和女儿在对话一样,结果学生听得认真、入迷。

多变的语调能让学生的兴奋中心随着教学语言起伏的声波和变换的声调不

断得到调节、转移和强化。相反，如果教学语言平板单调，在一个平面上滑动，学生的大脑皮层就会很快进入抑制状态，往往会影响教学效果。

课堂教学时，教师要像刘老师那样，注意根据教学内容和课堂教学的进展情况不断地改换语调，运用变调术来增强教学语言的表现力、吸引力。

（四）融情朗读，给学生情感冲击

教学语言是教师课堂教学最重要的工具，同时又是一种艺术。教学语言是教师在"传道、授业、解惑"、开发学生智力、培养学生良好品质的过程中使用的语言。教学语言有明确教学目的、提高教学效率、发展学生思维、陶冶学生情操的作用。

苏霍姆林斯基曾说："只有当感情的血液在知识这个活的机体中奔腾的时候，知识才会融入人的精神世界。"这就需要教师在朗读中充满情感，并以此激发学生的情感，让学生情感的血液流动起来，与课文表达的情感融为一体。

《一个中国孩子的呼声》这篇书信体文章，是一个名叫雷利的中国学生写给联合国前秘书长加利先生的一封信。信中雷利深切地缅怀父亲，并代表中国孩子向整个国际社会呼吁：要和平，不要战争！

该文感情强烈，饱含一个孩子失去亲人的悲愤和对和平无比渴望的真挚情感，读来感人肺腑、催人泪下。

课文中有这样两段文字：

"两年多来，我们全家沉浸在失去亲人的巨大悲痛中。我至今都忘不了，爸爸临上飞机前注视着我和妈妈的深情的目光。他说：'孩子，等爸爸回来，一定送你一顶蓝盔。'我们与爸爸相约，等爸爸凯旋的那一天，我们要带着最美的鲜花迎接他。

现在这顶蓝盔回来了，但它是钉在爸爸的灵柩上回来的。我们如约捧着鲜花，接到的却是爸爸那覆盖着国旗的遗体。鲜血染红了他的征衣，腕上的手表浸满了凝固的血。"

如何指导学生读透文章的内涵，感悟作者失去亲人的悲愤以及对和平的渴望呢？

某教师首先引导学生用对比的方法进行朗读。

他用充满希望的愉悦的语调引读道："如果不出意外，两年后的团聚该是多么幸福快乐啊！"然后一顿，转换为一种悲伤的语调读道："可是事与愿违，两年前，爸爸答应回来时，送我一顶蓝盔，两年后的现在……"

受到教师悲伤情绪的感染，学生们也低沉地接着读道："现在这顶蓝盔回来了，但它是钉在爸爸的灵柩上回来的。"

该教师继续用满怀希望的语气引读："两年前，我们与爸爸凯旋的那一天，我们要带着最美的鲜花迎接他，两年后……"

学生也继续悲伤地接着读："我们如约捧着鲜花，接到的却是爸爸那覆盖着国旗的遗体。鲜血染红了他的征衣，腕上的手表浸满了凝固的血。"

在体会感情时，教师想到了让学生换位的方法。他说："让我们把自己当做雷利，用第二人称'您'字替换'爸爸'一词，再来朗读这一部分。谁来读读？"

一名男生站起来，读道："两年前，您答应回来时，送我一顶蓝盔，两年后的现在，这顶蓝盔回来了，但它是钉在您的灵柩上回来的。两年前，我们与您相约，等您凯旋的那一天，我们要带着最美的鲜花迎接您，两年后，我们如约捧着鲜花，接到的却是您那覆盖着国旗的遗体。鲜血染红了您的征衣，腕上的手表浸满了凝固的血。"

"如果你是雷利，面对此情此景，会怎样做？怎样说？怎样想？"

学生1满含泪水说："我会扑到爸爸的灵柩上痛哭失声。"

学生2也带着哭声说："我会拿起爸爸的蓝盔呼唤：'爸爸，爸爸，醒醒啊，我和妈妈都需要您呀……'"

学生3用悲愤的语调回答："爸爸，都是罪恶的战争夺去了您的生命，如果世界上没有战争，那多好啊！"

学生4则一脸坚定的表情，回答："爸爸，我们如约捧着鲜花送给您，您是为维护和平而牺牲的，我们为您感到骄傲……"

"好！现在，我们把自己当做雷利，再读一遍课文。"

《一个中国孩子的呼声》中最能表现作者情感的文字就是案例中的那两段。要想让学生理解并深切体会作者的感情，教师就必须在朗读这两段文字时下点儿工夫。

案例中的教师采取的是引读方式。读爸爸临行前的内容用的是充满希望的语调，表达了对爸爸工作的支持以及对美好未来的向往；而读"再见"爸爸的文字时，则用了悲伤的语调，因为此时雷利与爸爸已经天人永隔了。教师的悲伤情绪必然会传染给学生，所以学生在朗读这段内容时，也自然运用了悲伤的情感。而教师通过换位思考的方式，更让学生深切地体会到了雷利的感情。

就这样，两个看似非常简单的朗读设计，却融入了无比真挚的情感，进而有效引发了学生的情感冲击，催生出学生的心灵震撼。

关于语言的情感问题，美国心理学家艾帕尔·梅拉列斯曾经总结出一个公式：信息的总效果＝7％的文字＋38％音调＋55％的面部表情。将此公式应用到课堂教学中，就说明教师的语调将直接影响教学效果。所以教师有效教学的关键因素之一，就是帮助学生对课堂及学习活动建立积极的态度和感受，而恰当的语调正可以帮助教师轻松完成这一任务。

话虽然人人会说，但拥有高水平的课堂语言艺术却不是一件容易做到的事。教师要在教学实践中不断探索、不断创新，逐渐完善自己的教学语言，让自己的课堂充满诗情画意，让学生兴趣盎然地学在其中。

发挥教学机智，让尴尬成为兴奋剂

教学需要设计，精心设计才能使教学精彩。但不管教师如何费尽心思地设计，总有一些意外情况是无法预料的，这时就需要教师有丰富的教学机智和高超的反应能力。

俄国教育家乌申斯基认为，不论教育者怎样研究教育理论，如果他没有教育机智，就不可能成为一个优秀的教育实践者。教学中什么情况都可能发生，如教师出错、学生提出一些教师毫无准备的问题等，面对这些变数，如果教师处理不当，就会出现尴尬，让课堂气氛凝固，影响学生情绪，耽误教学进程。

所以，面对偶发事件，教师要运用教学机智，依势而行，借机施教，让尴尬成为兴奋剂，促进教学顺利地进行下去。

（一）顺水推舟，巧妙入题

教育机智是一种教育行动，是一种直接指向学生的行动。范梅南指出："教育机智不仅仅在于以巧妙的方式传授给学生知识和技术，更应该关注儿童成长的环境和过程，保护孩子的脆弱性。"

在教学过程中，师生、生生之间不恰当的语言、行为都会伤害学生脆弱的心灵。因此，面对学生一些无心的话语，教师要有一定的心理承受力，巧妙化解尴尬，让学生知识与情感双丰收。

有一年，江苏省丹阳实验小学语文特级教师张学伟受邀到北京讲公开课。上课时，为了拉近师生距离，活跃课堂气氛，张老师亲切地问学生："同学们，一位陌生的老师站在你面前，你最想说什么？"

"欢迎老师。"

"希望和老师交朋友。"

……

学生们热切地回答着。突然，一名男生站起来问道："老师，我有一句话，不知当讲不当讲？"

"请讲！"张老师笑着说。

"老师，我觉得你——有些难看！"男生犹豫了一下说道。

张老师一下子呆住了，学生的话让他感到有些羞臊，虽然他一向不怎么在意自己的外貌，但被这么小的学生当着那么多人的面指出来，还是让他有些难堪。好在张老师心理素质比较好，心胸宽广，他稳定了一下情绪，故意拉下脸来，说："初次见面，就评价老师的外貌，不怕我生气？"

"您不会生气！"男生很肯定地说。

"为什么？"张老师追问。

"因为……您挺幽默的，很亲切……而且您是优秀教师，来给我们上课，生什么气呀！"调皮的男生欲扬先抑，先贬后夸。

张老师顺水推舟："气倒不会生。不过，你既出此言，必须要作深入解释。请问，我难看在何处？谁能总结我的特点？"

这一下，学生全活了，场面一时热闹非凡，学生争相发言，笑声不断。

"看看，我的身材怎么样？当模特行吗？"张老师和学生调侃。

"老师，你当模特——太矮！"

"对，本人身高一米六六，先天残废。"张老师故意叹了口气。

"老师，你很胖。"

"对，这是我第二个特点，你真会发现！"张老师不失时机地总结，顺便赞扬了一下这个学生。

"还有什么特点？往这儿看！"张老师指了一下自己稀疏的头顶。

"头发少！"学生们异口同声地回答。

"同学们啊！你们知道吗？"张老师向学生倒起了"苦水"，"去年我接了一个班，第一天上课，同学们就用六个字总结了我的外貌特点，你们猜是什么？"

"什么？"学生们睁大眼睛。

"胖而低，头发稀！"张老师一语既出，学生们笑倒一片。

张老师趁势引导学生："同学们，初次见面的老师你们都敢评论，那我问你们，对课文中的人和事，你们敢不敢发表自己的看法、见解？"

"敢！"

"好！下面，我们学习《寓言二则》。"张老师顺便引入正题。

学生立刻兴致勃勃地转入到学习状态，课堂气氛热烈。

学生当堂指责老师的相貌，这是一件让人很尴尬的事。面对这种情况，教师绝不能"恼羞成怒"，斥责学生无礼，而应像张老师一样运用"太极云手"之法，轻松化解。通过拿自己开涮，让学生评价自己，放松学生情绪，激活课堂，从而巧妙地转入到课堂学习中去。

课堂学习不正需要学生自己去评论和详解吗？不正需要他们这种大胆评价的精神吗？这正是个机会，教师要善于抓住。

（二）稳中生智，化"险"为"夷"

现在的学生"见多识广"，而且胆大敢为，常在课堂上做出一些惊人之举。面对这种状况，如果教师开口批评，可能会伤了学生的自尊心，既影响师生关系，也不利于课堂教学的开展。这就需要教师有随机应变的机智，视情况灵活应对，从容接"招"，并让课堂因此出现不同以往的气氛和效果。

还是张学伟老师的课。有一次，张老师讲郑振铎的《别了，我爱的中国》一课，在学习了第一段的内容后，张老师引导学生体会郑振铎的所见、所闻、所想，抓住"倚"字让他们展开联想，反复朗读来体会离愁别绪。结果，学生的情绪被调动了起来，一个个眼睛都湿润了。

接下来又学习第二段。第二段的内容是："船慢慢地向前驶着，沿途停着好几只灰色的白色的军舰。不，那不是悬挂着我们国旗的，那是帝国主义的军舰！"

这一段需要激发出学生的"愤怒"情绪。于是，张老师请几位学生朗读。学生的声音低沉而缓慢，很显然还沉浸在第一段依依不舍的离情中。为了让学生脱离"离情"，进入"怒情"，真正体会第二段的内容情境，张老师问学生："此时此刻的作者，也就是你，必须把自己当成作者才能感同身受。告别了亲友，你——乘船缓缓前行，或许此时你还沉浸在与亲人的离别情绪中，但——你看到了什么？"

"军舰！"学生们异口同声地回答。

"军舰是用来做什么的？"张老师点拨。

"打仗的！"

"用于战斗的！"

……

学生们给出两三个答案后一下子陷入了沉默。张老师又适时地补充、引导："此时，船只是缓缓地前行啊！同学们，每个国家都有近陆海域，称为领海。和领土一样，领海是属于这个国家的，神圣不可侵犯！这时候，船一定还行驶在我国的领海上，或许还是内海，但帝国主义的军舰，用来打仗的军舰已经在这里了啊！"

学生们的情绪一下子被点燃了，他们纷纷发言，抒发自己心中的愤慨……

看学生情感被调动起来了，张老师顺势引导学生进行朗读。然而学生虽然朗读得很有激情，但由于缺乏技巧，读得不尽如人意。尤其是"白色的军舰"和"不"之间的停顿和突兀的情绪变化，学生怎么也读不出来，达不到以情感人的效果。

张老师是朗读高手，于是，他捧起书，开始范读。张老师读得很投入，一时场上鸦雀无声。平缓的叙述后是短暂的停顿……张老师似乎沉浸在郑振铎的情感世界中，触摸到了郑振铎看到军舰时看似沉默，其实情感激荡的内心。他的心绪从离情向悲愤产生了巨大转折。

"不，那不是悬挂着我们国旗的，那是帝国主义的军舰！"张老师终于爆发了。

短暂的沉默，随之课堂上响起一片掌声，学生们热烈地为张老师鼓掌。

"同学们，我想问问你们，在听老师朗读时，在老师停顿的地方，你——想到了什么？"张老师想进一步点燃学生的思绪。

但就在此时，意外发生了。

一个学生站起来真诚地问："老师，你读得真好！我想问你，当你读这段话的时候，你想到了什么？"

张老师一下子慌乱了，甚至有些发蒙，他没想到学生竟然反问老师，怎么办？这时，张老师的心里一下子闪过好几个念头。"你叫什么名字？"张老师想拖延一下时间。

"小琪！"学生们响亮地回答。

"敢反问老师——你们觉得小琪同学怎么样？"张老师把球踢给了学生。

有两个学生对小琪的敢于质疑表示赞赏，其他学生也一致赞成。

"是啊，我们应该向他学习……"张老师一边说，一边急速地思考对策。对，首先要使自己镇静下来！渐渐地，他的眼前出现了一幅画面，望着远处，他仿佛看到……甲午战争的炮火，屈辱的"和谈"，不平等的条约……

"同学们，我看见了！"张老师一下子兴奋起来，他控制着自己的情绪，使声音变得低沉："我看见了，八国联军攻陷了天津、北京，他们烧、杀、抢、掠……我看见了，帝国主义的军舰驶进中国内海，他们肆无忌惮……山河破碎，祖国到处是残垣破壁、滚滚浓烟！母亲在呻吟，同胞在流泪……"

场下又是一片掌声，学生的情绪也被感染了，一个个抒发着自己愤怒的情感。

本是老师问学生的问题，却被学生反抛给老师，这种事情并不多见，但意外往往就此发生。也许大部分老师都不会有这种心理准备。此时，若教师置之不理，会显得小气、没有度量，更重要的是，这是一种缺乏水平的表现，只能回答准备好了的问题，算什么优秀老师呢？

因此，教师必须积极应对学生的"将军"，一边拖延时间，一边思考问题答案，从容面对突发状况。当教师将精彩答案呈现给学生的时候，不仅会让学生心悦诚服，更会因此而激起学生对知识学习的激情，将课堂气氛推向另一高潮。

只有"险中求胜"，才能"更上一层楼"。

（三）珍视"意外"，激活"意外"

教学机智是不能事先计划的——它总是在具体的、出人意料的、无法预见的情境中自然迸发出来。课堂教学中，教师必须时刻保持对教学事件的敏感性，同时还要拥有及时准确地处理这些偶发性事件的智慧。

在经历了教学机智自然迸发的过程后，教师须及时对其进行理论上的审视与提升，使这种偶发性事件对教师后续的教学活动产生更强的联动效应。

有一次，浙江省杭州市拱宸桥小学特级教师王崧舟应邀讲《我的战友邱少云》一课，在学到"为了整个班，为了整个潜伏部队，为了这次战斗的胜利，邱少云像千斤巨石一般趴在火堆里一动也不动，烈火在他身上烧了半个多钟头才渐渐熄灭。这位伟大的战士，直到最后一息也没挪动一寸地方、没发出一声呻吟"一段时，王老师打开多媒体，播放了《打击侵略者》中"邱少云被烈火烧身"的视频剪辑。随着画面的呈现和音乐的响起，王老师充满深情地为视频剪辑配着旁白：

"同学们，看哪！这就是邱少云，这就是烈火烧身的邱少云，这就是纹丝不动的邱少云，这就是千斤巨石一般的邱少云，这就是趴在火堆里一动也不动的邱少云，这就是直到最后一息也没挪动一寸地方、没发出一声呻吟的邱少云。你们看他的眼睛，你们看他的嘴唇，你们看他抠着泥土的双手。你们，谁也无法想象、无法体会此时此刻他所承受的巨大痛苦、巨大煎熬、巨大折磨，面对这样一位战士，你有什么话想对他说吗？"

在王老师的情绪感染下，学生们都积极发言，而且都非常精彩，要感情有感情，要态度有态度，要思想有思想。正当王老师期待着新的精彩进一步到来之际，突然一个小个子男生站了起来，面对《打击侵略者》的视频剪辑，铿锵有力地说道："邱少云，假如我是你，我就打几个滚先将火灭了，说不定这个时候山上的敌人正在睡觉呢。"

全场顿时一片愕然，气氛瞬间凝固，所有人的目光都齐刷刷地聚集到王老师的身上。

在全场的一片寂静中，王老师不动声色地沉默了十秒钟，他调整了一下状态，清了清嗓子，说："孩子，你不希望邱少云死，是吗？"王老师的声音缓慢而低沉。

男生郑重其事地点了点头。

"我理解你的心情，将心比心，谁想死啊？谁不希望自己能好好地活着？是吧？"男生再次点头，脸上泛起一层被人理解的幸福和得意。

"这样的希望，不光你有，大家也有。不光大家有，我相信，在邱少云的内心深处也一定有——我要活下去。"男生目光炯炯地对视着王老师。王老师知道，男生的情感大门正在敞开，他在慢慢接受自己的观点。

突然，王老师话锋一转，说道："但是，作为一名军人，一名以服从命令为天职的军人，此时此刻，面对残酷的战斗形势，面对自己的危险处境，我相信，一定还会有另一种声音在他的内心深处响起。大家听，另一种更加强烈、更加坚定的声音在对他说……"

王老师停顿下来，这时班上陆续有学生举起手来，三个、五个、九个……

"我听到有声音这样对邱少云说：'邱少云，你可不能动啊！你一动，身后整个班、整个潜伏部队都将被敌人发现，战友们将会遭受重大伤亡。如果我一个人的牺牲能够换来战友们的平安，我死也是值得的。'"

"我听到有声音这样说：'邱少云，战友们在望着你，朝鲜人民在望着你，祖国人民在望着你，你是好样的，你一定能够坚持住的。'"

"我还听到有一种声音在这样对邱少云说：'邱少云啊邱少云，你不是希望自己成为一个真正的钢铁战士吗？烈火可以烧毁你的身体，但烈火永远烧不毁你坚强的意志和伟大的精神，你将在烈火中得到永生！'"

……

教师面对的学生是一个个活生生的、凝结着各种社会关系的人，他们有自己的思想、有自己的判断力。面对同一问题，不同的学生有不同的想法和观点，当大部分学生对这一问题都做出积极的正向的情感反应时，难免会有个别学生发出惊人之语，从而打破教师的教学预设，破坏课堂情绪。

意外出现，教师该怎么办？指责学生显然是不当的，这只会打击学生的积极性。此时，教师应静下心来，"知止而后有定，定而后能静，静而后能安，安而后能虑，虑而后能得。"

意外往往暗含契机，教师要运用教学机智，或循循善诱、或引发争论，将意外转化为机会，激活"意外"，调动学生情绪，让课堂更生动。

（四）重做调整，点燃思维

课堂教学中，常会遇到学生思路不畅的情况，这时，教师首先必须克制自己的情感，用理智驾驭感情，保持冷静，使头脑更清楚，从而恰当而有效地引导学生。如果教师只按自己的想法进行，很可能会造成师生情绪的对立，造成课堂气氛的紧张，这样教学效果也就无从谈起了。对此，教师要懂得调整思路，重新燃起学生学习的兴致。

江苏省无锡市五爱小学语文特级教师许敏峰在教学《司马迁发愤写〈史记〉》一课时，先让学生阅读课文，然后让大家谈谈自己阅读后的感受。然而，让许老师意外的是，很多学生都一副无精打采的样子，既没有往日阅读时的积极性，更没有产生任何智慧的火花，甚至愿意主动交流的学生都寥寥无几。

怎么回事？许老师感到有些奇怪，于是问学生有什么想法。这时一个学生说道："老师，司马迁的故事我们在课外书上早就知道了，我觉得这篇课文写得太简单，没意思。"哦，原来是这样，这篇课文的内容离学生生活实际比较远，而且他们已经读过很多相关的故事，因此在阅读时很难产生主动的情感体验。

此时，面对学生提出的，而又完全不在自己的教学设计之中的"意外"，许老师如果不作反应，不仅可能丧失有意义的教育契机——点燃思维的火花、拓展思维的空间、深化探究的兴趣，还有可能扼杀学生参与课堂教学的积极性，使学生变得愈来愈消极、麻木、被动。而阅读本身就是探索与创造的过程，没有读者与作者和作品对话的阅读不是真正的阅读。

于是，许老师当机立断，在教学设计上重新作了调整。

许老师问："同学们，刚才我们一起读了《司马迁发愤写〈史记〉》这篇课文，大家都读懂了吗？"

学生随意地点点头，没有一点激情。

"那老师要考考大家了！你觉得这篇文章最值得读者研究的问题是什么？"许老师话锋一转，提出了问题。

虽然该提问旨在提炼课文主要内容，但却让学生变被动答题为主动发现，因此学生立刻来了精神，并很快讨论出两个中心问题——"司马迁为什么要写《史记》？""司马迁为什么要发愤写《史记》？"

"同学们真会读书，抓住了作者要告诉我们的两个重点问题。那么，司马迁年纪轻轻的怎么就有了写《史记》的志向呢？今天我们也来做一回历史研究，学学文中司马迁研读文献的方法，把课文作为文献好好研读研读，然后在小组里就这个问题来个'学术沙龙'，最后要有条理地概括提炼出你们小组的观点。"

许老师在此处创设了一个让学生很感兴趣的问题情境，自然而然激起了学生探究的欲望。许老师的话音刚落，学生们便投入地读起书来。不久，热烈的讨论气氛就洋溢在教室里。

在接下来的全班讨论中，这个小组认为："原因之一是司马迁从小听了乡亲们讲的英雄故事，受到感染。"那个小组马上补充："那是因为司马迁从小受到乡土文化的熏陶。"这里又有学生说："原因之二是司马迁的父亲要立志编史书。"那里立刻纠正："我们认为原因之二是司马迁受到父亲的大志的影响。"学生们发表着条理清晰、语言简洁且富有浓浓学术品位的见解。许老师听着学生的分析，不禁暗自为他们喝彩。学生智慧的火花在这自主、合作、探究的浓厚学习氛围中不断闪现，课堂学习气氛非常活跃。

很多教学内容，特别是一些语文篇章，由于年代久远，词语晦涩，很难激起学生阅读的兴趣、情感的波澜，也常常出现远离教师教学设计的"冷"。此时，如果教师执意按教学设计来执行，课堂就会长时间地陷入沉闷之中。因此，教师必须迅速对这些"意外"作出反应，重新调整教学设计，以适应课堂实际情况，让学生产生学习兴趣，将他们智慧的火花激发出来。

（五）驾轻就熟，掌控课堂

准备得再充分的课堂也难免出现意外，这就需要教师在遇到课堂突发事件时，要具体问题具体分析，恰当发挥机智来解决突发情况。

有些教师面对意外，常喜欢运用一种模式来解决问题。这是一种不明智的做法，因为每一个事件的发生都有它特定的时间和环境，作为教师，应充分考虑到这些因素，有效运用不同应对方法，以保证课堂的良好互动。

1. 因势利导

因势利导的策略是指利用事物普遍联系的原理，找出突发事件和课堂教学内容之间的联系，巧妙地加以引导，使学生的思维自然而然地向课堂教学目标靠近。

在教学过程中，由于教学环境的变化或学生的漫不经心、恶作剧等原因而发生突发事件，教师要沉着冷静，尽量找出事物间的联系，然后，因势利导，化消极为积极，变被动为主动。

某教师为作文兴趣小组的学生上课。为了使课堂教学更有说服力、更有实效，这位教师事先写了一篇叙事类的文章，并且自我感觉挺不错。

课堂上，在讲解和探讨了记叙文的有关知识和要求后，这位教师便将事先找好的几篇例文和自己写的那篇记叙文发给每一位学生，并特别指出："为了激励大家写作，老师也凑了一篇，同学们等会儿提提意见。"教师说这话本是谦虚之辞，没想到，第一个学生就对他的文章指出了毛病："老师，我不喜欢你的这篇文章，我认为你的文章缺乏思想深度，有无病呻吟之嫌。"

此言一出，举座哗然，教师一下子涨红了脸，陷入了极为尴尬的境地。但他随即顺水推舟，因势利导："这位同学有个性，有思想，有见地。被他一说，老师也深有同感。现在，大家能不能把老师的文章修改一下，使之深刻起来呢？"学生一听要修改老师的文章，一石激起千层浪，大家都很兴奋，开始修辞琢句，修改文章，甚至还因为某处应该怎么改而争论起来。

2. 以幽默化尴尬

针对外来因素的干扰，教师可采用比喻、夸张、双关、模拟等手段，用风趣幽默的语言化解尴尬的局面，激活课堂学习氛围。

一次，某教师在班里开展"一分钟演讲"活动，刚开始时，学生们都很紧张，没人愿意"打头炮"，课堂气氛不活跃，教师只好点了名。那位被点了名的学生犹豫了片刻，鼓足勇气站了起来，结果由于紧张，"呼"的一声，他起身时把凳子给弄翻了。

顿时，教室里变得鸦雀无声。这名学生尴尬地愣在那儿，一时不知该怎么做。看到这种局面，教师灵机一动，说："哈！我们的第一炮打响了——一鸣惊人！好，请大家用掌声欢迎他上台演讲！"一句幽默的话，立刻将气氛扭转过来。这位学生在同学们热烈的掌声和善意的笑声中镇定了情绪，从容地走上了讲台。

3. 将问题反抛

课堂上，有些学生会提出一些古怪的或与教学内容无关的问题，这时，教师不必急于回答，可以将问题反抛给学生，通过引导，巧妙地把学生拉回到课堂教学的主题上来。

有一次，钱梦龙老师执教《故乡》一文，突然有一名学生提出一个与课文主旨毫无关系的问题："跳鱼怎么会有青蛙似的两只脚呢？"

钱老师反问道："是啊，鱼怎么会有脚？"

这下激起了学生的兴趣，有的学生说："没有。"有的学生说："有！"

"什么鱼啊？"钱老师笑着问。

"娃娃鱼。"

"啊，你真见多识广！我想跳鱼也有两只脚，可我没有看到过，你们有谁看到过？"钱老师问。

学生齐说："没有。"

"可是少年闰土就知道这种跳鱼，这说明了什么？"

"说明少年闰土见多识广，他'心里有无穷无尽的稀奇的事，都是我往常的朋友所不知道的'。"

面对学生突如其来的提问，钱老师没有回避，而是反抛给学生，学生在争论之余，也在不知不觉中学到了知识，加深了对人物的理解。

4. 巧用无关刺激，转移注意力

转移注意策略是指根据教学的具体情况，灵活地运用注意规律，尽量消除分散学生听课注意力的不利因素，创造条件使学生集中注意于教学活动之中。

在课堂上，就课堂教学刺激物而言，教室内部的布置和周围的环境，师生的衣着行为，教师讲课的声音、板书以及教学教具的出现等，都可能会诱发突发事件，成为学生注意的对象。教师对这些突发状况如果处理不当，则会分散学生的注意力。如果处理得当，就会增强学生对教师讲授内容的注意。因此，教师要发挥教学机智，观察刺激物的特点，把学生从注意课堂教学无关的对象转移到教学活动目标上。

有一位教师在教学"绿色开花植物的叶、茎、根"时，刚一上课，窗外就传来一户人家办丧事的吹打声，而且喧闹不断，全教室学生的注意力都被那些声音吸引过去了。如果听之任之，原先所有的教学设想将会成为泡影。怎么办？教师的大脑高速运转起来，突然他心中一亮，何不让学生到校园的绿化带旁边学习？

于是，教师把学生分成小组，并根据教学内容，向学生提出学习要求和注意事项，让学生在实地、真实的植物环境中学习有关绿色植物的叶、茎、根的知识。结果，学生马上被绿化带吸引，专心致志地开始研究里面植物的叶、茎、根。

可见，教学机智，是成功教师的法宝。灵活地应用它，整个授课的空间会在无形中得到扩展。教师要真切地意识到，也许一个灵光闪现就会开启无数智慧的头脑；也许一个妙手偶得就能点亮无数双闪亮的眼睛。

因此，面对突发事件，教师要抓住学生心理，化尴尬为契机，利用独特的机智驾驭课堂，使课堂"化险为夷"，在生动活泼的气氛中顺利完成教学目标。

第 二 章

创设互动，激发生动

变静为动，让学更有趣

夸美纽斯说："游戏是发展各种才能的智力活动，是扩大和丰富儿童观察范围的有效手段。"

我国古代教育学者王守仁也说过："今教童子，必使其鼓舞，心中喜悦，则其进自不能已。"

游戏教学是教师融合特定教学内容于游戏活动中的教学，变静态教学为动态教学，可以使学生轻松、愉快、有效地掌握知识和发展能力。

具体说来，游戏教学法是指教师在教学中尽可能地采用游戏的方式，将枯燥的教学内容转变为学生乐于接受的、生动有趣的游戏形式，为学生创造和谐、有趣、丰富的学习情境，使学生在玩中学、学中玩。它不但提高了学生的学习兴趣，调动了学生的参与积极性，而且使学生在热闹的游戏中，在愉快的参与和体验中，掌握和巩固了所学知识。

游戏是教学的一种辅助手段，运用游戏是为了更好地完成教学任务。在众多教学方法中，游戏教学法无疑是一种激发并保持学生学习兴趣的重要途径，也是受教师喜爱，并被教师经常使用的教学方式。

（一）巧用游戏，营造趣味课堂

现代心理学之父皮亚杰说："所有智力方面的工作都要依赖于兴趣。"

马卡连柯说："游戏在儿童生活中具有极其重要的意义，具有与成人活动、工作同样重要的意义。"

激发兴趣是创造一个欢乐和光明的教学环境的主要途径之一。教师将游戏引入课堂，能将枯燥的教学语言转变为学生乐于接受的生动有趣的活动形式。

为了真正让学生成为课堂的主人，广东梅县丽群小学语文教师钟雪红在课堂教学中，经常将实际情况与学生需要结合起来，巧玩学生喜欢的游戏，让学生在动脑、动口、动手中学习。

让学生在想一想、说一说的游戏中学习，是钟老师运用得比较多的教学方法。小学生求知欲强，非常喜欢猜谜语。她就根据学生的年龄特点，引导学生参与猜谜语的游戏，让学生自主学课文。

在教《咏鹅》这首古诗时，钟老师让学生猜起谜语："头戴一顶小红帽，身穿一件大白袍，脚上一双红靴子，唱起歌来啊啊啊。快快猜猜我是谁？"

一听这样的谜语，学生们顿时产生了浓厚的兴趣，很快就猜对了钟老师的谜底："大白鹅"。

有了这个谜语作导入，钟老师趁机让学生带着高昂的情绪学习古诗，欣赏白鹅戏水的美景，让学生在品味词句中受到美的感染，进而轻轻松松地突破了本课的难点。

在画一画、说一说的游戏中学习，也是钟老师课堂上的一个特色。钟老师认为，在语文教学中恰如其分地画一画、说一说，能让学生在丰富多彩、生动有趣的课堂活动中感知语言、训练语言。

在学《天上的白云》一课时，钟老师让学生带着想象看天上的白云像什么，并画一画，然后给同桌说一说。这时，学生们个个插上了想象的翅膀，同桌之间畅所欲言地说开了……

在画一画的结果中，学生画出的白云有像小白兔的，有像大白马的，有像蛋糕的，有像白鸽的，还有像飞艇、战舰的……在活动中，学生们不知不觉地增强了想象力和语言能力。

在唱一唱、跳一跳的游戏中学语文，也是钟老师课堂上的一个亮点。根据学生的年龄特点，钟老师常常在教学中挑选与教学内容相关的歌曲或歌谣，让学生唱一唱、跳一跳，让他们在活泼优美的旋律中感受语言。

教《小青蛙》一课时，钟老师播放了一曲《小青蛙找家》，带领全班学生唱起来、跳起来。在戴头饰、听音乐的愉快氛围中，学生们感悟到青蛙妈妈也爱小青蛙，人类不能捉小青蛙，要让它早日回到自己的家。学生兴趣浓厚，反应积极，使这节课的教学目标得以全面实现。

手和脑有千丝万缕的联系，手使脑得到发展，使它更加明智；脑也使手得到发展，使它成为思维的工具和镜子。在玩一玩、动一动的游戏中学习，同样是钟老师课堂上的亮丽风景线。钟老师认为，在教学中要常常让学生自己动手操作，学生只有亲身体会了，才能用自己的心灵去感悟，才能有所收获。

中小学生与游戏有着天然的联系。在课堂上适当而有意识地增添一些趣味性游戏，创设丰富的游戏情境，会使学生感到有趣，从而延长注意的保持时间，更有效地参与教学。

心理学认为，小学生的兴趣是在活动中形成的，也是通过活动获得发展的。教师在教学过程中必须善于利用多种形式、多种方法去培养学生的学习兴趣，激发学生的求知欲。正如莎士比亚所说："学问必须合乎自己的兴趣，方才可以得益。"

浙江省桐庐县迎春小学的黄震波老师，开展了"巧算24"的游戏，激发了学生的兴趣，把枯燥的基本数字计算变得趣味盎然，大大提高了学生的计算能力和速度。

黄老师说："同学们，今天我们要做一个大家非常熟悉的活动——'算24'，以前玩过吗？"

学生1说："玩过，以前经常与爸爸、妈妈一起玩！"

学生2说："经常玩，电视节目中也有很多，有时我比参赛者算得还快。"

黄老师："谁来说说，这个游戏是怎么玩的？"

学生3说："用扑克牌玩，把10以上的牌及大、小王拿掉，然后把剩下的牌平均分，每人出2张牌，通过＋、－、×、÷四则运算，可以随意地添上括号，使最后的结果等于24，谁先算出，牌就归谁，最后谁的牌多，谁就获胜。"

学生4补充说："他说的是2个人玩，也可以4人一起玩，每人出1张牌，其他都一样。"

黄老师说："那好，今天我们是全班一起玩，也不用扑克牌，直接由老师出示1～13中的4个自然数，大家比比谁算得比较快。"

说完，黄老师出示4个数：3、3、5、6。

学生5抢先回答："$3×(5+6-3)=24$。"

学生6也答道："$6×(5-3÷3)=24$。"

"很好，同学们再想一想，还有没有别的算法？"黄老师问道。

学生7说："$3×5+3+6=24$。"

学生8说："$5×6-3-3=24$。"

"还有没有别的算法？"黄老师又问。

学生9说："老师，其实刚才学生5的算法我也算出来了，就是速度还是不如他快。"

"那我们来请教一下这几位同学，算得快有什么诀窍吗？"

"看到 3，就凑 8；看到 6 就想办法找 4，这样就得 24。"一名学生总结道。

黄老师说："嗯！那刚才学生 7、8 不是这种算法，你们俩能否介绍一下。"

学生 7 说："把其中两数相乘，积不足 24 的用另外两数补足。"

学生 8 说："把其中两数相乘，积超过 24 的用另两数割去。"

接着，黄老师又出示"1、5、5、5"四个数让学生继续进行游戏。

学生马上埋头算起来，大约过了两分钟，学生 9 说："老师，这道题目不能算，我把所有的方法都用尽了。"

"你指的所有的方法是不是前面提到的方法？"

"是的。"

"当我们用惯性思维不能解决新问题时，不妨变换一下思考角度，这样很可能会踏上捷径，前面我们的思维停留在整数的加、减、乘、除上，六年级已学过了分数乘、除法，所以我们可以从这个角度去思考，允许前两次的运算结果出现分数，这样或许就会找到更多、更好的方法。"黄老师提示道。

学生们开始思索，计算起来，过了一会儿，学生 9 说："老师，我算出来了，$5 \times \left(5 - \dfrac{1}{5}\right) = 24$。"

"你是怎样想的？"

学生 9 分析道："我想，这里已有了一个'5'，就从'分数乘法'思考，能否找到一个数与 5 相乘得 24，这个数就是 $\dfrac{24}{5}$，而'$5 - \dfrac{1}{5}$'等于 $\dfrac{24}{5}$。"

黄老师笑着说："你太厉害了！我们能否再想得更广一些，还有哪些数与分数相乘得 24？还是在 1~13 之间的数？小组讨论一下。"

于是，学生又纷纷列出算式：$7 \times \dfrac{24}{7}$，$9 \times \dfrac{8}{3}$，$10 \times \dfrac{12}{5}$，$11 \times \dfrac{24}{11}$。

……

营造愉快的充满趣味性的课堂教学氛围，应成为教师课堂教学的基本追求。因为教学过程的愉悦性必然会激发和培养学生的学习兴趣，而学习兴趣的提高又必然会促使学生自觉主动地去探索知识的奥秘。

不管是钟雪红老师还是黄震波老师的课堂实践，都清楚地表明：将游戏引入课堂教学，绝对是激发学生兴趣，提升学生求知欲的有效手段。

（二）结合学情，让课堂与学生零距离接触

英国教育家洛克说过："把儿童应做的事变成一种游戏，把身体与精神的

训练相互形成一种娱乐，说不定就是教育的最大秘诀之一。"

教师根据学生的实际情况，结合学生的心理特点、年龄特征，顺应学生爱玩的天性，适时组织学生参加感兴趣的游戏，是提高学生的学习积极性，让他们与课堂进行零距离接触的有力法宝。

江苏省江阴市澄江镇环南路小学的何小花老师，正准备教学生学习《牛津小学英语3B》第五单元关于加减法的两个句子。

三年级的学生刚开始学英语，对一切都感到好奇。而加法与减法，学生在做数学题时都不一定能做到全对，更何况还要在记住两个英文单词后再去运用呢？怎样才能使学生在对英语感兴趣的基础上去记牢并运用这两个单词呢？何老师上课前一直思考着这个问题。

上课预备铃响了，何老师走进教室时，学生们还在做着各种各样的课间游戏，有踢毽子的、有跳绳的、有拍皮球的。

见此情景，何老师灵机一动，走到学生面前借了皮球、毽子，与学生玩起了"小小估价员"的游戏。

何老师在皮球上写好自拟的价钱，当学生看到这是他们刚刚玩的皮球时，感到特别亲切，纷纷出价。不知不觉中，何老师就让学生们复习了数字。

接着，何老师请猜对价钱的小昊上来玩拍皮球，其他学生则在下面一起帮他点数。随着小昊一下一下地拍球，学生们的点数声也越来越大，课堂气氛变得既火爆又轻松。

突然，小昊由于一点小失误把球拍飞了。何老师趁机接上一句："小昊拍得挺不错的，看得老师也有些手痒了。我来拍，大家帮我数数，OK？"

随着学生响彻教室的"OK"声，何老师拍起了球。也许是太长时间没拍球了，学生的"Five"还没出口，她就宣告失败了。

这时，何老师巧妙地转入了这节课的主要内容："同学们，现在老师要考考你们：小昊拍了十下球，老师拍了五下，我们一共拍了多少下？What's ten plus five？"

"Fifteen."学生们异口同声地答道。

看学生非常迅速地找到了正确答案，何老师就趁机领着他们读了这个句子。虽然这个句子有点难度，但在领读时，何老师特别注意化难为易，步步为营，慢慢渗透。她首先领读plus，在大部分学生已经学会的基础上，再领读ten，plus和five，最后才整句连读What's ten plus five？学生由于刚才体验到了成功，因此跟读时兴趣特别高，读得特别带劲，很快就学会了。

这时，何老师趁热打铁，拿出了毽子，说："同学们，老师手里有二十颗糖，现在让你们自由练习踢毽子，一会儿请几组上来比赛，并评出一、二、三等奖，得奖者每人奖励一颗糖。大家说好吗？"

"好！"学生们兴奋地喊道。

于是，学生两人一组进入了紧张的练习状态。五分钟后，何老师组织了几组比赛，并给赢了的小组一人发一颗糖。拿到糖的学生心里乐滋滋的，而没有得到奖励的学生自然也不甘示弱，争先恐后地上台挑战。

看手里的糖只剩十二颗了，何老师忽然抛出了一个问题："同学们，老师一共带来了二十颗糖，发奖发了八颗，谁能来猜一猜我口袋里还剩下几颗糖？What's twenty minus twelve?"

这次，何老师没有让学生集体回答，而是让他们抢答，并发给抢答到的那位学生一颗糖。在这种激烈气氛的感染下，就连平时不敢举手发言的学生也变得大胆起来了，兴奋、踊跃地加入到了抢答队伍中。

在这个过程中，何老师的第二个、第三个问题也接二连三地产生了："我原本有八颗糖，但给了双双一颗，请问现在我还有几颗？"

在学生都回答正确后，何老师对学生回答问题的要求又提高了，开始让学生自问自答。

但因何老师还没重点教授"minus"这个单词，有个女生一时答不上来。

何老师就有意识地带读了几遍"minus"，并进行了一番解释。终于，在何老师的帮助下，这位女生也回答正确了，得到了何老师奖励的一颗糖。她高兴地连连说："Thank you."

要想学生学习好，教师就不能忽略学生爱玩、好动这一特点。中小学生天生爱玩、好动，一旦有他们喜欢玩的，他们就能全身心投入其中，乐此不疲。如果教师巧妙地把知识融入游戏、玩乐中，一定会激起他们的学习兴趣，不再感觉学习是枯燥乏味的。

在教表示人的脸部器官的单词时，某位英语教师设计了一个"我是小画家"的游戏，以复习和巩固单词 face、eye、ear、mouth、tooth、hair 等。

游戏时，该教师让几个学生站上讲台，他说一个单词，学生就在黑板上画出相应的部位，或者在事先画好的脸谱上标出相应的单词。当这一轮顺利完成后，他又开始了新一轮游戏：叫全班学生起立，根据老师说的单词指出相应的部位，指错的就坐下，对了的就继续站着。经过几个回合后，仍然站着的学生为胜者。

在这种游戏的渲染下，整堂课气氛热烈而又井然有序，学生们都全身心地投入到了课堂中。

在教怎样介绍自己的家人、朋友和同学这一单元时，他根据学生的喜好和实际情况设计了一个游戏：全班学生自由组合成几个小组，每个组自行设计场景和组织对话，主题是 introduce，可以是新学期开学同学之间的相互介绍，也可以是向第一次来自己家的同学介绍家庭成员，还可以联系上个单元学过的房间物品摆设进行介绍。介绍时，学生可以根据自己的喜好大胆创新，想怎么表演就怎么表演。

在这种开放、自由的氛围中，学生迸发出了绚烂的创造火花，在真实的场景中练习了口语，掌握了语言知识点，提高了运用英语进行交际的能力。部分能力比较强的学生还把课外学到的词句也用到了课堂上，各个层面的学生都体验到了成功的喜悦。

教师将教学中的内容或问题，设计到"游戏教学"中去完成，是适合低年级学生年龄特点的，它能满足学生的好奇心，活跃课堂气氛，加强教与学的双边互动，使学生感到学习不再是枯燥无味的。在这样愉快、轻松的气氛中，学生学到了知识，锻炼了能力，既减轻了他们的负担，又提高了教学效率。

所以，教师们应在教学实践中，多多考虑游戏的教育价值，给学生枯燥乏味的学习生活添点调料。

（三）游戏导入，化解学生枯燥练习之苦

德国教育家福禄培尔说："游戏是儿童活动的特点，通过游戏，儿童的内心活动和内心生活变为独立、自主的外部表现，从而获得愉快、自由和满足，并保持内在与外在的平衡。"

学生进行枯燥的练习时，教师不妨合理巧妙地导入一些游戏，让学生一边进行游戏一边得到练习，二者互不耽误，这样学生练习的目的达到了，也从枯燥的练习中解脱出来了。

在上立定跳远练习课时，广西壮族自治区柳州市北站路小学的体育教师罗健问道："同学们，今天想不想做游戏？"

学生们大声回答："想！"

"那么，今天，老师要和大家做一个非常有意思的游戏，叫做'剪刀石头布'。游戏的方法是这样的：两个同学一组，自己找朋友，通过猜'剪刀石头布'来决定胜负。输的一方要受到'惩罚'，至于罚什么，由组内两人共同商

量决定。比如，输的同学围着赢的同学单脚跳一圈，或跑两圈等。怎么样，有兴趣吗？"罗老师大致说了说游戏规则。

罗老师话音刚落，就传来了学生的欢呼声："太好了，总算有游戏可玩了。"

"好玩，我喜欢。"

"太有意思了，我要玩。"

......

接下来，学生就各自忙开了：找伙伴——猜拳——"受惩罚"。学生的"受罚"主要有跑步的，蹦蹦跳跳的，模仿动物的等。

为了达到既定的教学目标，光靠学生这样"玩"是不行的。大约过了5分钟，罗老师一声哨响把学生从四周召集过来，说道："看到大家玩得这么高兴，老师也想参加了，想和一位同学做做这个游戏。谁有胆量上来和老师比比？"

学生们纷纷举起了手，罗老师叫了一位学生上来，对他说："我们也来定一下规则吧？"

"好的！"

罗老师故意说："那就赢的人可以向前跳一步，看谁先跳到对面那条线。"

"可以！"学生答应道。

在这一轮的比赛中，罗老师赢了。有些学生不服气，立刻向罗老师挑战。

罗老师立刻抓住这一时机让学生锻炼立定跳远。他说："你们先两个人一组进行比赛，赢的同学就用立定跳远的姿势向前跳一步，跳的距离由你们自己决定。"

学生很乐意地接受了这项任务，并且积极为自己找伙伴。

学生两两比赛的时候，罗老师则随时观察和指导那些动作比较差的学生。在学生练得差不多的时候，罗老师让学生靠拢过来，问："刚才谁赢了？"

"我！"许多学生举起了手。

罗老师又问："为什么你们会赢？"

有的学生说："因为猜拳的时候我赢得多。"

有的学生说："因为我跳得比他远。"

看来有些学生已经意识到了跳远这一点。于是，罗老师因势利导说："大家说得都很好。猜拳赢，这是运气问题，是一个原因，但更重要的是要跳得远。我想问问那些赢了的同学，你是怎样跳得远的？"

"用力向前跳。"

罗老师又问："究竟怎么用力呢？"

由于学生年纪小，表达不清楚，罗老师就请了两位学生示范，然后他自己再做示范，并让大家好好观察。

看了罗老师做的动作之后，学生你一言我一语地说"摆几下手""开脚站""用力蹬腿"等。

看到大家说得差不多了，罗老师接过话茬说："你们要想赢老师也不难，就让我来教教大家跳得远的'秘诀'吧。"

罗老师边说出动作要领边做动作，并强调蹬腿动作。看到动作并不难，学生练习的兴趣似乎更浓厚了，又跃跃欲试地做起了"剪刀石头布"的比赛，就好像真的拿到了"秘诀"要试一试。

为了延续学生的兴趣，罗老师又让学生充分展示自己的动作，并互相挑战，互相评价，最后还鼓励他们向老师挑战。

在一次次猜拳、一次次蹬腿跳远中，在和老师一次次的互动中，学生们立定跳远的动作已经很娴熟、很规范了。

进入一个新的学习环节，总是需要一个过渡与缓冲的过程，否则难免会给学生以突兀、被迫的感觉。所以，教师必须选择一个适当的、能吸引学生的导入方式。

某信息技术课的教师认为，很多学生虽然喜欢上信息技术课，但这种爱好却表现在玩游戏、上网聊天和看 Flash 动画上。对于那些基本的知识、技能却不愿认真学。于是他就在教学过程中精心设计了一些游戏，试图激发学生的学习兴趣。

学习指法是非常枯燥的，如果教师一开始直接讲解手指的摆放要求和指法要点，学生不但学得很累，而且也很不愿学。这样的话，学生怎么会乐意去一遍遍地练习呢？

左思右想之后，他采取了游戏引入的方法。他先让学生玩"金山打字通"，比赛谁的成绩好。成绩好的再与老师比赛。

在游戏的实践中，学生们发现，要取得好成绩就必须练习好指法。于是就有学生提出如何才能够打得又对又快。

在这种情况下，教师才开始讲解如何进行指法练习。因为有运用的需要，学生们学得都很认真。

不管是学生本来就喜欢的体育课还是抽象性很强的信息技术课，甚至包括其他学科，给学生一个他们喜欢的导入方式，绝对会提升学生的学习兴趣，增强教学效果。

教师应根据教学内容，创设愉悦情境，充分调动学生参与学习过程的主动性，使学生积极主动地学习，让更多的学生享受到学习的乐趣，让课堂成为师生生命的绿洲。

可以看出，游戏是激发学生兴趣最重要的手段之一。但话又说回来，课堂毕竟是课堂，是学生学习知识的地方，课堂游戏内容的设计原则就是为教学服务，为学生发展服务，教师不能为了游戏而游戏，而应该围绕课堂教学目的有的放矢地开展游戏。

在游戏教学中，同样的教学内容，教师的教法不同，学生的学习效果就不同。教学得当，学生则学得轻松有趣、学得灵活，掌握得也好。反之，学生同样会学得吃力、枯燥，甚至产生厌学情绪。真正掌握好游戏教学法，充分发挥游戏积极的辅助作用，还需要教师深入地去思考、去实践，不断摸索、总结，将游戏教学法与玩游戏彻底区分开来，从而引导学生更好地学习。

引发矛盾，让学生在辩论中获得真知

过去，中国的课堂大都属于"安静"型的：教师在台上滔滔不绝地讲，学生安安静静地听，间或有几个学生站起来回答一下问题，整个气氛给人的感觉是缺乏活力的。在这种环境下，教学效果可想而知。

要想解决这个问题，充分激活课堂，辩论是一个很好的方法。辩论因其激烈的竞争氛围，犹如一个强力引擎，能极大地推动学生深入其中。法庭上律师们的唇枪舌剑，各类辩论赛上辩手们口若悬河的风采常会令学生折服。因此，如果学生也有这么一次大显身手的机会，很容易引起他们的好奇心和好胜心。

教师作为学习活动的组织者、引领者，应适时、灵活、有效地设置一些课堂辩论，以激活思维，调动学生的积极性，让课堂变得更加生动。学生在这种愉快而又具有竞争和挑战的氛围中，可以挖掘自身潜能，使探究更加深入，产生更多的创造性成果。

（一）辩论，化枯燥传授为主动接受

灌输式的教学方法在学生看来总是显得比较枯燥，教师不妨有意识地设计一些开放性的问题，以引发学生"百家争鸣"，制造教学高潮。这样不仅有利于开发学生的创造性思维，而且有利于学生通过观点的冲突而博采众长，开拓思维的空间，让枯燥的课堂变得生动有趣。

芜湖市三园小学的陶薇老师有一次在教学一年级数学课本第 31 页的小猴图时，就实施了一场精彩的"辩论赛"。课上，陶老师先用电脑画面出示一只小猴，并在它面前摆了三个桃子，然后又用动画效果演示另一只小猴从篮子里拿出三个桃子，同时给第二只小猴配上画外音："我肯定比你多。"接着，提出问题："它说的一定对吗?"

陶老师的话音刚落，一个学生就站起来反对小猴的话："当然不对，明明是三个桃子和三个桃子同样多嘛，怎么说'我肯定比你多'呢?"部分学生对他的观点表示认同，认为小猴说错了。

这时，另一位学生高高举着手，大声叫着："我! 老师，叫我!"唯恐陶老师不叫他。陶老师点名让他回答。这名学生回答说："我认为小猴说得对。这么大的一个篮子总不可能只装了三个桃子吧，里面肯定还有。那小猴说得当然是对的了。"

突然，又有一位学生站起来，转身对刚才发言的两位学生说："我想你们也不能这么肯定吧，你们又不是透视眼，又看不见篮子里有没有桃子。所以我想把小猴的话改一改，'我可能比你多'。"他的话似乎得到了大家的认可："对啊，篮子里有没有桃子也不一定呀。""是啊是啊，那小猴也不能说得那么肯定嘛。""小猴应该说'我不一定比你多'。"

大家你一句我一句地抢着说，此时，前面发言的两位学生似乎也被说服了，不停地在暗暗点头……

陶老师站在一旁默不作声地欣赏着学生们的"战况"，没有做任何一次评论。学生们就在争论的过程中使问题得到了解决，陶老师的心里有着说不出的欣喜。

当学生们的意见出现分歧时，陶老师没有去"灭火"，而是"坐山观虎斗"，让学生争得面红耳赤，斗智斗勇又斗嘴。应该说这是一场非常精彩的辩论，辩论不仅激发了学生的参与兴趣，而且使学生的参与变得更加投入。

其实，辩论的结果并不重要，重要的是学生在这种活动中，占据了主动，尽情为自己个性化的观点据理力争，学生的语言能力得到了有效的锻炼。而更为重要的是，辩论使枯燥传授变为生动接受，不但诱发了学生的学习兴趣，还让学生学会了从不同角度、不同侧面去思考问题、解决问题。

（二）通过辩论，实现课堂丰富化

课堂辩论作为一种学习方式的补充，没有什么固定的模式，只是作为一种教学艺术而随机出现在课堂上。教师在教学时，要随机应变，使辩论因时、因人、因事而用，以更好地激活课堂氛围。

浙江省青田县城西小学的朱碎标老师就是一位善于组织课堂辩论的教师，朱老师常常抓住突如其来的时机，随机创造紧张激烈的课堂辩论氛围，最终达到良好的课堂教学效果。

1. 猜想式辩论

小学生善于想象，大胆猜想是他们的一种本能。在猜想时，学生的思维异常活跃，这时，教师采取的辩论形式有助于他们进一步开拓思维空间。而在一种充满竞争性的学习环境里，学生则会涌现出更多富有创造性的思维火花。

例如，在上《马铃薯在水中是沉还是浮》一课时，朱老师将题目作为问题抛给了学生，问题一产生，学生就迫不及待地展开了猜想。有的说"沉"，有的说"浮"，但大家都只是定格在猜结论上面，很少有学生讲出理论依据，于是学生之间就分成了"沉浮"两派。

看到这个情形，朱老师想，如果此时能让学生讲出猜想的依据或者实验计划，将会对后面的探究产生很大帮助。于是他因势利导，组织学生辩论。

学生你来我往，针锋相对，大家都努力寻找各种证据来证明自己观点的正确性，课堂气氛团结而紧张、严肃又活泼，朱老师也不时参与进来，并及时捕捉学生一些有价值、有意义的设想。最后全班学生达成共识：影响马铃薯沉浮的有"马铃薯体积""杯子大小""水的深浅"三个因素。

2. 探究式辩论

朱老师在讲《蜗牛》一课时，有一名学生提出问题"蜗牛的力气有多大"。问题一经提出，立刻引起学生极大的兴趣，学生们主动要求现场研究。见学生的学习兴趣如此高，朱老师非常高兴，于是将学生分成研究小组，让他们自主探究。

学生们用线的一端系在蜗牛的贝壳上，另一端挂上物体。但究竟该挂多重的物体呢？学生心中没底，大家抱着试试看的心理挂上一些学习用品。有的挂上小纸团，有的挂上橡皮头，有些大胆点的学生则挂上圆珠笔……

三分钟后，学生们见到了蜗牛负重爬高的情景，兴奋不已，都急着向朱老师汇报。朱老师知道每个小组蜗牛负的重量都不一样，于是趁机告诉大家边汇报边辩论，在探究中辩论，在辩论中探究。

学生兴致更高，各组学生代表纷纷介绍了本组的研究情况。一名学生代表说："我组的蜗牛力气大得很，能背得起一块橡皮！"同时还出示了蜗牛和橡皮。没想到他的话立即遭到另一名学生的反驳："我组的蜗牛个子比你组的小，却能背得动一本书，还爬得很快！"

有这等怪事，大家惊讶不已。但这却是事实，于是辩论再起波浪，通过组之间、个人之间激烈的争论与交流，八分钟后大家一致得出结论：蜗牛爬行时负的重量可以是自身重量的十几倍，而且本身重量越小的蜗牛相对负的重量反而越大。

3. 结论式辩论

在一些科学研究课堂上，常常会有多个结论出现，此时，教师可以合理并适时地开展一些课堂辩论活动，一来可以有效地将学生的注意力转移到正确的探究轨道上来，二来还能激发课堂活力。

如在学习《蚂蚁》一课时，朱老师事先布置任务——"蚂蚁最喜欢吃什么？"让学生回去研究，并做好详细记录和分析报告，因为上课时要召开小型报告会。

听说还要报告，学生们都不敢轻视。有的向父母或他人请教；有的查阅相关资料、书籍；还有的学生则先找来很多蚂蚁爱吃的食物，然后引来蚁群，供其选择，仔细观察，逐一比较，最终得出结论。

两天后，学生们已做好充分的研究和准备工作，但当报告会开始时，大家得出的结论却仍是不尽相同的，于是朱老师立刻作出改变——将报告会变为辩论会。

在辩论中，学生们理直气壮地诉说着自己研究蚂蚁的历程和其中的酸甜苦辣，理论和事实依据充分。这场辩论，让学生对蚂蚁的生活习性有了更多了解，从而为后面的学习打下了良好的基础。

不同的课程，不同的课堂状况，可以产生不同的辩论方式。教学中，教师应适时把握情况，自然而然地将辩论呈现在课堂上，而不要有过多的提示与过度的装饰，更不要刻意地去组织辩论，这样学生才会热情投入而没有丝毫凌乱的现象。因此，教师在开展课堂辩论时需注意时机的选择。

课堂辩论应视教材内容与教学时间的许可，择机而行，从而达到激活气氛、促进探究的目的。同时应努力追求一种境界，这种境界是建立在一种宽松、民主、自由、融洽的学习环境基础之上的，师生之间应该形成默契。同时教师还要考虑时间、价值、深广度等因素。简言之，教师要善于把握时机，灵活调控有关的教学因素，使课堂辩论的形式更加丰富。

（三）通过辩论，让学生思维更活跃

心理学研究表明，人们在争论中往往比单独思考时更能发挥创造性。因此，将"辩论"引入课堂教学是活跃学生思维的一个非常有效的途径。

在辩论中，学生必然会去倾听对方的发言，明辨对方阐述的理由，从不同

角度去探究、理解，从而寻找支持自己观点的合理解释。学生在课堂中的辩论越激烈，思维就越活跃，这样不仅使不同层次学生的质疑能力得到提高，思维能力得到发展，语言表达能力得到锻炼，还可以激发学生主动学习的情感，加深他们对教学内容的理解。

《争吵》是意大利作家亚米契斯的作品，是一篇独立阅读课文，一篇极具教育意义的文章。课文讲述了克莱谛不小心碰到安利柯的胳膊，把墨水滴到笔记本上，本子被弄脏，字迹也看不清；而安利柯却故意碰了克莱谛的胳膊把他的本子也弄脏了，于是两人发生争吵，最后解决矛盾的故事，表现了克莱谛主动认错和安利柯知错就改的品质。

河北省昌黎县新集镇小寨完全小学李剑飞老师在教学这一课时，有学生提问："争吵不好，'我'和克莱谛为什么要吵架呢？"这正是学习这篇课文首先要解决的问题。只有弄清了这个问题，才有利于学生进一步理解课文，体会"人与人之间要相互宽容，团结友爱"的道理。

因此，针对这个问题，李老师没有立即给出答案，而是先让学生自己阅读课文，然后说出自己的看法。有些学生认为是克莱谛把"我"的笔记本弄脏了，有些学生认为是"我"嫉妒克莱谛得了奖。双方各持己见，剑拔弩张。

看到这种情况，李老师没有直接肯定或否定某些学生的看法，而是因势利导，组织了一次辩论赛，让学生通过摆事实、讲根据来说明自己的观点。赞成第一种意见的为蓝方，赞成第二种意见的为红方。

之后，关于"我"和克莱谛为什么打架的课堂辩论开始了，教室里也沸腾起来。学生们有的忙于看书、找句子，有的睁大眼睛盯着对方的发言者，随时准备反驳。

蓝方代表先说："请问红方，课文中写到：'我正抄着，坐在旁边的克莱谛忽然碰了我的胳膊肘，把墨水滴到笔记本上，本子弄脏了，字迹也看不清了。我火了，骂了他一句'。这里可以看出，不是克莱谛弄脏了笔记本引起了吵架，又是什么呢？"

红方解释道："这是'我'的一个借口，请想想，为什么笔记本被弄脏了就骂人呢？'哼，得了奖，有什么了不起！'这句话就说明'我'嫉妒克莱谛得了奖。"

红方另一个同学说："是啊，虽说克莱谛碰了'我'的胳膊肘，把本子弄脏了，可他也不是故意的。"

蓝方反驳道："不对，课文一开头就交代了，'今天我和克莱谛吵架，并不是他得了奖，我嫉妒他。'这不是明摆着的吗？怎么能说是'我'嫉妒克莱谛得了奖?"

红方辩解道:"这是'我'想掩饰自己的嫉妒心理,'我'所说的和心里想的自相矛盾。"

红方另一个同学说:"'我'也承认'克莱谛是个好人,他绝对不会是故意的。'这也说明'我'要吵架的真正原因并不是笔记本被弄脏了。"

蓝方坚持道:"我还是觉得克莱谛错了,尽管他不是故意的,也应该主动道歉。"

红方说:"如果不是心里嫉恨,就不会为一点小事斤斤计较。上次我的同桌不小心弄坏了我的钢笔,我们也没有吵架。要是'我'能够宽容别人,也不会吵架了。"

另一红方组员赞成地说:"对,如果你对一个人有看法,就会觉得这个人处处都不顺眼。'我'连克莱谛的笑都觉得不高兴,不是嫉妒克莱谛是什么?"

蓝方若有所思地说:"刚开始,我也觉得事情是由克莱谛引起,听了红方的辩词,我再细读了课文,现在也感到最根本的原因是'我'嫉妒克莱谛。我们学生之间应该团结友爱才对啊!"

红方再总结性地说道:"'我'火了,骂了克莱谛,后来又故意把克莱谛的本子也弄脏了。'我'一次次和克莱谛过不去,真正的原因就是'我'心里嫉妒克莱谛。'我'既心胸狭窄,又不注意团结友爱。"

这时,教室里响起了一片热烈的掌声。蓝方学生觉得红方说得很有道理,也很符合课文的逻辑。因此,双方通过辩论最后达成了一致看法,都认识到在以后的学习、生活中,应宽容大度,不计较个人得失,友好和睦地与他人相处。

课堂上,学生对"吵架的真正原因是什么"这一问题产生了两种截然不同的意见,对此,李老师没有简单评判,而是组织一场辩论赛。这样,既可以满足学生的好胜心理,又可以进一步激发学生的认知冲突,调动学生参与学习的积极性。

辩论中,学生各施所长,有的注意上下文联系,抓住重点词句,作为自己的论据;有的为强调自己的观点,运用关联句、反问、设问等句式来表达自己的意思;有的联系自己的亲身经历、生活经验来说明自己的看法。最终,学生通过辩论,理解了文章的主题思想。

(四)通过辩论,让学生主动学习

现在的教材都是按照各科的《课程标准》编写的,其中有许多学习内容需要学生在课后阅读一定量的课外书籍。对于那些学习自觉的学生来说这可能不成问题，他们会主动学习；而对于那些自觉性较差的学生来说，就很难做到了。怎样解决这个问题呢？辩论不失为一个好办法。

教师可就某一问题，让学生自主地进行课外阅读，收集相关的书籍、材料，并以此为依据在课堂上进行辩论。

湖南湘潭九中的历史教师程瑞在上"中国资产阶级革命"一课时，就使用了上述辩论式学习形式。在课前三天，程老师给出辩题：辛亥革命是否成功了？让学生就此辩题去收集资料，以提前进入辩题内容的学习。

学生都很积极，为赢得比赛，大家都主动阅读材料，寻找论据。三天后，辩论课开始，程老师将全班参与辩论的学生分成两组：甲组和乙组，甲组为正方，乙组为反方，每一组选出四个代表作为辩手，其他学生作为拉拉队成员。拉拉队成员可以随意选择支持哪一方，还可以用纸条记录信息，传递给辩手，为辩手出谋划策。辩论主持人也由学生担任。这样既能提高学生参与辩论的积极性，还可以保证学生参与学习的广泛性。

接下来，程老师出示辩题——辛亥革命是否成功了？并进行引导发言："前几节课我们学习了孙中山及资产阶级革命派的活动、清政府的'新政'和'预备立宪'、全国范围的回收利权的群众爱国运动。在以上三方面合力作用下，1911 年 10 月 10 日爆发了武昌起义，建立了中华民国，但很快政权被袁世凯窃取。辛亥革命是近代先进的中国人探索强国之路的又一次努力，对当时、对后来乃至现在都产生了不同程度的影响。史学界对辛亥革命的评价众说不一，同学们对这段历史也比较感兴趣。我们已经学习了北洋军阀的统治和新文化运动，这些内容，可以帮助我们更好地认识辛亥革命。所以，今天安排了这个辩论。相信大家一定会有出色的表现。"

学生对程老师的发言报以热烈的掌声，同时也期待着辩论赛开始。

"大家都准备好了吗？现在，我宣布：辩论赛开始！首先请正方辩手阐述你们的观点。"程老师很快让学生进入辩论环节。

正方辩手首先表明他们的观点："辛亥革命是一次成功的资产阶级革命。首先，辛亥革命不但是中国历史上，也是世界历史上一次比较彻底的资产阶级革命。它推翻了清王朝的封建统治，结束了两千多年的君主专制政体，以后袁世凯、张勋复辟帝制的丑剧都以失败而告终。纵观世界各国资产阶级革命，如英国、法国，都出现过相当长的一段封建王朝复辟的日子。其次，沉重打击了帝国主义，在世界上产生了很大影响。辛亥革命推翻清政府后，帝国主义不得不一再更换统治中国的代理人，但再也没有找到能控制整个中国的代理人了。

辛亥革命是19世纪末20世纪初亚洲觉醒的重要组成部分，在世界史上占有重要地位。第三，辛亥革命促进了中国资本主义的发展。南京临时政府成立后，颁布了一系列法令，发展资本主义工商业。辛亥革命使民族资产阶级的社会地位得到了提高，他们欢欣鼓舞，焕发出极大的爱国热情，为此，资产阶级倡导'实业救国'，中国的民族工业迎来了一个新的春天。综上所述，我方认为辛亥革命是一次成功的资产阶级革命。"

反方辩手毫不示弱，也亮出他们的观点："辛亥革命是一次失败的资产阶级革命。对方辩友认为辛亥革命是一次比较彻底的资产阶级革命。而我方认为，恰恰相反，辛亥革命不但反封建不彻底，反帝也很无力。辛亥革命推翻了清朝的封建统治，但并没有推翻封建势力在中国的统治。首先，从政治方面看，辛亥革命的果实被袁世凯窃取，开始了北洋军阀的封建统治。袁世凯死后，又出现了军阀割据局面，给人民带来巨大灾难。对方辩友认为，袁世凯、张勋复辟帝制失败是辛亥革命反帝比较彻底的表现，而我方认为，这正是辛亥革命不彻底造成的。试想，辛亥革命如果能建立起一个真正的民主制度，就不会出现复辟的丑剧了。其次，从经济角度看，辛亥革命没有改变封建土地制度，虽然'三民主义'中提到土地问题，但根本没有实现。封建土地制度是封建制度赖以存在的基础，是'皮'与'毛'的关系，'皮'之不去，'毛'就有了生长的地方。第三，从思想方面看，正是因为辛亥革命在思想领域没有彻底批判封建思想，才有了后来的新文化运动。"

反方辩手接着补充道："辛亥革命反帝也不彻底，因为资产阶级革命派主观上就不反帝。辛亥革命的指导思想'三民主义'中就没有涉及反帝的内容。革命派同保皇派论战中，特别提到'革命不以排外为目的'，南京临时政府成立后，为换取帝国主义承认，宣布一切不平等条约继续有效。辛亥革命没有赶走帝国主义，而且帝国主义侵略还进一步加剧了。孙中山在《大总统誓词》中说'巩固中华民国，图谋民生幸福'，主观目的虽好，但实际并没有出现这样的效果，所以说辛亥革命是一次失败的资产阶级革命。"

辩论赛就这样如火如荼地进行着，双方辩手互不相让，激烈争论。

程老师不但让辩手们进行争论，而且还引导拉拉队参与辩论。

最后，程老师进行总结发言："我发现支持、赞成正方观点的同学比支持、赞成反方观点的同学多十几名。值得肯定的是，双方辩手们在辩论时，基本做到了史实准确、语言流畅、逻辑严谨、史论结合。比如，把辛亥革命与戊戌变法、欧洲资产阶级革命比较，肯定了前者在反封建方面的贡献，运用了'把事物放在特定背景下去考察'的历史唯物主义方法。此外，还运用了'主观目的和客观效果''生产力是社会发展动力'等理论结合史实说明问题。不足之处是，对辛亥革命的影响阐述不够全面、深刻，如辛亥革命的经验教训对中国共产党认清革命的主力军、斗争目标产生的影响等。还有一些可辩之处没有深入，如推翻清政府的封建统治，是不是等于推翻了封建制度呢？辛亥革命后，资本主义是否得到真正发展？其他同学可能也发现了这一点。下课后，可以继续辩论，也可以把你们的新想法补充到我们关于辛亥革命的小论文中。"

　　学生的好胜心一般都比较重，教师可利用这一心理，选择辩题让学生辩论，以引起学生学习的兴趣。为取得胜利，每个学生，包括那些自觉性比较差的学生都会积极寻找资料，做好充分准备，从而达到让学生主动学习的目的。

　　这种辩论式学习方式能否顺利实施，辩题的选择很重要。教师在选择辩题时应遵循以下几条原则：

　　第一，具有可辩性，辩题一般是对事物的认识或评价，可以具有截然相反的观点和看法；

　　第二，具有一定知识覆盖面，辩题应涉及丰富的课内外知识，使学生有足够的材料来说明论点；

　　第三，必须是学生感兴趣的，对于接近现实且影响比较深远的辩题，学生会表现出强烈的探究欲望，这是学生自主学习的原动力；

　　第四，辩题的选择要紧密结合当前的教学内容，教师要安排时间支持辩题。

　　此外，还要注意公布辩题的时间。教师要在开始进入有关辩题内容的学习之前给出辩题，以引起学生的注意，使其有充足的时间去收集资料。在讲完相关知识的时候，进入辩论课的实施阶段，实现知识的重组再生。

　　教师在教学时，应根据课堂内容的实际需要，巧妙运用辩论，来激发学生学习的积极性，使课堂最终成为焕发学生生命活力的殿堂。

比一比，在竞赛中发掘潜力

　　人人都有展示自我的心理，学生的好奇心、好胜心更强。竞赛式教学法，就是利用学生乐于追求成功、展示自我的心理构建的一种使学生积极参与活动的课堂机制。在课堂教学中，教师通过竞争所形成的外在学习诱因，可以激励学生进取，调动其内在的学习动机，从而使学生在一种特殊的心理状态和情感体验中去参与课堂活动，在不知不觉中"运其才智，勤其练习，掘其潜能，自奋其力，自致其知"。

　　竞赛式教学法是"竞赛"和"教学"二者巧妙的结合体，是一种实用性极强且收效显著的教学方法。它将课本上的静态知识直接转化成动态竞赛游戏，让参赛者在活泼欢乐的气氛中，在激烈刺激的竞赛中，不知不觉地学到应该学习和掌握的内容。

　　竞赛是课堂教学的兴奋剂。适当的竞赛活动能有效地激发学生的兴趣，充分调动学生的学习主动性和积极性，变"要我学"为"我要学"，使他们真正成为学习的主人，在积极思维中，发挥创造性才能。

（一）课堂对抗赛，让学生越挫越勇

　　学生的思维活动容易受外界环境影响，当其对所学内容兴趣不大，尤其心里感到负担过重，心情受到压抑时，思维便处于抑制状态。相反，热烈的学习氛围会使学生按捺不住内心的激情，主动投入到教学过程中去，将思维活动调整到最佳状态，从而使求知欲和学习兴趣得到极为充分的激发。而让学生积极参与竞争是调动学生积极性，达到这一状态的有效手段之一。

　　在课堂教学中，教师应结合学生的心理特点，通过巧妙新颖的教学设计，创设一些具有竞争氛围的教学情境，让学生扮演主角，通过比一比的活动，最大限度地调动学生的学习热情，激活课堂氛围，让教学变得更加生动、有趣。

《勾践灭吴》是一篇古文。古文教学一直是许多教师的难题和大多数学生的痛苦。随着历史的变迁，文言文在现实生活中的应用极少，使它变得晦涩难懂，也使学生们难以对它产生喜爱之情。

对于这样的课文，如果按常规模式（即由教师主讲学生听讲）上课，就会出现两个明显问题：一是学生会产生听觉疲劳；二是学生很难对所学课文产生兴趣。这样就很容易出现教师费力不讨好的情况，即教师疲于奔命，学生却不一定领情。因此，激发学生的学习兴趣就成了教师要解决的一个重要问题。

考虑到这些原因，甘肃省兰州一中茹晓静老师，在教这一课时，决定打破传统教学模式，尝试一种新的教学方法——竞赛式教学法。

在上这堂课之前的一节课，茹老师就通知学生《勾践灭吴》这一课采用自学加老师点拨的学法，男女生分为两组进行自学对抗赛，并让学生做相应的预习准备。

一语落地，学生们群情激越，纷纷投入到课文预习和资料收集中，以期为自己所在的组争取更多的分，为本组赢得荣誉。

当这节课来临时，学生们激动的情绪超出了茹老师的想象。大家再也不像平常上课那样平淡了，取而代之的是一种欣欣向荣的学习热情。见此情景，茹老师禁不住兴奋地说："今天我们要上一节特殊的语文课，男女生研究古文对抗赛现在开始！"

茹老师将竞赛环节分解成四步。一是作家作品文学常识、历史背景比赛，由于课文涉及的小故事比较多，所以茹老师也将其作为一个得分点；二是课文中的生字词收集；三是课文内容串译；四是知识点的寻找与归纳。

由于之前学生已经做好相应的准备了，因此，在茹老师讲完比赛规则后，男女生古文研究的对抗赛就开始了。

第一个环节，男生代表首先讲述了这篇古文的历史背景，并分析了勾践灭吴的根本原因；正当他们得意之时，女生代表也毫不示弱地从侧面解读了《勾践灭吴》中的军事家们是如何运用三十六计的，可谓技高一筹。

学生们的表现让茹老师大吃一惊，因为有些学生的见解甚至比她阐述得还要深刻、透彻。这足以说明学生们在课前是下了一番苦工夫的。这一环节，女生组胜出两分。

第二环节，生字词收集。这不仅要看哪组收集的生字词多，还要看谁解释得多而准。女生一贯的细心在这时发挥了很大作用。她们课前大量地查字典、资料，并做了详细的笔记，最后女生以多出三分的优势打败了男生。男生虽然不服气，但也不得不甘拜下风，把希望寄托于后两个环节。

第三个环节开始时，男生们就意识到了一种紧迫感，想在此环节反败为胜。他们群策群力，抓住每一次机会为组争光，就连那些平时比较内向的学生也不再沉默了。真是不鸣则已，一鸣惊人。平时不太爱说话的男生小鹏在串译时表现得非常出色。只见他口若悬河，说得准确而又生动，让全班学生为之瞠目。最后，这一环节男生赢回了三分。

接下来进行的最后一个环节的竞赛更加激烈，因为这是决定谁胜谁负的关键时刻。谁也不想因为自己给小组拖后腿，谁也不敢怠慢。学生们唇枪舌剑，争辩质疑，课堂气氛空前热烈。有一个学生甚至对如今学习古文的意义进行质疑，而这个问题很快就在学生们的争论中得到了完美的回答。

竞赛激烈地进行着，时间也飞快地流逝着。男生组由于轻"敌"，最终以一分之差败给了女生组，但他们很不甘心。随着下课铃声响起，男生向女生发起了下一次的挑战，并承诺下次一定要努力"打败"女生组。

课后，在学生的练笔上，茹老师看到这样一句话：我一直不爱学语文，可是，自这堂课以后，我对语文改变了看法。原来，语文课也可以这样生动活泼。这是我上过的最有意思的一堂语文课了！

学生的肯定就是对教师课堂教学的最高评价。

一节不被看好的古文选学课，却因为教师大胆创新的教学设计激发了学生的学习热情，激发了学生对古文的阅读热情。

由此可见，在充满竞争的课堂中，学生的注意力是高度集中的，思维是活泼的、自由的、大胆的、充满想象力的。这样的课堂，不仅可以使学生得到解放，成为学习的主人，教师也可以从苦口婆心的讲解中解脱出来。

（二）通过多样化的竞争机制，让课堂更精彩

竞赛式的教学方法由于其鲜活的形式、激励的机制，使学生处于一种紧张、兴奋的状态，只要教师认真设计，合理地把握控制，常常会收到事半功倍的效果。

然而，尽管竞赛能活跃课堂气氛，但一节竞赛式的课堂要上得成功，很大程度上还取决于教师在组织引导竞赛的过程中，能否合理把握整体课堂气氛。教师要让"争先恐后"和"七嘴八舌"的场面转变成"山重水复疑无路"的境地，让个别学生胸有成竹的回答给其他学生"柳暗花明又一村"的感觉，让胜

利的学生惬意、让输掉的学生自励。

　　幸运 52、开心 100、银河之星大擂台等电视节目和文体活动中紧张、热烈的场面，参与者兴趣盎然的情景，总让河南桐柏县油田第二小学黄熠华老师惊叹不已。受这类电视节目的影响和启发，黄老师也要求自己给学生创设一个气氛热烈、充满"竞争"的课堂。

　　因此，在他的教学中，总是能恰如其分地引入"竞争"，营造一种竞争氛围，让学生全身心地参与到课堂中，让课堂充满吸引力。

　　在教学生熟练地认识 100 以内的数时，黄老师就事先准备了多种实物，采用数数、写数接力的竞赛形式，让学生深刻掌握所学内容。

　　在这堂课上，黄老师组织了一次别开生面的接力赛。他将学生分成 4 组，每组 10 人，并排成 4 列纵队，每位学生都在胸前挂上 1～10 号的比赛号码。在离每队排头一定距离的前方，黄老师放了一张长桌，桌上摆放着从 1～10 号的比赛题目和实物。其中每队的第一个学生还要带好铅笔。

　　比赛开始后，第一个学生听口令跑到桌子前按自己的号码找到题目，然后按题目的要求数出数字，并写出所有的数字，然后跑回来将笔传给第二个学生……依此一个接一个进行接力赛跑。最后跑得快、数得对而快、写得对而快的小组获胜，并给予相应的奖励。

　　在小组竞争和实物奖励的刺激下，各组组员表现出了前所未有的积极性。他们全身心地投入到接力赛中，努力地表现自己，力争给后面的同学留下更多的时间和空间，为小组赢得荣誉。

　　在教"20 以内的进位加法和退位减法"时，当学生探究了计算方法后，黄老师便设计小组接力赛——首尾相接的游戏。

　　他先说明比赛规则，要求各组做好准备。随着"开始"一声口令，各组每个接到卡片的学生，用上一个同学的得数接下去编一道算式（加、减法都可以），然后传给下一位同学。各组学生同心协力争第一。

　　这个首尾相接的游戏，既给学生提供了熟练 20 以内进位加法和退位减法的机会，也锻炼和培养了学生的合作意识和团队精神。

　　黄老师的课堂竞赛点子很多，就连练习课他也能通过竞赛上得栩栩如生。

　　有一次，黄老师把电视上的娱乐节目进行类比引用，借鉴发挥。他多方搜集相关习题，而且将难易进行合理搭配，并打印到一张纸上，随即在课堂上开展了"我比你强、明星对决、听天由命"的 3 轮比赛。

　　我比你强：黄老师将学生分成 8 个学习小组。每组的第一题都是最简单的，而这道题也是限制时间的，由本组上次平时测验成绩最低的一个学生解答。

明星对决：8个小组各选出平时成绩最好的一个学生到前边答题，也有相应的时间限制，并且试题相对更难一些。

听天由命：每个小组派代表到讲台抽签决定本组由谁回答问题，有时间限制，而且试题难度随机出现。

竞赛环节和电视娱乐节目很类似。不同的是，当选手回答问题时，黄老师要求下边的"观众"也要自己在本子上做题，而不能只看不想，只听不写。

这种把竞争机制引进课堂的教学形式，在很大程度上提高了学生的学习积极性和学习效率。

接力赛形式的竞争，会让小组同学认真地听讲，积极地参与，以免拖小组的后腿；"我比你强、明星对决、听天由命"的三轮比赛，则给了所有学生一个展现的机会，逼迫他们不管是为了自己还是为了小组，都尽力做到最好。

一种教学方式，不管它多么吸引学生，如果总是一成不变，也是会遭到学生厌烦的。竞赛式教学也一样。这就需要教师变出新花样来，需要教师根据教学内容灵活应变，采用更新奇、更为学生所喜欢的竞争机制与竞争方式进行教学。

（三）课堂竞赛一分钟，敌过无效十分功

黑猫白猫，抓到老鼠的才是好猫。课堂教学追求的是教学效果，只有能让学生学到真才实学的教学方式，才是教师应该学习并推广的。

在课堂上搞一场小型竞赛，可以调动学生学习的积极性和主动性，激发学生潜在的学习能力，甚至能让学生超常发挥，更好地完成教学任务。

积极有效的课堂导入能够把学生吸引到紧张有趣的学习活动中，而紧张有趣的学习本身便是最好的教育。在四川省成都市龙泉外国语实验学校小学部的毛本容老师看来，一分钟竞赛更适合作为每节课的课前活动。

上课伊始，毛老师常举行"一分钟竞赛"：一分钟朗读比赛，看哪位学生在一分钟内朗读指定的内容最多；一分钟默写比赛，看哪位学生在一分钟内默写的生字或单词最多；一分钟背诵比赛，看哪位学生在一分钟内背的内容最多；一分钟识记查找比赛，先给学生一分钟默记单词，然后教师任读一个，看谁找得既快又准……

一天，毛老师走进教室准备上课。看到学生们个个无精打采的样子，毛老

师说："同学们，上课前我们先来一次一分钟背诵比赛。比赛方法是，当我说开始后，大家就把英语书翻到我指定的页数，在一分钟内，能背多少背多少。一分钟以后，当我说停止，大家就马上把书合上，开始默写刚才背诵的单词，能默多少算多少。默写后，大家再对照原文，比比看谁记住的单词和句子最多。"

"Do you understand?" 毛老师问道。

"Yes!" 学生们一听说要比赛，立刻变得兴奋起来。

"Are you ready，boys and girls?" 毛老师继续点燃学生的激情。

"Yes!"

"老师，快点开始呀！"

学生们有点急不可耐了，一个个跃跃欲试。

"OK! One，two，three⋯" 当学生的激情已经高涨时，毛老师趁机下达了口令。

立刻，学生们进入了紧张的状态，一个个将书紧紧地攥在手里，两只眼睛炯炯有神地看着毛老师。教室里布满了童真的火药味。

"Turn to page 13，part B，begin!"

毛老师一声口令后，学生们如同离弦的箭一样，直奔主题，快速地读背着。毛老师环视了一眼教室，发现每个学生都能很好地控制自己的注意力，全身心参与到活动中。甚至连平时十分淘气的学生，此时此刻也变得很"乖"了。

一分钟后，毛老师命令"Time is up，stop!"

学生们还有些欲罢不能，甚至有几位学生还在偷偷地看。为了保证竞赛的公平性，毛老师立即制止了他们，让学生准备开始默写。

随着"开始"一声令下，学生们立即低头，在本子上"沙沙"地快速默写。教室里变得异常安静。

三分钟后，大部分学生都默写完了，他们忍不住相互比较，得意地公布自己的结果：

"老师，我背了 25 个单词。"

"老师，我背了 30 个单词。"

"老师⋯⋯"

学生的声音此起彼伏，一个个像获胜的将军一样，炫耀着功绩。

忽然，毛老师发现一位后进生小松也显得异常兴奋，就问道："小松，你呢?"

他站起来高兴地说："老师，我背了 8 个单词。"

听了小松的汇报，有的学生马上讥讽地笑起来。

虽然这个成绩与其他学生相比有很大差距，但对于小松来说已经很不容易了，因此毛老师就大声问："小松同学这次默出了8个单词，大家觉得他表现怎么样？"

这一问得到了大部分学生的肯定，小松的脸上也变得红扑扑的，露出了一丝高兴的笑容。

毛老师总结道："这次大家默写的数字，请大家记下来。不管你背了多少，都要相信自己的能力，力争下次能够超越自己，取得更好的成绩。"

学生们都很听话地记了下来，并且对下次超越自己充满了信心。

一分钟竞赛的课堂导入是毛老师调动学生兴趣和积极性的一种方式。为了让学生始终保持积极性，毛老师还经常在课中或课尾插入一分钟竞赛，以时时扣住学生的心弦。

在教学单词时，为了避免学生产生枯燥感，毛老师也经常在课堂上组织竞赛。

1. 看谁找得又快又准

毛老师将学生分为4组，把本节课要涉及的单词卡片贴在黑板中央，要求每一轮写10个单词。他先让学生认真看单词一分钟，然后每组选一位学生代表上讲台，并背向黑板。

毛老师任读一个单词，4个学生就迅速转身指出正确的单词，找得快而准的小组得分；然后再换小组的其他学生进行。

通过这种竞赛，在多次短时强化记忆中，学生们已经能较好地掌握单词了。

2. 看谁记得牢

新授单词完成后，毛老师将单词写在黑板上，3个为一轮，让学生快速记忆一分钟，然后将单词从黑板上擦掉，从每组学生中抽选一位学生迅速拼读出完整的单词。

如此反复进行，大多数学生很快就可以把单词记得又牢固又准确。这也让学生在课堂中充分展示了自己，体现了自己的价值。

在教学句子时，毛老师就组织句子竞赛，让英语语境得到完整体现。

1. 你来我往的对话竞赛

对话教学在小学阶段非常普遍。毛老师发现，如果只是反复地跟读录音，或是让学生翻来覆去地多遍朗读，就降低了学生的学习兴趣。为了改变这种情况，他就常常将对话按人物角色的多少确定分组的数量，每组充当一个角色，依次循环，直至每组都将各个角色的句子通读。哪一组读得准确、清晰、整齐，哪一组得分就最高。

通过这种竞赛方式，各组的每个学生都很注意自己读的角色，从而达到了良好的语境理解效果，同时也培养了学生的交际能力。

2. 你填我补的替换竞赛

在教学中，有时会出现一些比较长的句子。为了让学生耐心理解、掌握这些长句，毛老师就运用了补全句子的竞赛方法。

《T'ai Chi》中有一句长句：People of all ages do T'ai Chi every day in parks, gymnasiums and at home.

毛老师先读"People of all ages do T'ai Chi every day …"，接着学生就补充"…in parks, gymnasiums and at home."

接着，毛老师又空出更多让学生补充。依此下来，直到学生将全句补充完整并读正确后，他从每组选代表参加竞赛，两组为一轮，看谁读得熟练而准确。

这种竞赛让全体学生都能迅速掌握句子。

3. 你说我说大家说

为培养学生的口语能力，在教学完相关课文后，毛老师常常通过展示挂图的方式，让学生认真看图，并根据图画说说图片内容，看哪组学生说得又多又好。

这种方式能让学生在不经意间扩充了自己的英语知识，提高了英语交际能力。

一分钟的时间是短暂的，但一分钟竞赛的作用却是巨大的。

从一分钟竞赛的用时量来看，一分钟竞赛从引入、实施到结束，时间在五分钟左右，大约占课堂教学时间的八分之一，和日常教学所用的听写、抽默、自由谈话用时量差不多。但是从一分钟竞赛收到的效果来看，这个活动能够增强学生的注意力，提高学生的学习积极性，同时还能培养学生的竞争意识，使其在短时间内创造高效率。

教师在课堂中应充分发挥一分钟竞赛的效力，让课前竞赛一分钟把学生仍留在课间的注意力转移到课堂上来；让课中竞赛一分钟，将注意力分散的学生重新集中起来，提高听课效率；让课尾竞赛一分钟，带领学生回味课堂，以更大的兴趣和信心迎接下一节课的到来。

（四）通过辩论比赛，激活课堂

辩论，不同于小组讨论，它是指用口头方式，对某个问题进行争论、诘难和答辩。在课堂上给学生设置一个题目，让他们辩论，或者针对某一有争议的问题，举行一个小型辩论赛，能够锻炼他们的口头表达能力、临场反应能力、逻辑思维能力，能够激发学生的新、奇、异思想，培养学生的竞争意识。

任何课堂教学都离不开"说"，尤其是学生的"说"。在课堂上组织学生进行辩论比赛，不仅能训练学生的语言思维能力，增强学生的合作精神，还能活跃课堂气氛，增加教学中的"亮点""美点"，收到很好的教学效果。

执教《愚公移山》一课时，江西省南昌市八一中学的熊春阳老师，先引导学生反复阅读理解课文，然后问："读完课文，你有什么感受？"

学生都抢着回答问题：

"我知道了'愚公移山'的意思是面对困难，必须坚持不懈、锲而不舍。另外，我们还要学习古代劳动人民战胜自然的勇气。"

"我们应该学习愚公移山的精神，并把这种精神运用到学习和以后的工作中去。"

"读了这篇文章后，我认识到团结就是力量。在'愚公移山'中，愚公'聚家而谋'后，得到'杂然相许'。愚公从家中选出'荷担者三夫'，为移山不遗余力而'毕力平险'，结果，操蛇之神'惧其不已'而'帝感其诚'，就命夸娥氏二子背走这两座大山。可见，移山一事，靠的并非愚公一人的力量，而是团结的力量。"

学生说着自己不同的感受，而且说得都很好。

这时，学生小文站起来说："我跟他们看法不一样。我不同意向愚公学习，因为我认为愚公这样代代挖山不止的做法不值得学习。山挡住了愚公的家门，他可以搬家，或开山辟路，或靠山吃山，发展经济，这都可以让愚公改变目前的状况。干吗非要花这么长的时间、费这么大的力气挖山呢？"

小虎接着说："是呀，谁说愚公不愚？我看就很愚！高山挡了路，自己去挖山本来就很傻，为什么还要叫子子孙孙去吃这苦头呢？绕山开道或者干脆挖隧道不就行了吗？"

晓风也说："愚公就是愚。他的行动表明他的思想古板，做事不愿多动脑筋……"

听了这些学生的发言，学生们把手举得更高了，有的甚至站了起来，有的则离开座位，和旁边的同学私语起来，似乎在小声讨论愚公愚不愚。

熊老师感觉此时是让学生充分展示自我，体现他们个性的好时候，就做了个安静的手势，说："同学们，现在咱们就根据你们提出的问题举行一场'愚公愚不愚'的辩论比赛，好不好？接下来，给大家几分钟时间，请同学们利用这段时间搜集证据做好准备，希望每个人都踊跃发言。"

听了老师的话，学生们兴奋异常，纷纷翻书寻找论据。

过了一会儿，熊老师说："大家准备得差不多了吧？'愚公移山'辩论比赛现在开始。"一语落地，学生纷纷举手发言。

正方先说："我们认为愚公不愚。几千年前移山时，愚公就知道认准目标，不顾艰难险阻，坚持不懈地干下去。他坚信人定胜天，并最终成功了。这种韧劲与毅力是许多现代人都不具有的，值得我们学习。"

反方马上就有人提出意见："愚公的精神可嘉，我们一定要学习。可是，他的做法却不可取，行为不妥，我们不能学习。移山是最原始、也是最笨的方法。他完全可以像如今愚公村的人民，将太行、王屋开辟成旅游景点嘛。"

反方有学生继续补充道："愚公年年月月率子子孙孙挖山不止，但仅靠一族之力，何年何月才能挖掉万仞高山？再想一想，愚公真会有无穷尽的子孙吗？大概作者也认识到这是巨大工程，才搬来神仙相助的。想想，若无神助，愚公能成功吗？"

紧接着，正方就反驳道："愚公移山贵在精神。愚公觉得两座山挡住道了，为方便大众，他信念坚定，迎难而上，移山开道，连神灵都被感动，并命手下搬走了大山。如果愚公当时空有坚定的信念，没有恒心和毅力，那么移山都是空谈。所以说，愚公在以实例告诉我们：信念＋信心＋恒心＝成功。"

正方有学生补充说："在平时的生活中，我们做事不仅要有坚定的信念，更重要的是付诸行动，去实践，坚持不懈，百天如一日地去做。迎难而上，困难便会迎刃而解。"

反方："请问对方辩友，是搬一座山容易，还是搬一个家容易呢？假设能把山移走，请问又怎么处理那些沙石呢？难道像愚公自己说的那样，把沙石运到渤海吗？且不算运输工具的落后，路途遥远带来的麻烦，单是把这么大一座山放入海里，试问水位的上升对海岸上的生态环境会造成什么影响？又会伤害多少无辜的小鱼？还有那些原本在山上生活的小生灵，它们的家没有了，你打算让它们住在哪里呢？"

还有一位反方辩手的说法更"强硬"："坚持不懈的精神只有这一种害人害己的表现方式吗？难道对方辩友希望为了成就愚公一个人的名誉、为了让愚公一个人千古流传而害了那么多可爱的小生灵吗？"

这位学生的话音刚落，他的战友就继续说："我们的学习也是这样。每当遇到难题而百思不得其解时，是一天两天、一月两月地苦思冥想呢？还是请教一下他人，以快捷的方式搬走'大山'，求得正确的方法呢？答案不言自明。"

反方又一位同学根本就不想给正方机会，立马接茬道："我方认为愚公的做法与当今社会讲究'效率'的精神相违背。把家搬到山外去，不就没有了'出入之迁'的困难么？如果他们搬家，不但出入的问题解决了，本来用于移山的劳动力也可以为社会创造更多的价值，如开垦良田，种植果木等，这样收效不是更大吗？"

待反方同学没人说了，正方学生才慢悠悠地说："《愚公移山》是一篇寓言故事。这些同学的立论偏离了'寓言'的本来特性。寓言是一种'托其事'而'寓其理'的特殊文体。它的目的是说'理'，为了把'理'说得有趣、传神，才托付于一些荒诞的在现实中根本没有的'事'来表现的。'事'的虚假性是显而易见的，用不着反说。值得我们研究探讨的恰恰是所寓之理。有的同学说'愚公与其移山不如搬家'，实际上是就'事'论'事'，只是说愚公做这件'事'不对，而把其中深刻的道理弃于一旁了，这是典型的思维逻辑上的错误。"

很快，他的战友也来帮忙："愚公移山的目的是造福千千万万人的子孙后代，他明知山高路远，人老将少，工具简陋，困难重重，仍去移山。这样做，看似愚不可及，实际上是他懂得人的力量是'无穷匮'的，而'山不加增''何苦而不平'。这可谓站得高，看得远，实则不愚。而今，我们仍可见到愚公精神。1998年的长江洪水肆虐，处处告急。'洪水无情人有情'，正是广大军民手牵手，肩并肩，众志成城，才抵御了百年不遇的特大洪灾。2003年，全国人民齐心协力抗击'非典'。而搬家或绕道似乎是明智之举，实则是就事论事，从静止的观点看问题，是认为自然不可改变，断定人在自然面前无能为力的错误思想。如果人人都只求眼前利益，那溃堤面前人往高处走便是了，大可不必严防死守；如果遇事怕难退却，何来'三峡工程'？'高峡出平湖'也永远只能是诗人笔下的蓝图，而不会出现如今的'南水北调'了。"

……

学生们侃侃而谈，争得面红耳赤。

思想与见识在教室的每一个角落飞舞着、碰撞着。就这样你来我往的，下课的铃声都响起来了，很多学生却浑然未觉。

熊老师只好打断学生的辩论，请他们在课后再好好研究和辩论，并在辩论后，把辩论的结果、心得写成小论文或读后感，交上来。

辩论比赛是竞赛的一种，它可以很好地调动学生学习的兴趣，激发他们的热情，使课堂充满活力。

《愚公移山》属于传统的文言文，学生学习这种文章或多或少都会存在一些畏难或倦怠情绪，对此教师可以利用辩论比赛的形式唤醒学生学习的积极性。在辩论时，学生的好胜心会被激发出来，为了赢得比赛胜利，他们会努力深度挖掘课文，发表自己独特的理解和感受，让课堂气氛更加活跃。

综上所述，竞赛式教学法的动机很明确，就是有力地挖掘学生主动学习的潜能，有效地激发学生自主学习的热情，锻炼他们思维反应的敏锐性和敏捷性，培养学生的集体主义感和团结协作的互动意识。

魏书生认为："大脑处于竞赛状态时的效率要比无竞赛时的效率高得多。即使对毫无直接兴趣的智力活动，学生因为渴望竞赛取胜而产生的间接兴趣，也会使他们忘记事情本身的乏味而兴致勃勃地投入到竞赛中去。"

为了全面提高学生的学习状态，激发学生的合作意识与合作欲望，促进课堂教学效率的提高，教师应充分发挥课堂竞赛的作用，适时开展一些课堂竞赛活动。

实践活动，让认知生活化

杜威说过："知识是'做'来的。"他举例说，教师教学生游泳，只在课堂讲理论知识还不行，最重要的是要让学生在游泳池里"做"。传授书本知识也是如此。教师期望学生学得好，除了在教室里讲解外，还要在实际中"做"，这样学生才能将知识记得更牢。而且，"纸上谈兵"式的知识传授，往往使知识变得缥缈和枯燥，让学生很难"下咽"。所以杜威特别强调："从做中学。"

新课程标准中指出："教师应该充分利用学生已有的生活经验，引导学生把所学的知识应用到现实中去，以体会知识在现实生活中的应用价值。"要帮助学生理解某一具体知识的价值，实践法无疑是实现这一要求的最好办法之一。

通过实践验证，学生可以感受到知识的实际价值和趣味，能极大地刺激学生对知识的渴求；通过实践检验活动，学生还能了解知识与生活的广泛联系，学会运用知识解决实际问题，进而加深对知识的理解。

（一）实际模拟，理论将不再乏味

模拟是现实的一种反应，能为学生检验和运用知识建立平台，避免学习过程中的纸上谈兵，所以对学生有极大的吸引力。另一方面，模拟活化了知识，通过现实的检验和运用，让本来枯燥的知识成了解决问题的工具。这样即使是艰难晦涩的知识，也会让学生觉得很简单。

湖南郴州三中的朱学艺老师讲的课，学生们都特别爱听。

在讲《国际贸易和金融》一课时，朱老师组织了一次名为"全球经济体系"的模拟活动。

朱老师让学生在课前就准备了包括白纸、剪刀、三角板、铅笔、圆规、人民币和外币的代用券等在内的物质材料，还研究了一下教学过程中可能出现的意外。

然后，根据全班的人数和每组任务的轻重，朱老师又和学生商讨确定了每组的人数。分组时，他确定了以下几种类型：

A、B、C组为第一种类型，他们获得的材料是：16K纸一张，剪刀一把，三角板一套，圆规一个，铅笔一支，代用券四百元；

D、E、F、G组为第二种类型，他们的材料是：16K纸十张，代用券一百元；

H组为第三种类型，他们担任银行职员，负责货币兑换和借贷等业务（汇率都简化为一）。

朱老师还要求每组活动时遵循一定的规则：

（1）各组组内要分工，确定一名会计，负责货币的兑换；一名交易员，负责按公告要求的物价买卖商品；一名组长，负责协调工作及汇报交易结果；其他人负责生产、决策。

（2）A、B、C组学生运用所得的资源，将纸按公告要求的尺寸裁剪成规定的形状。

（3）活动过程中，学生们只能使用发给的材料，但D、E、F、G组必须要和A、B、C组交易商品。

（4）在规定的时间（八分钟）后结束，各组统计活动结果并进行反思。

确认各组要求明确后，朱老师投影出公告：

商品名称	规格	单价
16K纸		10元/张
圆形	直径8厘米	30元/个
半圆形	直径8厘米	20元/个
矩形	8×4厘米	20元/个
直角三角形	8×4厘米	15元/个

公告一出，学生们马上进入了状态。有的负责兑换货币，有的开始剪裁图形，有的兜售原材料。

学生们以从未有过的热情和兴奋投入到活动中来。时间一到，朱老师要求各组计算收益状况时，学生们就冷静下来了，因为他们发现各组在相同时间内的收益差异很大。是什么原因导致了这种差异呢？学生们陷入了沉思。

经朱老师的点拨，他们总结出了原因：

（1）组内分工不迅速、不明确；

（2）剪裁技术有差异，剪裁时没有分工，流水作业速度慢；

（3）公告信息没仔细分析：如一个圆形30元，而再剪成两个半圆形就40元，多加一个简单工序就多赚10元；

（4）D、E、F、G组由于手头只有16K纸和少量货币，不能自行组织生产，在贸易中受到很大限制。

学生们意犹未尽，还想进一步活动。朱老师满足了他们的要求，但给出的公告信息却发生了变化：

商品名称	规格	单价
16K 纸		20 元/张
圆形	直径 8 厘米	30 元/个
半圆形	直径 8 厘米	10 元/个
矩形	8×4 厘米	15 元/个
直角三角形	8×4 厘米	5 元/个
扇形	半径 4 厘米，270 度	50 元/个

这个公告中，原材料涨价了，还没卖完16K纸的小组这回赚了，但因为商品中半圆形、矩形、直角三角形都降价了，圆形没变，有些组就因此亏损很多。但如果注意到另外一个信息，即多了一种商品——扇形，而且价格最贵，并且能及时进行调整的话，这个组的收益肯定较大。

活动结束后，结合学生的体验，朱老师出示了几个问题：

（1）你们组的条件类似于世界上的哪一类国家？

（2）这些国家的国际贸易中进口商品以什么为主？出口商品以什么为主？

（3）这些国家在国际贸易中的地位如何？

很快，根据自己组的特点，学生们就总结出了国际贸易的格局。紧接着朱老师又提出了更深层次的问题：如何解决国际贸易中国与国之间的差异呢？

讨论分析后，学生们又很迅速地答出了发展科学技术的关键措施。

看似复杂难懂的"国际贸易"，朱老师却将其演绎得如此轻松、有趣。

全球经济模拟活动，让学生获得了真实的体验，并亲身感受到了国际金融和贸易实践中的真情实感。此外，活动还以学生模拟现实为主线，使学生成为一个乐于探索、主动参与的团体。

全球经济模拟活动给学生提供了"做"与思考的平台，收到了学生的热烈回应。而其所代表的教学方式则带给我们耳目一新的感觉。在教学实践中，教师不妨多设置一些这样的教学情境，让学生多做，多思考，相信定能收到积极的效果。

（二）通过实验探索，让知识看得见

教学不仅仅是告知，更需要经历。教师真正关注学生学习的过程，就要有效利用实验这一资源，要勇于、乐于向学生提供实验探索的机会，帮助他们真正理解和掌握实验探索的思想和方法。这样，课堂才能真正让学生感到生动、不死板；教师还要善于利用实验探索，把思考问题的过程通过实验展现给学生，让学生经过思维的碰撞，受到更多启发。

上"圆锥的体积"这节课前，江西省九江市第三中学数学教师邓勤，要求学生预习的同时，还要准备几个等底等高、不等底不等高的空圆柱、圆锥和一堆沙子。

课堂上，邓老师让学生们分组做实验：在空圆锥里装满沙子，然后倒入空圆柱中，看看几次正好装满。

一声令下，各小组代表纷纷从教具箱中挑选实验用的空圆锥、圆柱各一个，准备做实验。

"请同学们利用手中的圆柱、圆锥和沙子，从倒的次数看看两者体积之间有怎样的关系？"邓老师提出了要求。

听到老师的吩咐，学生们忙开了。

不一会儿，就有小组得出了结果。

"我们将空圆锥里装满沙子，然后倒入空圆柱中，三次正好装满。说明圆锥的体积是圆柱的三分之一。"

"三次倒满，圆锥的体积是圆柱的三分之一。"邓老师重复了一下。

"我们将空圆锥里装满沙子，然后倒入空圆柱中，四次正好装满。说明圆锥的体积是圆柱的四分之一。"

"是三分之一，不是四分之一。"得出"三分之一"结论的学生一听有同学跟自己的意见不同，就反驳开了。

"我们在空圆锥里装满沙子，然后倒入空圆柱中，不到三次就将圆柱装满了。"

……

结果出来了，可实验的结论却各不相同。

"并不都是三分之一吗？怎么会是这样！我来做。"邓老师从教具箱中随手取出一个空圆锥、一个空圆柱说，"你们看，现在老师把空圆锥里装满沙子，倒入空圆柱里。一次，再来一次。两次正好装满。圆锥的体积是圆柱的二分之一。怎么回事？难道是书上的结论有错误？"

"老师，你取的这个圆柱太小了。"有学生说。

"这个正好。"在学生的建议下，邓老师重新拿了一个空圆柱继续做实验。

学生们聚精会神地看着，期待产生正确的结果。

"一下，两下，三下……"学生认真地数着。真的！三次正好倒满。

"圆锥的体积是圆柱的三分之一，看来是有条件的。"邓老师说。

"对！这个圆锥和圆柱的底和高都一样。应该说等底等高的圆锥的体积是圆柱的三分之一。"有学生说。

"真的吗？你们再检验一下这个结论。"

在邓老师的提议下，学生换作等底等高的圆柱和圆锥进行实验。

"圆锥的体积等于和它等底等高的圆柱体积的三分之一。"

得出正确结论的学生一个个兴奋地叫道。

"好。那就让我们记住，圆锥的体积等于圆柱体积的三分之一的前提条件是等底等高。"邓老师重申道。

"早记住了！"学生们高兴地回答。

通常情况下，教"圆锥的体积"时多是先由教师演示等底等高情况下的三分之一，再让学生验证，最后教师再通过对比实验说明不等底等高的差异。但这样做，学生对等底等高这一重要前提条件，掌握得不会很牢固，理解也会很模糊。

为了让学生理解"等底等高"这一前提条件，邓老师设计了以上的教学活动：让学生自选空圆柱和圆锥研究圆柱和圆锥体积之间的关系。通过动手操作，学生就会发现得出的结论与书上的结论有很大的差异，可能出现三分之一、四分之一、二分之一的情况。

此时，学生思维出现激烈的碰撞。

对此，邓老师没有评判结果，而是让学生在活动中经历一番观察、发现、合作、创新的过程，最终得出圆锥体积等于等底等高的圆柱体积的三分之一。

这样看似混乱无序的活动实践，提升了学生辨别实验条件的能力，不仅圆满地推导出了圆锥的体积公式，还促进了学生实践能力和批判意识的发展。而这些目标的达成，完全是在学生亲自实验的过程中产生的。

（三）拓展延伸，让学生深刻理解

一些教师简单地认为，拓展延伸就是指各种各样的课外实践活动。其实，拓展延伸要从课内做起，要从教材做起。教材，作为第一手教学资料，是教师教授和学生学习的工具，更是一种课程资源，事实上，离开了教材的实践就无所谓课内外衔接，也就谈不上课堂的延伸。所以教师要立足课本，由此及彼，在课堂内进行实践，拓展学生的思维空间和思维能力。

吉林省洮南市实验小学的语文教师李丽，在教《丑小鸭》一文时，就以编续集、谈感受的方式进行了课堂延伸。

李老师问："丑小鸭变成美丽的天鹅后会做什么？或者会遇到什么事？会对其他动物们说些什么呢？现在，请同学们开动脑筋，发挥想象力，看谁能接着给这个故事来个精彩的'续集'。"

学生们纷纷展开了想象，片刻后，就举起了一只只小手跃跃欲试，准备讲新故事了。

小阳讲："丑小鸭回到了他刚出生的地方。大家都感到十分惊讶，觉得自己当初不应该讥笑他，纷纷向他道歉。丑小鸭就原谅了他们。"

晓畅也说出了他的想象："丑小鸭的家人开始非常喜欢他，不再像以前那样排挤他了。"

李老师立即表扬了这两位学生，认为他们想象丰富、合理。

其他学生紧接着说出了自己的想象。

"那个小女孩说'多么美丽的白天鹅呀！我非常喜欢你！'"

"丑小鸭把他的故事讲给那些也长得很丑的小动物们听，让他们不要灰心，鼓励他们，说他们将来也会变漂亮。"

"丑小鸭和他的伙伴、妈妈过上了幸福快乐的生活。"

"丑小鸭变得很自信，因为他已经是美丽的白天鹅了。"

…………

学生们七嘴八舌地说开了。

对于学生们的想象，李老师给予了充分的肯定。然后，她又继续引导学生："那学了这篇课文你们有什么样的收获呢？"

"我知道了不要嘲笑别人。"

"我知道了要尊重别人。"

"我们要友好地对待身边的每个人。"

"我明白了要坚持，要有恒心，这样才能让自己的理想变成现实。"

"遇到长得丑的人不能歧视他，不能歧视残疾人。"

…………

学生们说出了自己的收获，而且都是发自内心的感受。

在这个教学片断中，李老师让学生对这篇课文进行了两次拓展延伸。

第一次是学生对丑小鸭的经历进行想象。这有助于学生更快、更深入地领悟课文内涵，接收到作者要传达的信息。"续编"课文这种活动，是对课文思想内容的有机延伸，可以启发学生对课文内容作合情合理的推理发展，进一步加深学生对课文的理解，发展学生的想象力和创造力。

第二次是一个结合生活实际的横向延伸。通过"你有什么样的收获"这个问题，李老师把课文内容延伸到学生的生活实践中，让学生结合自己的生活实践，谈了自己的想法，把生活体验和知识积累有机地联系在一起，从而密切了教材和学生经验世界、想象世界的联系，密切了课堂与现实生活的关系。

在课堂教学中，教师应重视学生的操作，结合教学内容为学生创设动手、动口、动脑的机会，通过看一看、做一做、讲一讲，让学生在操作中积累，在操作中思考，主动获取新知。将知识与学生的生活实际紧密结合，那么在学生的眼里，知识将看得见、摸得着、用得上，而不再枯燥乏味了。

调动问题意识，让学生成为互动主体

　　问题意识是指学生在认识活动中，经常意识到一些难以解决的、疑惑的实际问题，并产生一种怀疑、困惑、焦虑的心理状态。而这种心理状态又能驱使学生积极思考，不断提出问题、解决问题。

　　强烈的问题意识是思维的内动力，是创新精神的基石，更是素质教育的突破口。它不仅体现了学生思维的灵活性和深刻性，激发了学生强烈的学习欲望，增强了学生的注意力，也反映了思维的独立性和创造性，激发了学生勇于探索、不断创造和追求真理的科学精神。

　　当学生的兴趣得以激发，思维得以激活时；当师生互动、生生互动时，学生不仅获取了新的知识，促进了知识、能力、情感和觉悟的发展，更使得整个教学过程一步一步地进入探求真理的殿堂，营造出师生互动、合作研讨的良好氛围。

　　教师应帮助学生运用自身优势，努力创设以学生提问为核心的学习情境，引导学生按照自己的能力自主探究、合作互动，让学生在这样的氛围中自主地参与教学。

（一）开办"记者招待会"，促进学生发问

　　互动教学的运用，对于调动学生的学习积极性、拓宽学生的思维空间、培养学生发现问题、解决问题的能力，有其现实与深远的必要。同时，也会将教师从传统的"灌输式"教学模式的桎梏中解放出来，使之更有充分的时间和精力从事教学工作。

　　"记者招待会"型教学方式是互动教学中的一个较好的方法，能够有效地

培养学生的问题意识：即由学生当"记者"向教师发问，再由教师解答，在潜移默化中提高分析、解决问题的能力。

教师走进课堂，学生立即报以热烈的掌声。原来，他们在开"记者招待会"。师生事前约定：一旦哪位同学将老师问住，或问题提得有意义、提得精彩独到、提得有代表性，同学们将报以热烈的掌声给予表扬。

"有关港澳台问题的'记者招待会'现在开始，请同学们提问。"该老师说。

"老师，您能为我们介绍一下台湾的历史吗？"班长手快，第一个举起手。

"这个问题提得很好。台湾自古以来就是中国领土不可分割的一部分，有关这个问题，请同学们看这段视频。"说着，教师打开多媒体投影仪。

画面依次逐段展示，说明从三国到清朝台湾都是中国领土的史实，配以动画和声音，效果不错。

"那台湾人民想不想'老家'呢？"投影完毕，有学生问。

教室里掌声一片，看得出，这是大多数学生都想问的。

"这个问题我先不回答，下面先请欣赏配乐诗朗诵《乡愁》。不妨看一下如何解读《乡愁》这首诗？大家可以说出来与同学一起交流。"教师打开多媒体，展示余光中的《乡愁》，其背景音乐是萨克斯《回家》，营造了一种怀旧的情感氛围。

台下，学生声情并茂地朗诵着这首诗。

"是的，台湾自古就是中国神圣领土不可分割的一部分，两岸人民同宗同族，没有任何理由长久分离，实现祖国完全统一是每个中华儿女的历史使命和职责。《乡愁》告诉我们，大多数台湾人非常想'家'。"教师略带激动的回答赢得学生一片掌声。

"普通台湾人到大陆来会遇到什么困难？"有学生问。

"隔着一条台湾海峡呀。"有学生嘀咕着给出了答案。

"这不是隔着一条台湾海峡的问题，直接的原因是台独分子阻碍两地的往来，本质的原因是台湾还没有回到祖国的怀抱。"教师纠正道。

"请说说如何解决台湾问题。"有学生提问。

"用武力可以吗？"有学生补充。

教室里又是掌声一片，可以看出，不少学生对这个问题也感兴趣。

"这是一个关键性问题，问得好。"教师回答，"我们首先要加强沟通，不妨采用'一国两制'基本方针，不轻易使用武力。"

"谁提出'一国两制'基本方针？"

"什么是'一国两制'？"

"'一国'指什么？"

"'两制'指什么？"

学生的问题犹如连环炮。

"这些问题在教材中有详细的介绍，我在此就不多赘述。"教师打断学生的发问，"我们先看这个视频。"

播放香港回归视频，画外音：在那震撼人心的时刻，随着英国米字旗的徐徐降落，中国五星红旗和香港特别行政区区旗冉冉上升，英国最后一任总督彭定康黯然离去，消失在维多利亚港口……

"同学请看，香港的回归就是一国两制的成果，所以，台湾最好是和平统一。"视频完毕后，教师说。

"为什么不能尽快地统一呢？"有学生问。

"李登辉的'两国论''一中一台'言行；吕秀莲的'远亲近邻'学说；陈水扁的'一边一国''金钱外交''共投立宪'时间表、废除国统会和'国统纲领'等行为，都违背了历史潮流和人民意愿，妄图破坏祖国统一，叫嚣台湾独立。同时也有一些资本主义国家在背后调唆，支持他们的这些丑恶行径——这些是和平统一的障碍。"教师回答。

"那我们什么时候能统一呢？"一个学生叹道。

有学生为问者鼓掌。

教师没有马上回答，而是播放连战回家的视频。

"他是谁？"

"现在生活在哪里？他是什么身份？"

"画面上的他为什么如此激动？"

学生纷纷发问。

"这是连战，曾任台湾省'建设厅长'和台湾当局'内政部长'等职。他以'中国国民党'的身份回到阔别几十年的'家'，所以激动。可以看出，台湾的大多数人还是渴望统一的，台独只是少数人的妄想，相信离统一祖国的大业不会太远。"教师综合回答了众多学生的提问。

"中英政权交接仪式对中国人民来说，为什么'震撼人心'？"

"香港在什么时候、什么情况下沦为殖民地？"

"香港为什么会被侵占？"

"澳门是在什么时候回归的？"

"'一国两制'在台湾的可行性大吗？"

"哪些国家支持'台独'？"

"'台独'能不能成功？海峡两岸能否实现统一？为什么？"

……

学生争先恐后地提出自己的问题，教师不知道该回答哪个学生。

"同学们，请你们把问题写在纸上给我，我选择一些有代表性的问题来回答好吗？"教师马上想出了一个好办法。

不一会儿，教师收到了学生的很多"问题"，随后选择一些有代表性的问题一一作了解答。

课堂教学中，"提问——回答"是教师授课的一个重要环节。传统的教学模式是"教师提问，学生回答"，而案例中的老师采用的这种方法却完全相反，是"学生提问，老师回答"，即"记者招待会"的形式。这在一定程度上加强了师生互动，培养了学生的问题意识。

在引导学生好问、善问的同时，教师更应做好充分准备，做到有问有答，充分调动"教"与"学"的互动性，才能让学生更积极地提问。

对于学生的提问，教师可以简单回答，以引起学生的追问和思考。当学生一步步追问时，教师的回答可以一次比一次深刻。有时教师对待学生的提问，可以不直接作答，而是从学生的问题中提出问题，或加以反问，让学生思考并发表自己的意见。这种"答问"教学法，无论在知识传授，还是在形成互动课堂方面，都显示出了特殊的功能。

（二）学生当老师，让学生"为难"学生

在一定程度上说，学生的潜能没有发挥出来，不是学生无能，而是教师启发诱导不到位。一名合格的教师，在课堂教学中首先应该相信学生的潜能是无穷的，应该把学生当做一个发展的人来看待。

"让学生当老师"，就是相信学生的潜能，让他们参与到教学中来，更好地体现他们在教学中的主体地位，提高学习的主动性和积极性，并有效地加强师生、生生互动。

特级教师李镇西在讲《马克思墓前的讲话》这篇课文时，一改教师在课堂上作为"主讲"的模式，而是让学生当老师，上讲台给学生讲授《在马克思墓前的讲话》这篇课文。

李老师给学生布置了一系列课前准备工作：

1. 课堂完全放手给学生，让学生决定课时目标，授课方式；

2. 采取抽号的形式决定学生讲课顺序，其他学生可以补充，每个学生都有上讲台的可能。

考虑到学生"授课"的经验不足，李老师建议学生在课堂上多提问"学生"。

学生的情绪高涨起来了，为了有个较好的表现，他们在课前积极借书、查资料、研究课文和找问题，往往为了一个问题争得面红耳赤，围绕一个材料忙得不亦乐乎。

李老师随手抽了个号，第一个当老师的是小佳。在一阵热烈的掌声中，小佳走上了三尺讲台。李老师坐到了她的位子上，当起了学生。

"1883年3月14日，伟大的无产阶级革命导师、科学共产主义的创始人马克思因病逝世……在其葬礼上，恩格斯发表了这篇演说辞……这是一篇以议论为主，悼词性质的演说辞。哪位同学试着给我们说说悼词的特点？"带着羞涩和紧张，小佳开始了自己的"第一课"。

"这太简单了！"有学生说，"悼词结构一般分三部分：开头、主体、结尾。开头一般介绍死者逝世的时间、地点、原因、身份和职务；主体概述死者生前的功绩及生者对其功绩的评价；结尾往往是对死者的悼念。"

"提点高级的问题好不好？"有学生抱怨道。

"那好，你们说说本文的结构，文章的总纲又是在哪里？"小佳因势利导。

"悼念——评价——悼念。"那个抱怨的学生回答。

"总纲在哪？"小佳追问。

那个抱怨的学生把身子躲到同位的身后，显然，他回答不上，不好意思面对台上的"老师"。

"小强，你说说。"小佳指名提问。

"第二小节是主体部分的总纲，两个'对于'突出了马克思在革命实践和革命理论两个方面的贡献，主要是在革命实践领域的贡献。"小强回答完毕，学生报以热烈的掌声。

看来，对这个问题小强早有准备，因此回答非常准确。

"小佳老师，依据是什么？"刚才那个受到打击的学生开始主动问"老师"问题，显然有"报复"的成分。

这回，小佳老师弄了个红脸——她不知道如何回答这个问题。不过，小佳反应很快，马上来了"太极推手"："这个问题很简单，哪位同学替我回答这个问题？"

"书上有句'因为马克思首先是个革命家'，这就是依据。"有学生回答。

"他，他……回答对吗？"看得出，小佳不敢断定。

115

"对不对呀?"看没有人肯定,有学生故意习难小佳。

"李老师……同学,你说,他回答对吗?"慌乱中,小佳拿李老师当挡箭牌。

看到小佳称李老师为"同学",学生大笑起来,课堂氛围很热烈。

"回答是对的,小佳老师。"李老师也忍俊不禁。

"让我试试!"

"让我试试!"

在这当口,又有学生争相要求体验当老师的感觉。

于是,李老师又抽取了一名"老师"。

新"老师"上台的时候,教室又恢复了平静。

"让我们齐读第一小节,找出关键词语好吗?""老师"提出一个请求和一个问题。

"不到两分钟""停止思想了""安静地睡着了""永远地睡着了"……根据学生的齐读提示,"老师"在黑板上写下关键词。

"同学们,请大家说说这些关键词体现了作者什么样的情感。"这名学生把老师当得有模有样。

"'不到两分钟':让人深感惋惜、痛心、遗憾。"有学生回答。

"'停止思想了':伟人逝世,思想家停止思想,深感痛惜。"

"'安静地睡着了':安静指很安详,用这个词也是对生者的一种安慰。"

"'永远地睡着了':永远一词悲痛之情强烈。"

他的问题没有难倒学生。

"我来试试……"

"老师"正要将课堂继续下去,却被其他学生的请求声打断。

于是,又一个"老师"被请上讲台。

学生争先恐后地要当老师,总是在讲台上向他的"学生"提出新的问题,下面的学生积极地配合,踊跃地回答"老师"所提出的问题。有的"老师"提的问题很新颖,学生的回答也很精彩。几轮过后,课文中的重要知识点以及难点基本上都分析到了。

为了查漏补缺,李老师又让其他几位学生分别谈了自己对课文的看法。

教是为了不教。让学生具备良好的自学能力,并摸索出适合自己的一套学习方法更是课堂教学的必然。让学生当老师,是提高学生自学能力,培养学生的自主学习意识的途径之一。

教师如果一味地强调"讲",最终会事倍功半,收不到预期效果。案例中的特级教师李镇西并没有这样做，而是采取"让学生当老师"的策略，改变课堂中学生被动接受的地位，改变单一的知识灌输的教学方式，充分挖掘学生巨大的潜能，激发兴趣，调动学生的积极性。

学生当老师，在一定程度上改变了少数学生被老师逼着学习的消极心态，减少了学生心理的抵触情绪，变"要我学"为"我要学"。学生要当好老师，必定会认真准备，这样就充分调动了他们的问题意识，而课堂上学生在问答之间的竞争意识，也更会刺激他们挖掘问题的热情。

让学生当老师，就是让学生有自主性。有了自主性，学生便会有问题问，会主动探究，课堂互动自然就产生了。

（三）加强启发引导，让精彩在问题中诞生

爱因斯坦说："提出一个问题，往往比解决一个问题更重要。"但是，促使学生提问，不是教师多问几个"为什么"就能办得到的。教师应该在提供有助于学生发现问题的感性材料上多下工夫；应该在营造学生提问的氛围上多下工夫；应该在促进学生思维活动方面多下工夫；应该在提高学生提问的自信心上多下工夫。

当学生问得多了，学生提问的能力才有可能提高，思维能力才能得到发展，分析问题、解决问题的能力才能提高，学习积极性才能得到提高。

在教学《田忌赛马》一课时，某教师采用启发引导的方法，让学生会提问题，并且提得有价值。

"同学们，这节课我们来学习一个充满智慧的故事。文中的主人公因为有无穷无尽的智慧而名垂青史。那么怎样的人才算是有智慧的人呢？我们又如何成为智慧之人呢？很简单，会提问题的人就是有智慧的人，让我们一起走进《田忌赛马》。"该教师一边说一边板书课题。

"学问学问，边学边问，只学不问，哪来学问。在学习中敢提出问题的学生是了不起的学生。大家看了这个题目敢提些什么问题呢？"教师问。

"田忌是谁？"有学生小声问。

教师装作没有听见，继续说："我把你们的问题分为三级，第一级是问人的；第二级是问事的；最高级是问理的。注意，问人的问题用'谁'来问；问事的问题用'怎么样'来问；问理的问题用'为什么'来问。"

"田忌为什么第一场输了，而第二场会赢？"有学生问。

教师终于听到了有价值的问题，马上说："要知道这个问题，我们首先得

知道田忌和齐威王是怎样赛马的。请同学们打开语文书，自由阅读课文，想一想课文的哪几个自然段是讲赛马过程的?"

"课文的第 2、14、15、16 自然段是讲赛马过程的。"几分钟过后，学生回答。

"你们看，在孙膑的指导下调换了马的出场顺序，就转败为胜了。学到这里，还有什么问题让你感到困惑呢，试着提一提?"

"田忌调换了马的出场顺序，齐威王为什么不调换马的出场顺序呢?"

"齐威王是一国之王，孙膑为什么不帮齐威王，反而给田忌出主意?"

学生在教师的引导下纷纷提出问题。

"这是两个问理的问题，提得太好了! 非常有价值。第一个问题大家再读读课文找找原因，第二个问题大家课后到图书馆、阅览室、网络上查找相关资料来解决。我们先解决第一个问题。"该教师说。

"我是齐威王，你们是田忌。"教师打了个比方，"田忌，你们先出什么马?"

"我们先出下等马。"学生齐声回答。

"那我也出下等马，谁赢?"

"你赢。"学生回答。

"但课文中的齐威王有那么谨慎吗?"

"没有，那课文中的齐威王是怎样的呢?"有学生问。

这时，学生朗读齐威王与田忌的对话。

"要是孙膑不在场呢?"教师问。

学生用朗读田忌与孙膑的对话作答。

......

最后，教师边板书"学会提问题"边说："本节课我们学会了问人用'谁'，问事用'怎么样'，问理用'为什么'来提问题，也就是学会了提问题。"

放手让学生提问题，比通过被动阅读寻找答案的策略更有效，因为学生提出问题的过程实际上就是对教学内容的初步感知和整体把握的过程，是学生对教材的认知、理解及掌握程度的具体体现。当学生发现并提出一个高质量问题时，必然伴随着分析综合、比较归纳、演绎推理等思维活动。

但是，在这个过程中，教师的启发引导作用是不容忽视的。案例中的老师在教学时就高度重视启发引导作用，教给学生提问的方法，让学生逐步学会提问。

课一开始，案例中的老师便激发学生兴趣，即会提问题就是智慧的象征、聪明的象征，用一个"敢"字激起学生的斗志，鼓励学生大胆提问。学生的情绪也随之高涨起来，提出了一连串的问题。之后，教师再次创设提问的契机："在孙膑的指导下调换了马的出场顺序，转败为胜了。学到这里，还有什么问题让你感到困惑呢，试着提一提?"不断引导学生提问。

　　更难得的是，教师从课题切入，先让学生提问，并把学生提出的问题进行分类，指出它们是问人、问事、问理三个类别，然后把学生提的问题进行整理，这样学生便明白了问人、问事和问理的区别，在问问题时就能有法可依，有章可循，能提出高质量的问题。

　　问题是学习的起点，思维的动力，没有问题就没有解释问题和解决问题的思想和方法。可以说，问题是新思想、新方法、新知识的种子。

　　在教学实践中，教师一定要善于设计一些互动环节，培养学生的问题意识，努力做到"让学生敢问、乐问；让学生能问、善问；让学生解问、释问"。如果教师对学生"灌输"得太多，往往会让课堂死气沉沉，而培养学生的问题意识，让学生尝试自己提出问题并解决问题，则会让课堂呈现一片活泼的景象。

第 三 章

教法创新，创造生动

巧妙运用错误，生成教学亮点

　　有一年，美国科学教育协会代表团访问上海，听了一堂特级教师精心准备的课，内容精当、层次清楚、语言规范、板书漂亮、问题设计合理、学生回答精妙，这无疑是近乎完美的优质课。然而美国代表团对此却提出了质疑："课堂上教师提出了很多问题，学生们对答如流，既然学生都知道了，这堂课还有必要去上吗？"

　　这位代表的质疑不无道理，其实，学生的学习过程就是一个积累的过程，是错误不断生成、修正和完善的过程。课堂是学生出错的地方，错误伴随着学生一起成长。当代科学家、哲学家波谱尔也曾说过："错误中往往孕育着比正确更丰富的发现和创造因素，发现的方法就是试错方法。"

　　对于学生的错误，有的教师马上制止，令其深入反思；有的教师为了让其他学生避免出现这样的错误，会采取责罚纠正的办法以儆效尤……

　　同样，教师在课堂上也会出现错误，有些教师不能勇于承认错误并及时更正，会为了维护脸面坚持错下去。

　　教师这些对待错误的方法，将会给课堂带来极坏的影响。教师应该意识到，学生的错误都是有价值的，是教学的财富，他们能在不断发生错误、纠正错误的过程中，获得知识、提高能力。新课程标准倡导的教学观认为，教学不仅是课程的传递和执行，更应重视课程资源的创新与开发。随着改革进一步深入，课程资源的开发尤为重要，而"错误"则是一个重要的课程资源。用错误去生发正确，是教学的创新。

　　真正的课堂应该是允许学生甚至教师出错的地方。学生的错误是一种很好的教学资源，教师要善于把握机会，创造性地对待学生的错误行为，让学生学会正视自己的错误，在错误中获得真实的学识，也让错误成为教师课堂教学的一个亮点。

（一）运用学生的错误，因势利导生成教学亮点

认知心理学认为，错误是学习的必然产物，学生的知识背景、思维方式、情感体验、表达方式往往和成人截然不同，他们在学习过程中出现各种各样的错误是十分正常的。

心理学家盖耶说："谁不考虑尝试错误，不允许学生犯错误，就将错过最富成效的学习时刻。"黑格尔也曾经说过："错误本身是达到真理的一个必然环节，由于错误，真理才会被发现。"可见，错误很自然地源于学习活动本身，直接反映了学生学习的情况，而这样的错误往往是学生思维的真实反映，蕴涵着宝贵的教学突破点。

教师要善待学生的错误，让学生充分展示自己的思维过程，探求产生错误的内在因素，才能有针对性地展开教学。同时，教师也要独具慧眼，及时捕捉稍纵即逝的错误并巧妙运用于教学活动中，抓住这种教育契机，让错误变成宝贵的教学资源，让其发挥应有的价值，折射出灿烂的光芒。

案例一

学习了"圆的周长和面积的计算"后，无锡市江南实验中学的陆静英老师让学生做以下一道题：小圆的半径是 2 厘米，大圆的半径是 3 厘米，小圆直径和大圆直径的比是（　　），小圆周长和大圆周长的比是（　　），小圆面积和大圆面积的比是（　　）。

在巡视检查时，陆老师发现学生小雪三个空都填上了 2：3。显然，这个答案是错误的。

于是，讲评练习时，陆老师特意请小雪说出答案，当小雪说完后，其他学生马上交头接耳。

陆老师没有发表任何意见，而是问："小雪，你能说一说是怎么算出这个答案的吗？"

看到同学这样，小雪也意识到自己可能算错了，于是她低声地答："老师，我先算出小圆的直径和大圆的直径比是 2：3，接着发现小圆的周长和大圆的周长比也是 2：3，因此我想它们的面积比也应该是 2：3。"

其他学生摇摇头，显然不同意小雪的回答。

"你真善于观察，会动脑筋！同学们讨论一下，圆的半径、直径、周长和面积的比，到底是不是有这样的关系呢？"陆老师没有直接说出错误所在，而

是顺势安排学生主动探究。

看到小雪出错了，其他学生都想帮她纠错，学生们兴致高昂，有的议论纷纷，有的在纸上写写画画，一会儿，就有学生举手发言了。

一位学生答："我算出圆的半径、直径和周长的比都是 2∶3，而圆的面积的比是 4∶9。"

另一位学生补充道："我们几个同学得出的答案与前面同学的一样，而且经过我们几个人的分析，我们还得出以下结论：小圆和大圆的半径、直径、周长比都是相等的，而面积的比是半径、直径、周长的比平方后的比，2 的平方是 4，3 的平方是 9，所以圆的面积比是 4∶9。"

就这样，陆老师借小雪的错误，激起了学生探讨问题的欲望，问题很快得到了解决。

案例二

著名数学教师张剑波在教工程问题应用题时，出示了如下一道题目：完成一项工程，甲队单独做需要 20 天，乙队单独做需要 30 天。＿＿＿＿＿＿？

这是一道扩展题，可以一题多练，让学生充分认识工程问题中的数量关系。考虑到学生刚刚学习工程问题应用题，张老师在学生独立思考的基础上，安排 4 人学习小组合作交流讨论，然后让学生分组展示，进行全班交流。比一比哪个组发布的成果最有价值。学生情绪高涨，热烈而有序地讨论着、汇报着……

有的小组提出的问题为：甲乙两队合作完成这项工程需要多少天？算式是：

$$1 \div \left(\frac{1}{20} + \frac{1}{30}\right) = 12 \text{（天）}$$

有的小组提出这样的问题：甲乙两队合作完成这项工程的 $\frac{1}{3}$，需要多少天？算式是：

$$\frac{1}{3} \div \left(\frac{1}{20} + \frac{1}{30}\right) = 4 \text{（天）}$$

针对该问题，其他小组的学生马上提出了更简单的解法：$12 \times \frac{1}{3} = 4$（天）

接着，另一小组提出了这样的问题：甲队先做，乙队再接着做完，两队一共用了 40 天完成。甲队、乙队各做了多少天？列式过程如下：

解：设甲队先做 X 天，乙队还要做（40－X）天。

$$\frac{1}{20}x + \frac{1}{30}(40-x) = 1$$

很显然，这是一个错误的问题，甲乙两队轮流完成的时间应该是大于 20 天小于 30 天，怎么可能达到 40 天呢？对于这个错误的处理办法，张老师沉思片刻，决定因势利导，引导学生自己发现错误、改正错误。

于是，张老师问："同学们，大家好好想想这样的解法正确吗？"

其他学生积极响应，表示正确，看来他们没有发现其中的错误。

"你们都会解这个方程吗？不妨大家都试试看！"张老师引导学生动手算题。

学生们兴致勃勃地开始解答，可过了一会儿，张老师发现有不少学生已经面露难色，有些学生开始窃窃私语。

张老师便走下讲台，随便问一名学生："你算出来了吗？"

该生支支吾吾地说："老师，这个方程不太好解！"

有些学生也跟着附和："是呀，是呀，老师，这个方程不好解的！"

张老师示意大家不要着急，给学生提示道："你们看看方程是不是列错了。"

按照老师的要求，学生又去检查方程。可是，依然没有学生发现错误。

这时，学生的目光全部集中在张老师身上，等待老师的"判决"。

张老师故意面露难色："怎么回事？问题出在哪呢？"

学生看着题目，都在摇头。看到学生理解有难度，张老师又进一步提示："同学们，你们可以想一想我们平时做应用题时，问题往往会出在哪呢？"

一语惊醒梦中人，张老师话音刚落，就马上有学生举手提议："老师，我们会不会没有看清题目呀！"

一听该生的提议，其他学生纷纷开始重新审题。

很快，就有一个学生兴奋地举起了手："老师，我知道错在哪儿了！我们添的条件'甲乙两队 40 天完成'不符合题意。因为甲队单独做需要 20 天，乙队单独做需要 30 天。这项工程即使让最慢的乙队去做也只要 30 天完成，现在他们两个队轮流做怎么可能需要 40 天呢？这 40 天显然是错误的。"

"是呀！"张老师高兴地说："那你们大概估计一下，甲乙两队轮流做需要多少天呢？"

"最多不能超过 30 天，因为一部分工作是甲队做的，他们的工作效率比乙队快；最少不会少于 20 天，因为一部分工作是乙队做的，他们的工作效率比甲队慢。所以，我认为合作完成的时间应该在 20～30 天之间。要是我设，我会设 25 天。"有一名学生回答。

经过老师的一步步提示，学生们终于实现了自我发现错误以及自我纠错的学习过程，张老师也露出了满意的笑容。

课堂上学生的错误常常来得很突然，教师能因势利导地利用学生的错误是教学的智慧的体现，处理得好，能让学生的思维活跃起来。比如案例一中，小雪的答案错了，但她的"2：3"是从前面的结果类推出来的，也闪烁着思维的火花，在这种情况下，陆老师没有立即表态，也没有否定小雪的答案，而是因势利导，为学生提供一个"研究争辩"的空间，让学生在探究中发现错误。又如例二中，工程问题是小学数学应用题教学中的重点，是分数应用题的引申与补充，是培养学生抽象逻辑思维能力的重要工具。面对学生意外产生的错误，张老师虽然一开始就发现了错误，但他没有简单地否定错误，公布正确答案了事，而是采取了"因势利导"的方法，顺势诱导学生去解错题，从而产生不能解的矛盾，引发学生思维的碰撞，激发学生主动辨错。

　　一个预设外的"错误"，经过教师的巧妙化解，变成了具有丰富内涵的生成性资源。在教师的引导下，学生自己找出错误，分析错误的原因，使学生心中的疑团一扫而散。在这个过程中，教师没有急于用自己的思想去"同化"学生的错误观点，而是站在学生的立场去"顺应"他们的认识，掌握其错误思想的运行轨迹，摸清其错误的源头，然后对"症"下药，找到解决问题的办法。

　　学生在知识建构的过程中，总会有一些认识上的偏差，对于学生的错误，教师大可不必藏着、捂着，而是要站在教学价值的角度上重新审视，挖掘其内在的"闪光点"，灵活地运用于教学当中，最大限度发挥学生错误的价值，为学生创设新的学习机会，为学生的成长与发展提供新的教育契机，给课堂注入新的生命力。

　　学生犯错并不可怕，最可怕的是教师总是"以不变应万变"，想着自己的教学设计，而忽视了学生的需求。要想真正从学生的需求出发，就要深入钻研教材，最好能预设学生学习这个知识点时，哪些地方容易发生错误，哪些地方容易忽略，做到以变应变。

（二）运用教师的失误，将错就错生成教学亮点

　　有一些教师碍于面子，上课时生怕自己出错，教学时束缚住了手脚，思路放不开，方法不灵活，心中只想着将教学任务按时完成，因此教得呆板机械，学生也学得毫无兴趣，教学效果较差。

　　"人非圣贤，孰能无过。"每天都会有学生出错，教师当然也不例外。教学过程中，教师从不出现任何失误是不可能的。失误是由于主客观原因而导致的教学差错，例如，教师的疏忽大意或水平不高而造成的差错。这些失误不仅常

出现在新教师身上，同样也会出现在老教师身上，只不过新教师由于经验不足或紧张更容易出现失误而已。在学生众目睽睽下出现失误，或多或少都会让教师感到尴尬，更是对教师的应对能力的一种考验。在具体的教学中，灵活应对教学失误是教师必不可少的一种教学能力。

在学习小学一年级语文下册第11课《美丽的小路》之前，山东省淄博市淄川区实验小学的李爱军老师结合学生的学情认真地备了课。特别是识字教学中如何引导学生借助以前学过的多种识字方法自主识字，李老师进行了精心的设计。这一课的生字可以用多种方法来分类识记，如用熟字加偏旁的方法识记"积""袋""辆""净""怪""慢"；用熟字减偏旁的方法识记"先"和"选"；用熟字换偏旁的方法识记"推"与"堆""谁"；而"鹿"字可以利用多媒体让学生观看从鹿的样子到"鹿"字的小篆，再到它的楷书的演变过程来记忆字形。

一上课，李老师就直接导入，板书课题，一边写一边想，这节课学生一定能把生字记得很牢。写完后李老师刚要让学生齐读课题，就看见有几名学生举起了手，还有一名学生用手指着黑板。

"难道我写错字了？"李老师一边想一边回头看，果然她把"美丽的小路"写成了"美丽的小鹿"。

李老师想：肯定是自己课前脑子里光想着"鹿"字的演变过程，才会下意识地写成这个"鹿"。她刚要擦掉改过来，可又转念一想："鹿"和"路"同音，但形和义都不同。学生平时就经常混淆同音字，出过很多错误。如"做玩了"和"完游戏"，"再一起"和"在见"等，造成这些错误的主要原因就是学生没有从字义上区别开同音字。

何不趁此机会让学生认识并学会区别同音字呢？于是，李老师故意问道："同学们发现了什么问题？"

一位女学生站起来，抢先回答："李老师，你把'小路'的'路'写错了，不是这个'鹿'，应该是那个'路'。"

虽然李老师已经明白了她的意思，但还是故意皱起眉头来，问："我不就是写的'小鹿'嘛！你说的是哪个'小路'呀，我听不明白。你能说得更清楚些吗？"

"是小路的'路'。"女学生急得满脸通红。

看着学生着急的样子，李老师示意她坐下，然后问其他学生："谁能帮帮她？"

一位男学生马上站起来，他一边指着黑板一边说："李老师，你写的这个

'小鹿'指的是一种动物，比如'长颈鹿'的'鹿'就是这个字，课文题目上的'小路'应该是'道路'的'路'，'马路'的'路'，是我们走的路。因为路是用脚走出来的，所以它的左边有个足字旁。"

听到他如此详尽而清楚的回答，李老师满意地笑了，她指着题目上的"鹿"字，说："同学们，谢谢你们。老师把脚下走的'小路'写成活蹦乱跳的'小鹿'真不应该。"

学生们都笑了。李老师把题目上的"鹿"字改成"路"，又在黑板的一边将这两个同音字写上。接着又作了一些解释："同学们，这两个字读音相同，但是所表达的意思却不同，而且从字形上看也不同。'路'是用脚走出来的，所以它的左边有个足字旁。而'鹿'字则是由它的样子演变来的。"

说着，李老师还提前播放了"鹿"字的演变过程，学生们兴趣十足地观看着，并轻松地记住了这个生字。

"好，同学们知道了'路'和'鹿'的区别，你们说说，我们还有哪些字是容易混的？"李老师抓住机会问道。

有学生回答："'完'和'玩'!"

有学生回答："'的'和'得'!"

有学生回答："'见'和'件'!"

还有学生回答："'在'和'再'!"

……

学生们积极地举例着，李老师又一一帮助他们辨析字义，让他们记住。

最后，李老师予以总结："同学们，像这样读音完全相同但形和义都不同的字就叫同音字，如果不会区分的话，就会像老师那样写错别字。老师真的很感谢刚才的这位同学，他不但帮老师改正了错字，让我们记住了这两个字的不同，还教给我们区分同音字的方法，那就是从字的意思上来区分。"

教学失误是常有的，关键是要看教师如何对待这些失误。案例中，如果李老师对"鹿"字只作简单的改正，势必会给学生留下老师不严谨的坏印象，更会给课堂留下瑕疵。可贵的是，李老师将自己的失误拓展到教学中，很自然地将课堂过渡到字义的辨析上，学生也因此记住了这个字，并受到了很好的教育。这个过程，正是由李老师的失误生成的教学亮点。

事后李老师发现，学生再碰到同音字，他们总能自觉地从字义上进行区分，还有的学生将遇到的同音字贴到课外识字本上并组词。李老师万万没想到自己的一次笔误，竟能让学生在识字的同时学会了区分同音字。

有时候，教师会在课堂上出现一些小错误，但千万不要为了所谓的师道尊严而忽视自己的失误。教师应该充分挖掘失误的价值，使之成为宝贵的教学资源，应该抓住时机予以引导，那么，失误就会给教学带来意外的收获。

教师应该记住，变错为宝，让课堂生动才是对师道最好的维护。

（三）明知故犯，卖个破绽生成教学亮点

明知故犯，就是教师故意犯错，逼着学生质疑。基于有些学生比较懒惰不爱动脑思考的现状，教师可以运用"明知故犯"的方法"逼着"学生怀疑和提问。这对学生而言意义是重大的。要知道怀疑往往孕育着新的问题，而提出一个问题远比解决一个问题更重要，它是创新思维的体现。这就要求教师必须拥有新教育教学观，不要把学生思维的火花扼杀在摇篮里，而是使教与学的过程成为师生共同发现问题、解决问题的过程。

案例一

某化学教师在教学"溴乙烷的性质"时，设计了一个明知故犯的环节。

该教师在介绍了溴乙烷的水解反应之后，便向学生提出问题："同学们，我们怎样做才能检验出溴乙烷中的溴元素呢？"

通过前面的学习，大部分学生都想到了利用氢氧化钠和硝酸银溶液，于是，该教师故意犯错：向溴乙烷中先加入氢氧化钠，反应之后就直接加入了硝酸银，让学生观察实验结果。结果学生未观察到他们预期的淡黄色沉淀，看到的是黑色沉淀。

教师从学生的表情看出，学生此时的求知欲已经被调动起来了。

于是，该教师也故意表现出惊讶的神色，并问："怎么会是这样呢？老师哪儿做错了吗？"

教师的话激起了学生挑战的欲望，学生都变得很兴奋，都处于积极的思考状态。

最后，学生通过讨论和探究，得出了正确的结论：在加硝酸银之前还要加硝酸以中和过量的氢氧化钠，否则会生成黑色氧化银沉淀，干扰正确实验现象的出现。

又如，在演示过氧化钠与二氧化碳反应的实验时，该教师是这样故意犯错的：他明明知道反应比较剧烈却不在集气瓶里放细沙，而是直接将过氧化钠粉末包在棉花中，迅速投入已集满二氧化碳的集气瓶中，只见棉花剧烈燃烧，学生也很兴奋，可是随后集气瓶炸裂了。

受了惊的学生诧异地看着老师。

教师故意流露出遗憾的表情，说："哎呀，失败了！同学们帮老师找找失败的原因吧！大家认为老师这个实验失败在什么地方？瓶子为什么裂了？"

　　学生们都积极地发言。

　　有的学生回答："反应很剧烈！"

　　有的学生回答："是个放热反应。"

　　有的学生回答："老师，您应该先放点沙子在瓶子里。"

　　还有的学生回答："老师，您应该先加点水在瓶子里。"

　　前三个学生的回答教师都微笑着给予了肯定，针对最后一种发言，教师则演示了过氧化钠与水反应的实验，学生自然就知道了为何前一个实验的瓶子里不能放水。

　　教师以牺牲一个集气瓶为代价，激活了学生的思维，引导学生主动探究，让学生在挑战权威的过程中体验成功的喜悦，增强学习化学的信心和兴趣。

案例二

　　在教学《藤野先生》一课时，某教师故意把第一句"东京也无非是这样"读成"东京无非是这样"，有一名学生立即指出少了一个"也"字。

　　该教师故意坚持错误，"理直气壮"地说："这个'也'字，我看本来就不该要。因为一般情况下，往往是先列举一种或几种情况之后，才能说又一种情况'也'是这样。这篇课文怎么在开篇第一句就用'也'字呢？老师觉得很不合理。"

　　为了说服老师，学生们议论纷纷，大家认真地研究起这个"也"字到底该不该要，用得好不好。

　　经过讨论，学生得出结论："我"为了寻求救国的真理，对日本东京寄予了很大的希望。可"我"看到东京也和"我"去过的其他地方一样，到处充满了污浊的气氛，"我"失望了。这个"也"字，再配上"无非"一词，不但含蓄地写出了"我"的厌恶和失望之情，而且自然地引出了下文的仙台之行。

　　尝到故意犯错的甜头后，该教师在《出师表》一课中又故意把"先帝不以臣卑鄙"一句翻译成"先皇不认为我卑鄙无耻"，学生听后都大笑不止。

　　教师装作不解的样子，问道："大家笑什么呢？难道老师没有翻译对？"

　　一名学生回答："老师，诸葛亮怎么可能卑鄙无耻呢！"

　　教师笑了笑，说："这是诸葛亮自谦嘛！"

　　"任何人自谦也不会说自己卑鄙无耻吧！"另一名学生不赞同老师的说法。

　　教师趁势问："那该怎么解释呢？"

　　经过思考，学生纷纷发言，课堂气氛非常活跃。最后，教师总结道："这里的'卑鄙'确实不同于现代汉语，在古汉语中，这是两个单音词，'卑'是指地位低下，'鄙'是指见识浅陋。"学生至此才知道老师是故意"出错"。

教学不是告知，更不是灌输，而是要通过创设各种活动情境，激发学生认识未知世界的兴趣。在兴趣的支配下，学生通过探究能获得更多鲜活的知识。教师有意"出错"，能有效地调节课堂气氛，激发学生积极地思考，让平淡无奇的课堂变得更加生动、更具吸引力。

以上两位教师用"明知故犯"的方法有意出现失误，引起学生注意并发现问题，为学生不着痕迹地布下了一个"套"。接着教师又故意以"糊涂"逗之，马上激起学生有联系的思考、比较和品味，最后得出精彩结论，升华了认识。学生在无意中学到了知识，培养了能力，并对知识留下了较为深刻的印象。

良好的课堂气氛应该是生动活泼的，应该充满欢乐和笑声。教师"明知故犯"的教学技法常常能打破死气沉沉的"公堂式"气氛，使课堂变得轻松愉快，生动活泼。

教师在使用"明知故犯"方法时必须注意：第一，要有一定的目的，并根据课文特点，抓好时机；第二，不宜常用，更不能滥用；第三，一定要使学生识破"错误"，在事后知道这是教师的有意设计，而不是真的"错误"。

可见，教师善于发现、挖掘并运用这些形形色色的"错误"，将会给教学带来蓬勃的生机和活力，将会更好地促进学生的发展。

"吃一堑，长一智"，理解学生的错误，允许学生犯错误，并不是说学生可以无限制犯各种错误，而是通过"识错""思错""纠错""用错"，真正达到"防错"的目的，在错误中得到进步与提高。教师应积极引导学生反思错误，比如让学生编制"纠错本"，将平时的错误及时记录到"纠错本"上，上面要写上错误记录，分析错误原因，归纳错误类型，总结经验教训，真正实现一错多得。

另外，教师由于受知识结构、教学经验等因素的影响，在课堂中难免会犯错误。反思是教师自我教育、自我成长的最佳途径，教师应积极反思错误，坚持写教学随笔等反思性材料，使教学过程成为师生互动、互促、教学相长的生动课堂。

教学中不是缺乏教育资源，而是缺乏善于发现和有效利用教育资源的眼睛。学生在学习过程中出现的错误以及教师的失误，都是一种重要的教育教学资源。宽容学生的错误，善待教师的失误，一方面可以点燃学生主动探究的学习热情，帮助学生架起通往知识殿堂的桥梁；另一方面可以让师生关系得到改善，教学质量得到提高，也使教师从学生的错误中反思并提升自身的教学艺术水平。

　　没有问题的课堂才是最有问题的课堂。没有错误就没有正确，二者是对立统一的。教师有时甚至应该感谢学生的错误，如果学生不犯错误，教师就不能及时发现学生的思维差错、知识缺漏，进而引导学生运用所学的知识正确地解决问题。正因为有了错误，师生才能张扬个性；因为有了错误，课堂才显得生机勃勃，充满智慧。

精心设置悬疑，吊起学生胃口

　　悬疑，会令人不由自主地产生好奇心，引发探个究竟的欲望。比如在电视剧《三国演义》每一集的结尾处，导演都会巧妙地设计一个言而未尽、扣人心弦的悬疑，使观众看后迫不及待地想知道即将发生而未发生的情节，不断地诱发观众的兴趣，让观众余兴未了。

　　与此相似，在课堂中若能精心设置悬疑，必定也能触发学生对学习的渴望，取得良好的教学效果。就此，人们提出了"悬疑式教学法"，即在教学过程中，提出一些引人入胜的疑问，让学生去思考、研究，然后师生再共同讨论、解决，通过不断设疑、解疑的链式教学，启迪学生的心灵，点燃智慧的火花，使学生产生浓厚、持久、稳定的学习兴趣。

　　"疑是思之始，学之端。"一位好教师就应该是一位善于设疑者。教师在课堂上要是能根据学生实际和教材特点，善于把握时机，巧妙地设置悬疑，就能牢牢抓住学生的注意力，促进他们的思维活动，使学生对问题有一种"山重水复疑无路，柳暗花明又一村"的豁然开朗之感。

　　教师要在课堂中让学生明确学什么，掌握什么。悬疑犹若一个标杆，能吊起学生胃口，让学生看到学习方向。

　　教师要努力提高对悬疑式教学的认识，优化自己的悬疑式教学行为，把"悬疑"看做是教与学的动力、起点和贯穿学习过程的主线；要将学习内容问题化，改变学生被动、呆板的学习方式；要创设师生对话、交流、评价的互动机制，引导学生积极主动地在自主探索、合作交流中学会思考、学会学习、学会创造。

（一）布设疑问，引发学生热烈讨论

设疑一般以提问的方式出现，能够激起学生对问题的浓厚兴趣和探究的强烈愿望，能达到"一石击起千层浪"的效果。

但是，传统的教学提问，将学生放在被动的位置上，追求答案的唯一性、标准化，势必会导致学习主体的错位，主动性的丧失和自信心的受损。

教师应不设禁区，引导学生围绕疑问展开讨论，引导学生自主和合作地解决问题，真诚地欣赏学生不断萌发的思维火花，鼓励学生的个性化表达，让学生主动参与学习活动，学得有劲，学得开心。

安徽宁国职高的语文教师乐远宏认为，在课堂上多提疑问，能引发学生的热烈讨论，提高课堂教学的生动性。

在教爱尔兰诗人叶芝写的《当你老了》时，乐老师抛给学生这样一个问题："你设想一下，有一天，当时光的列车把你的爸爸和妈妈带到年老的时候，当他们脸上布满皱纹的时候，你能想象一下那时的情景吗？你会对他们产生怎样的情感？"

"是呀，爸爸妈妈老了以后会是什么样子呢？"这个疑问让学生立即陷入了深思，浮想联翩。

几分钟后，学生纷纷发言：

"爸妈老了，变得'丑'了，我仍会爱他们的，是他们养育了我呀。"

"时间太无情了，真不敢想象风华正茂的爸妈有一天也会布满衰老的皱纹，人生太短暂了，我从今天起就该珍爱他们。"

……

对于乐老师提出的这个疑问，学生热烈地讨论开来。从学生的言语中，乐老师感到一股爱意由淡到浓洋溢课堂。这时，乐老师不失时机地和学生一起轻轻吟咏《当你老了》，渐进意境，有些学生情不自禁下了泪水。

乐老师在课始的一个疑问，就让叶芝诗中的万般柔情融入学生的心中。有时，乐老师还把疑问设置在"发散点"，激发学生的思维活动向更深更广的方向迈进。

在教《项链》时，乐老师看到：传统观念认为，作品中的路瓦栽夫人的形象是贪图享受、爱慕虚荣的反面典型。现在，人们看待问题更趋于理性化，对路瓦栽夫人的思想行为有了更多的包容和理解。因此，乐老师在分析路瓦栽夫人的形象时，向学生提出了一个问题："路瓦栽夫人身上有'可爱'之处吗？"

乐老师这一问，课堂马上出现一阵骚动，学生开始活跃起来。

"她诚实得可爱，项链丢了，却从未想到用假的去蒙骗人家。"

"她坚强得可爱，能正视突然降临的厄运，没有被吓倒，十年苦熬，什么都干，终于还清了债务，这种品质多么令人感动和敬佩。"

"她面对困难，没有丧失自己的人格尊严，这一点令今天一些因金钱而迷失自我的人汗颜。"

"丢了干脆赖账算了，她比现在有些人强多了。"

......

一石激起千层浪，学生在激烈的争论中，提出了不少富有创新意识的观点，可以说是突破了小说的主题范围。

乐老师说，课堂设疑犹如一个激活思维的杠杆，能解决课文中难以解决的问题。比如，课文的内容中有时会出现"自相矛盾"，这似是又非的地方，正是值得研究和探索的所在，也是把握全文主题的钥匙。

乐老师在分析《祝福》中的柳妈时，问学生：

"柳妈是个怕杀生的女人，但在祥林嫂卖给贺老六时，她为什么劝祥林嫂一头撞死算了？她到底是个善人呢，还是凶手？"

学生有了疑问，就纷纷议论开来：

有学生说："她是善人，根据是她也是打工的，是最下层的受苦人，怎么会是凶手呢？"

"她虽然用迷信去恐吓祥林嫂，但不是故意的，她也相信鬼神呀，最多算个过失杀人犯。"有学生这样说。

还有学生说："她实在算不上一个善人，对祥林嫂没有足够的同情心，骗了全部工钱捐了门槛，最后让她在疑神疑鬼中死去，还算不残酷吗？"

有学生说得更全面、更形象，称她是一个"以和善面目出现的害人者"。

......

经过一阵热烈的讨论，最后，乐老师只作简单的总结，学生就很快把握了人物形象。

在课堂教学中，教师要善于利用学生好奇心和求知欲强的心理特点，精心设置疑问，造成认知"冲突"，鼓励学生主动探索。

乐老师在课堂中用提问来引发学生讨论，不仅让学生之间形成互动，更引发了学生对知识的深入探讨。乐老师提问的时机、难度都掌握得恰到好处。问题的提出，在时机上迎合了学生的好奇心，在内容上也与学生的理解力相适应，让学生有话可说，这才让课堂形成了热烈的场面。

在课堂教学中，要想不出现"冷场"的局面，教师要根据教学内容，精心构思、设置悬疑，既要安排得出人意料，又要在情理之中。疑问的设置能使教学平中见奇，能激发学生的学习兴趣和动机，提高课堂教学的互动性。

（二）设置悬念，紧抓学生的注意力

悬疑式教学过程中，任何一个教学细节都可能是新矛盾和新探究的触发点，只要教师善于发现和把握，都有可能以之为契机点燃智慧的火花，打开知识的窗户。

具有趣味性和新奇性的悬念，能够满足学生学习活动过程中的心理需求，激活学生大脑皮层的优势兴奋中心，使学生与学习有关的神经细胞出现高度选择性兴奋，把学生的注意力吸引到教师提出的问题上，从而使学习变成一种享受，一种愉快的体验。

山东师大附中的历史教师林窈认为，在导入新课、教材过渡和课堂小结时设置悬念，可以集中学生注意力，提高学生学习兴趣，激发学生探求知识的欲望，取得更好的教学效果。

林老师在上"保卫太平天国的斗争"这一节时，向学生提问："上节课我们学习了太平天国定都天京，东征、西征使太平天国达到全盛时期，之后又发生了什么样的变化呢？有资料证明：洪秀全从1853年3月进入天京到1864年6月身亡，其中有8年时间从未迈出过宫城一步，只有一次是坐64人抬的大轿去看望生病的东王杨秀清。请问这说明了什么问题呢？"

林老师用一个悬念导入了新课。

"洪秀全8年时间从未迈出过宫城一步？"这时，在学生的脑海里出现了一个大大的问号。

"不会吧，那不憋死了吗？"有学生说道。

"的确是这样！"林老师坚定地回答。

"为什么呢？"

学生期待着林老师给出答案。

林老师笑了笑，说道："这不是一两句话能说清楚的，要想知道原因，请同学们翻开X页。"说着，在黑板上写下了"保卫太平天国的斗争"九个大字。

林老师提出一个问题，又不马上给予解答，就这样，让学生带着悬念进入了课堂学习。

林老师不仅在课堂开始时设置悬疑，还利用悬疑让学生顺畅地由一个教学环节过渡到另一个教学环节。

教"抗日战争的爆发和国共联合抗日"这一节时，林老师在讲完"七七事变"后，接下来的内容是要讲国民政府的正面战场。这是两个不同的教学环节，在这二者中间，林老师设置这样的悬念：

1. 淞沪会战最终失败了，原因何在？

2. 平型关大捷打破了日军不可战胜的神话，胜利的原因何在？

3. 台儿庄战役胜利的原因又何在？

"老师，这些我们根本没有学到呀！"问题一出，马上就有学生提出质疑。

"是，我就是要让你们来总结答案呀。"林老师说。

"后面就有国民政府抗日的内容。"有细心的学生提醒道。

"对，既然同学们自己总结有困难，那就让我们一起从后面的内容中找出答案吧。"林老师说着，在黑板上写下了"国民政府的正面战场"几个字。

就这样，学生带着这三个问题认真地从后面的课本内容里寻找答案。

多年的教学经验让林老师发现，教材的内容都是环环相扣、紧密相连，存在内在联系的。旧课往往是新课的"钥匙"。因此，她在结束旧课时，不满足于本课的小结，而是找出与下节课的知识的联系点，精心设置悬念，让学生自觉地产生解开这个"谜"的需要，更对她的课充满期待。

在"中国共产党的诞生"这课中，有这样一段话："二七惨案的教训使中国共产党认识到：中国革命的敌人是异常强大而凶残的，仅仅依靠工人阶级单枪匹马、赤手空拳，是无法战胜敌人的。"

快下课了，林老师问："同学们思考一下，这时的工人阶级力量很强大吗？"

"不强！"学生回答得很干脆。

"怎么看出来的？"林老师问。

"因为工人阶级单枪匹马、赤手空拳。"学生回答。

"回答得很好，那我再问，建国初期工人阶级很强大吗？现在工人阶级很强大吗？"林老师又问道。

"强大！"学生异口同声地回答。

"好，'因为工人阶级单枪匹马、赤手空拳'则'不能战胜强大而凶残的敌人'。可现实是，工人阶级最终战胜了强大而凶残的敌人，原因何在？同学们不妨课后预习第六章找出答案。"林老师话音刚落，下课铃声响起。

"同学们再见！"林老师走出教室，而教室内的学生呢？一个个还在为林老师留下的"原因何在"找答案。

在课堂教学中设置悬念，是课堂教学的一种技巧，它能吸引学生的注意，牵动学生的思维，进而培养其寻根究底的探索精神。

林老师的悬疑法在提问后并不马上给予答案，而是将答案蕴涵于随后的课堂教学中；学生只要听完林老师的课，问题自然就解决了。这种"卖关子"的方法能维持学生对整个教学过程的专注。

著名评书艺术家单田芳说书时，每当故事情节发展到紧张激烈的高潮或剑拔弩张的关键时刻，突然一句"欲知后事如何，且听下回分解"来吊听众的胃口，"逼"着人非继续听下去不可——这就是悬念的魅力所在。合理设置"悬念"，能让学生在教学全程都集中注意力，从而成为提高课堂教学效率的一个最直接、最有效的因素。

（三）用疑问统领课堂，便于学生接受知识

建构主义学习理论认为，知识不是通过教师传授的，而是学习者在一定的情境下借助他人（教师和学习伙伴）的帮助，利用必要的学习资料和工具，通过意义建构的方法获得的。其教学设计原理强调：学生的学习活动必须与问题相结合，让学生在真实的教学情境中带着疑问学习，以探索问题的解决方法来驱动和维持学习者学习的兴趣和动机。

用疑问统领课堂，就是将所要学习的新知识隐含在一个或几个问题中，学生通过对问题进行分析、讨论，就可以轻松地巩固它涉及的旧知识，习得相关的新知识。

案例一

徐海霞是江苏高密市实验中学教师，市教研组成员。她认为，在课堂上，当教师遇到复杂的教学内容时，不妨用疑问去统领课堂，这样可以让学生学得更省力。

徐老师在复习"反对'台独'维护国家统一"这一课时，发现课文内容多，涉及面广，让学生在复习时无所适从。为此，徐老师抓住内容核心，在课堂上出示了小黑板，黑板上有三个问题：

1. 为什么要完成祖国统一大业？

2. "台独"言行为什么会遭到两岸人民的反对？

3. 当前我们完成祖国统一大业有哪些有利条件？

"同学们，今天这堂课我们先回答这三个问题好吗？"徐老师开门见山。

"好的！"看到不会再有繁杂的课文梳理，学生面露喜色。

很快，学生就从课文中找出了答案：

1. 台湾自古以来就是中国领土不可分割的一部分，中国的主权和领土完整不容侵犯。

2. 完成祖国统一大业是中华民族的根本利益所在，是中华民族的最高利益所在。

......

问题解决后，徐老师提出了第四个问题："现在的台湾与大陆的关系有所缓和，在新形势下，说一说你能为完成祖国统一大业做一点什么？"

徐老师抛开课本，提出了一个开放性的问题。

问题一出来，就打开了学生的话匣子。

"对来大陆的台胞我们要以礼相待，让他们有归属感。"有学生说。

"我要到台湾旅游，为他们走出经济危机贡献力量。"也有学生这样说。

这时，徐老师强调必须从三个方面回答，学生马上翻开教材找到了教材上的观点，做出了准确而又简洁的回答。

"想一想，在完成祖国统一大业中，公民有哪些权利和义务？"在学生完成了第四个问题之后，徐老师接着问。同时，徐老师告诉学生，问题的答案不是唯一的，是多方面的，只要言之有理就对。

这时，学生你一言，我一语发表了自己的看法。最后，学生从公民有维护祖国统一的义务方面做出了回答。

就这样，徐老师只用了几个问题就概括了这一课学生要学的内容。

案例二

有些知识点前后是环环相扣的，前面的内容弄不懂，后面的知识就无法掌握，用疑问统领课堂就可以解决这个问题。

如在教"年、月、日"这部分内容时，某教师在创设情境激趣，组织学生观察年历卡之后，问学生："你们已经知道了年、月、日的哪些知识？"

"1年有12个月。"

"1、3、5、7、8、10、12月，每月有31天；4、6、9、11月，每月有30天；2月有29天，或者有28天……"

问题一出，学生就叽叽哇哇地说开了。

"2月怎么会有不同的天数？"该教师故作诧异地问。

学生纷纷出示自己手中的年历卡，七嘴八舌地给予说明。

"为什么2月份的天数会相差1天呢？"该教师追问道。

这时，大多数学生选择了沉默——回答不上来了。

该教师顺势说："同学们在学习中遇到了困难，怎么办呢？还是让我们请教一下课本这位'不说话的老师吧'。"

　　这样，学生通过看书明白了年份有平年、闰年之别。

　　教师意识到平年、闰年的判断是本节课的难点，于是再次提问："你们还想知道平年、闰年的哪些知识？"

　　"怎样判断一个公历年份是平年还是闰年？平年全年有多少天？闰年全年有多少天？……"

　　面对学生的诸多疑问，李老师没有直接回答，而是再次将问题交给学生，最后，学生通过讨论学习、阅读课文等多种方法找到了答案，自己解决了这些问题。

　　不可否认，课本上有些内容量非常大，知识结构复杂，部分学生接受起来会有困难。用疑问统领课堂，将复杂的内容简单化，是教师克服这一教学难点的法宝。

　　上例中，徐老师抛开繁杂的教学内容，用了几个中心问题就让学生掌握了知识，学生会觉得学起来很轻松，所以才形成了热烈的课堂气氛。如果徐老师从繁杂的课文入手，学生就很难摸准要掌握的内容，很难打起精神投入到课堂学习中去。

　　究其原因，教师按照学生的接受能力及教学内容的重点提出适当的问题，学生才能按照自己的认知水平，有目的地分析问题并解决问题。这样，学生就积极参与到了教学中来，成为知识的主动探究者。

　　当学生面对新情境、新问题，试图去解决它时，必须把它与已有知识联系起来，当发现已有知识不足以解决面临的新问题时，就必须进一步学习相关的知识，掌握相关的技能。这样的学习，就不再是一个灌输的过程，而是学生主动建构的过程；学生学习的能动性和主体性就会得到充分的体现和锻炼。

（四）用问题激发学生的探究热情

　　前苏联教育家马赫穆托夫认为，问题一般被看做是与思想进程遇到意外"障碍"相关的那种智力困窘状况，其实并不尽然，而应是在一定的教学情境中，由于学生所掌握的知识、智力、方法不足以解决已产生的任务时，所引起的那种智力紧张状况。问题总是使人感到惊异、困惑，并促使人进行智力探索。

　　运用问题教学理论，结合教学特点，合理设疑，就能让学生在"困惑"中展开积极的思维活动，激发学生的学习兴趣。

某教师在"商不变的性质"的教学中，就利用问题来激发学生的探究精神。他先用一个蕴涵问题的故事导入新课："花果山风景秀丽，气候宜人，那里住着一群猴子。有一天，猴王让一个小猴子分桃子。猴王说：'给你 6 个桃子，平均分给 3 只小猴吧。'小猴一想，自己只能得到 2 个桃子，连连摇头说：'太少了，太少了'。"

学生听得津津有味。

教师继续讲："'好吧，给你 60 个桃子，平均分给 30 只小猴，怎么样?'小猴子得寸进尺，挠挠头皮试探地说：'大王，再多给点行不行啊?'猴王一拍桌子，显示出慷慨大度的样子：'那好吧，给你 600 个桃子，平均分给 300 只小猴，总该满意了吧?'小猴听到猴王要给 600 个桃子，开心地笑了，猴王也笑了。"学生坐在位子上已笑得前仰后合。

这时，教师话锋一转："猴王和小猴子哪个在聪明地笑? 为什么?"

笑声过后，教师带给学生的是更深层面的理性思考："为什么桃子的数量发生了变化，可每只小猴得到的仍是 2 个桃子呢? 难道这里有什么秘密吗?"

教师引导学生可以先列出算式，然后进行比较。于是，学生积极地进行思考，纷纷在草稿纸上忙着写式子。

不一会儿，学生就发现了算式里蕴藏的秘密，一个个都把手举得高高的。教师就让平时不爱回答问题的小文上黑板，先写式子后解释。

小文愉快地接受了任务，在黑板上写下：$6 \div 3 = 2$，$60 \div 30 = 2$，$600 \div 300 = 2$。随后小文分析说："在这三个式子中，被除数分别是 6、60、600，依次扩大 10 倍，而除数分别是 3、30、300，也同样扩大了 10 倍，也就是说当被除数和除数都扩大相同的倍数后，商是不变的。因此，猴王的笑是聪明的笑，而小猴的笑是傻笑。"

学生听完小文的一番解释，不禁鼓起掌来! 没想到平时不善言辞的小文表现是如此的优秀，看来是悬念故事激起了小文的学习兴趣和表达欲望。

这位教师在教学"百分数的认识"一课时，给学生创设了一个关于选拔比赛选手的问题：我们班要选一人参加投篮比赛，结果有三人报名。请同学们根据他们平时的训练情况（如下表），选择最合适的队员。

姓名	投球个数	投中个数
汪华	20	17
刘明	10	8
张军	25	21

这一问题引发了学生激烈的争论。

小唐说："我觉得谁没投中的次数最少，就该让谁去参加比赛。汪华没投中 3 次，刘明没投中 2 次，张军没投中 4 次，所以让刘明去合适。"

小亮反驳道："按这样的说法，我只投过一次球，可是没投中。那我没投中的次数是 1，最少，这次比赛是不是该我去？"

　　·········

教师及时地进行了适当的指导，引导学生向"百分数概念"的方向进行探究。原本抽象的概念就这样明朗化了，学生在探索疑问的过程中就轻易地掌握了百分数的概念。

在第一个例子中，教师设置了问题，既激发了学生学习的兴趣，又能够刺激学生探究释疑的欲望，从而轻易地完成了教学任务。第二个例子同样由问题入手，让学生遇到了"认知冲突"，立即产生了解疑的强烈要求，这时学生的思维也达到了最佳状态。

在课堂教学中，适时地设置问题，巧妙地引导学生探究释疑，教给学生思维的方法，能使学生变"被动"为"主动"，变"苦学"为"乐学"，变"学会"为"会学"。

探索质疑是学生动脑的一种表现方式，教师不仅要释疑、解惑，而且还要启思、设疑，引导学生在明白旧疑的基础上思考更深层次的问题。

在某种程度上说，一堂好课就由一串好问题贯穿，设疑的不恰当可能让学生感到茫然无措，会给学生造成心理上的灰心丧气感。教师设置悬疑时要注意问题的针对性、趣味性和激发性，能够把学生引向求知境界，让学生的思维在问题的坡度上步步升高。

教师可以创设一定的情境，呈现问题，并在问题中展开教学，使枯燥的、抽象的知识学习转变为问题的探索和解决，在探索的过程中掌握方法和知识。这种教学建立在学生内心产生的兴趣的基础上，能够大大激发学生的学习动力。

实践证明，课堂教学的气氛，对教学效果的好坏有直接的影响。合理、恰当地设置悬疑可以安定课堂秩序，可以把学生的注意力集中到问题上来，可以把学生置于积极的思维状态下。若教师能把握好学生的个性心理特征和知识结构，抓住学生的学习难点，用悬疑来统领课堂，学生一定会如鱼得水，学得不亦乐乎！

通过"装糊涂"，让学生更明白

　　所谓"装糊涂"，就是学生对课堂知识不理解或一知半解时，教师也假装不明白，是教师"揣着明白装糊涂"，用体态、语言来"布景"，创造一种"糊涂"氛围，在教学舞台上巧妙设置障碍，导出学生心灵深处的困惑。以此引发学生的兴趣，达到帮助学生对知识理解透彻的目的。比如，课堂上教师假装被一个问题难住了，想了好久也没有想出来，就请学生帮忙。学生听到老师有难题都会争抢着帮助解决，轻松地加深了学生对新知识的印象。

　　"糊涂"式教学中的"糊涂"，并不是逻辑概念上的"糊涂"，而是"大智若愚"，是一种高超的智慧、一种豁达的涵养、一种高妙的艺术。在教学中教师装点"糊涂"，是以假乱真、等待时机，以启发思维、激励探索。"糊涂"教学的背后，实际是教师的清醒和机智，是教师的智慧和洞察力的一种折射。

　　求知是自主性的活动过程，而非被动接受前人研究的成果。教学绝不是只向学生灌输某些固定的知识，而是启发学生主动求取知识与组织知识。为达到这一目的，教师通过装糊涂调动学生学习的积极性，不失为一个好办法。学生让老师"恍然大悟"，可以给他们带来成功的喜悦，同时，在他们怀着极大的热情对老师进行"点拨"的过程中，对问题的认识会更加深刻。

　　在教学中，教师不妨有意露出一个"破绽"，一点"败笔"，一些"错误"，在关键问题上有意"装糊涂"，引导学生积极主动地参与到课堂研究中去。

（一）通过"装傻"，激发学生学习兴趣

　　在课堂上，教师尽量不要大包大揽，不妨在启发、点拨学生之后装装"傻"，犯点"糊涂"，目的是让学生自己多思考。这样的"装傻"式的"糊涂

教学法"能激发学生去主动探究、合作交流，激活他们的思维。需要注意的是，教师装"傻"时，一定要给学生留出足够的思考时间和空间。

湖南郴州市第二小学的胡长清老师，是一位一年级的数学教师。他的学生年龄偏低，表现欲比较强烈，为了提高课堂的生动性，胡老师常把自己扮演成学生的"蹩脚对手"，以此来调动学生的学习热情。

在教过了"人民币的换算"以后，胡老师用卡片，给学生出示了一组比较大小的题目：

6 角〇6 分

2 元〇20 角

10 元〇9 元 9 角

（在"〇"处填入符号">""<"或"="）

事前，胡老师根据经验，尽可能多地考虑了学生可能出现的错误。比如，第一题一看都有 6 就马上填相等；第二题一看 2 比 20 小，就填小于号；一看第三题 10 元比 9 元 9 角写得短，就马上写小于号。

分析其中原因，无非就是学生刚学会了 100 以内数的大小比较，很容易只比较两个数字的大小，而不管单位。因此必须让他们体会到要先把钱币数值换算到统一单位下，再进行比较。

"6 角和 6 分，6＝6，我不用想都知道答案应该填'＝'号。"胡老师一边做把这道题卡放下去的动作一边说："让这道题卡先回去休息吧，太简单了。"

看到老师这个低级错误，学生顿时炸开了锅："老师、老师，您不对！"

"你们怎么了，是我的题卡放错位置了吗？我没听清你们说的，能不能派代表说一说。"胡老师故作诧异地说。

"老师您先把题卡再拿回来，仔细看一看，您说得不对。"学生抓住胡老师的小辫子不放。

胡老师拿回题卡，再次重复："对呀，都是 6，所以它们相等呀！"胡老师继续装糊涂。

一个学生急切地站起来："虽然前面的数字都是 6，但后面的单位不一样呀。6 角是 6 个 1 角，6 分是 6 个 1 分，1 角比 1 分大，当然 6 角也就比 6 分大了。"

"老师，您说 60 分和 6 分比，谁大呢？"又一个学生补充道。

"那当然是 60 分大，6 分小了。"胡老师还是"不开窍"。

"您不是说 1 角＝10 分吗，6 角不就是 60 分吗，60 分大于 6 分，不就是 6

角大于6分吗!"

"老师,6分还不到1角呢,6角当然大于6分了。"

……

学生争先恐后地开导起这个"糊涂"的老师来。

看到学生们都在"教导"自己,胡老师这才假装回过神来,突然"明白"了这个"6角和6分"的问题。

看着学生们精彩的回答,胡老师心里非常高兴,真诚地表扬了好几个表现积极的学生,把学生们的热情推向了高潮。

后面的题目,胡老师故伎重演。

"6角跟6分比,我刚学会,这道2元跟20角可怎么比呀,真头疼!谁有好方法,快点帮帮我吧!"

"10元那么短,9元9角那么长,肯定是10元小于9元9角了。这回我可答对了,谁和我的答案一样请举手。你们怎么都不跟我的一样呢?"胡老师继续装"糊涂",学生们就在这样的"错误"信息的引领下,明白了钱币单位不一样,不能直接比较大小,必须想办法统一到一个单位才能比较大小的道理。

不可否认,在现实中,许多学生在做习题的时候总是不爱动脑,眼睛圆睁睁地看着老师,盼着老师给予帮助。这时候,教师不妨"糊涂"一下来激活学生的思维,把"皮球"重新抛给学生。

一次,胡老师把算式"92-44-26"分成两个一步计算的题目"44+26""92-70"写在小黑板上,然后让学生尝试写成综合算式时,胡老师看到了两个学生分别写出了错误答案:"44+26-92=22"和"92-44+26=74"。

胡老师让这两个学生把自己的算式板书到黑板上,他没有做任何评价,而是指着算式,笑着对学生们说:"同学们对这样的结果有什么看法没有?"

同学们迫不及待地答道:"不对!"

胡老师故作疑惑地问:"为什么?"

不少学生抓着后脑勺说:"答案怎么会等于22呢?"

"44+26=70,70-92不能减。"有学生提出。

胡老师装着弄不清楚的样子问:"是吗?这样啊?那你们同意他的观点吗?"

"我同意他的观点。"一个学生跳起来说道。

"44+26=70表示两条船一共能坐70人,92人是要乘船的总人数,两条船能坐的人数减总人数不够减。"有学生从题目解释。

"因为是求不能上船的人数,要用总人数减去两条船能坐的人数,所以70

—92肯定不对。"一个学生得意洋洋地说。

"用总人数92减去两条船能坐的人数70人，就剩下不能上船的22人。"大部分学生幡然醒悟。

可胡老师又指着算式"92－44＋26＝74"，故作"糊涂"地征求学生的意见说："那这个算式总该对了吧!"

"不同意!"

"不对!"

"错!"

课堂上一下子像炸开了锅一样，同学们七嘴八舌，各抒己见，整个教室沸腾起来了。

停顿了片刻，胡老师"惊讶"地问："啊? 为什么不对?"

一个学生急得小脸通红："不对，如果这样的话，答案要等于74。"

"如果是92－44－26＝22就对了。"一个学生站起来喊着。

"看来问题就出在这里了，那你们想一想应该怎么办呢?"胡老师装作束手无策的样子说。

这时，教室出现了暂时的寂静，突然一个学生打破了寂静。

"老师，我是这样想的，在44＋26的下面加上一条横线，可以先算它。"一个学生说道。

胡老师故作一愣，假装若有所思地问："同学们能听懂吗? 他想要怎么做?"

"画上横线可以先算出44＋26。"

"画上横线表示把44＋26＝70先算出来。"

……

就这样，在胡老师的糊涂中，学生通过深入思考和激烈的讨论，很快明白了做这类题目的方法。

胡老师通过"装傻"，让学生们从心理上得到了放松——"连老师都不明白，那我说错了也没事""我做得比老师好，说明我很棒""我都当老师的老师了""老师不明白，我要超过老师"……在这种轻松的心理导向下，学生畅所欲言，把自己的理解用语言展现了出来，胡老师轻松地完成了教学目标。

（二）通过"装聋作哑"，引导学生深入探究

"装聋作哑"式的"糊涂教学法"，是教师对学生的发言、质疑，不立即给

予评价、回答，而是给学生一定的时间，给一个缓冲的机会，或给其他学生讨论思考的时间，发展学生的思维，放飞学生的想象，给大家一个找到答案、补充说明或发表见解的机会。

需要提醒的是，教师要清楚在什么地方才能"装聋作哑"：学生已经懂的地方；读书能弄懂的地方；合作学习能学懂的地方都不能"装聋作哑"。因此，"装聋作哑"的前提还是需要教师吃透题目，了解学情，这样才能起到生动课堂的作用。

谢蹬权老师是安徽六安市毛毯厂小学的语文教师。课堂教学中的谢老师，在学生容易出现的问题、容易混淆的知识面前从不包办代替，急于解答。此时的谢老师总是"难得糊涂"，在学生面前"装聋作哑"，把"绣球"抛回给学生。

在上四年级语文《爆竹声声》一课时，谢老师向学生们介绍了爆竹的种类和燃放它们的意义。为了联系学生的生活实际，让他们切身体会到爆竹燃放的意义，谢老师问学生："你们说说你在哪些场合看到过人们燃放爆竹，并说说燃放的意义。"

学生们争着总结说燃放爆竹适用于开张、搬新房、生日做寿和结婚办喜事等喜庆场合。

在学生们挖空心思找各种喜庆场合时，谢老师突然听到一个学生说："老师，那办丧事、迁坟我也看见他们放爆竹呀！那又是表示什么呢？"

这时，教室里一下子一片沉默，同学们都没想到，通常用来表示喜庆的爆竹还会用在这截然相反的场合。

这时，谢老师虽然略加思索就能够解答学生的疑问，可是谢老师没有立即把答案说出来，而是闭口不答，静观其变。

不出所料，谢老师的哑然引发了学生更热烈的讨论。过了一会儿，有好几个学生举起了手。

"老师，老师，我知道了，丧事放爆竹是向死者告别，为他送行。"一个学生兴奋地说。

"对，对，这声声爆竹是说：一路走好！一路走好！"另一个男生赶紧说。

"也可能是表达对逝者的缅怀与敬意吧！"又一个学生补充说。

……

一次，学完《捞铁牛》后，谢老师问学生："你们还有什么问题吗？"

有学生问："课文中说铁牛陷在河底的淤泥里，对于古代人来说，找到它们具体在哪应该很困难呀，那这些人又是怎样找到铁牛的呢？拉铁牛的绳子会不会绷断？"

问题一提出，所有同学都一脸疑惑地看着谢老师。

对于这个问题，谢老师一时也无法解释，于是他便夸张地假装一愣："是呀！这是怎么回事呢？"便作无语状。

于是学生立刻读起课文，并进行小组讨论，学习积极性大增。几分钟后，大家都争着举手发表意见，表情兴奋异常。

顺着大家的解释，谢老师装出恍然大悟的样子："哦！原来是这样呀！你们说的各有各的道理。我明白了，谢谢你们！"

此时，学生们更开心了，那种自豪的神情分明在说："我们很聪明，连老师都弄不明白的问题，我们通过自己的努力弄明白了！"

对于学生，特别是中低年级的学生来说，他们一听到或看到老师有"困难"，会特别乐意帮忙，争着为老师"排忧解难"。这样的学习状态，能充分调动学生的学习积极性，引导学生自己探究或与小组同学合作讨论。而且，学生主动寻求出的答案说不定能带给教师意想不到的惊喜：学生可能会发现教师没有发现的东西，可能会觉察到教师无法觉察的细节。事实上，让学生从他们自己独特的角度出发，也许能打开一片崭新的空间。

（三）"糊涂"对待学生的错误

"糊涂"是一种高明的处世艺术，同时也是一种神奇的教育艺术。当学生有错时马上当众揭穿，让其无地自容，这不是理想之举。教师"糊涂"处理，找机会适当暗示，往往会给学生带来积极的改变。

面对学生的错误，教师装"糊涂"不是无原则放纵，更不是麻木不仁。表面上的"糊涂"，实际上是一种暗示和告诫。暗示他（她）"我知道你的行为"，同时告诫他（她）"下不为例"。

陶行知先生曾遇到这样一件事：一个女生数学考试时少写了一个小数点，被陶先生扣掉两分。试卷发下之后，她偷偷添上小数点。再上课时，她让陶先生改分。

陶先生一眼就看出了问题，但并没有指明，而且还满足了这个学生的愿望，只是在小数点上面画上一个红圈。学生领会了陶老的意思，心里惭愧不已。

多年以后，那个学生说："是那个圈，圈定了我用功学习的决心。"

可见陶先生的"糊涂"，既达到了教育的目的，又保全了学生的面子，在课堂上收到了"此时无声胜有声"的良好效果。

抚顺市第三中学的郭德如老师也同样认为："让学生内心受到震撼，才是生动课堂的真谛。"

有一次上课时，郭老师发现有个叫小扬的男生在一张纸条上匆忙地写着什么，没收上来一看，只见上面龙飞凤舞地写着：

"Dear××：

上次我送你的笔好用吗？如果不好就扔了，下次我买两支一样的，你我一人一支。"纸背面还画着一颗斜插着箭的心。

显然，这是一封"情书"。

"怎么办，要进行当众批评吗？"郭老师正思忖之际，突然，有位调皮的学生在一旁喊："老师，念给我们大家听听吧！"别的学生也立刻附和。

郭老师转念一想："我还是糊涂一点吧。"于是说道："好啊！我念，小扬写了一首诗，诗中写道：百川东到海，何时复西归？少壮不努力，老大徒伤悲。"

小扬满腹狐疑地看了郭老师一眼，郭老师却这样说道："小扬不惜花费课上的时间来告诫自己要努力学习，这难道不是一种自相矛盾吗？"这种委婉的责备让所有学生都受到了教育，同时郭老师也看到了小扬感激的眼神。

还有一次，郭老师才接一个新班的语文课，就有个学生给郭老师来了一个下马威，在一片"老师好！"的问候中，夹杂着一个"老师不好！"的刺耳声音。

面对喊"不好"的学生，郭老师装作没有听见，然后淡淡地说："这个'老师好'，你们说得不一定对呀。"

正当学生们满腹疑惑之际，郭老师在黑板上工整地写了一个"好"字，并解释道："在古代，'好'是女子容貌美，你们说'老师好'，我是男的自然不敢称'好'，要是位年轻的女老师，那就当仁不让了。"

学生们一下子豁然开朗，情绪被调动起来。

郭老师趁热打铁，委婉地说："现代，'好'字的含义已不止于美貌了，我们常说要做个'好人'，这自然不等于要做个美人。我不敢说我们都是美人，但我敢说，我们都是好人，我们都是有缺点的好人。"

学生们听到这里，个个欢欣鼓舞，兴趣盎然。

郭老师进一步引导说："说到做好人，什么是人呢？文字学家说，人是侧面而立的人形；美学家说，人是一撇一捺的完美组合。我们对'人'的解释是，一撇一捺互支撑，一灵一肉两相承，一情一理为双翼，一言一行赖坦诚。"

教室里立即响起了热烈的掌声。

在上面的事例中，面对学生的错误，郭老师如果当众指出，进行无情的批评，课堂气氛一定会变得非常紧张，这对课堂教学没有半点好处。所以，课堂的生动与否，还反映在教师处理课堂突发事件的能力上。

"糊涂"，可以体现出教师的宽容，促使学生产生内疚感，进行自我谴责，萌发出内心的悔改意愿；"糊涂"，可以体现出教师的风趣——让鲜活的语言撞击学生的思维，升华了学生对真、善、美的追求，同时也达到了教育的艺术效果；"糊涂"，可以体现出教师的智慧——不从正面切题，用轻松聊天的方式向学生敞开心扉，可以消除其不良情绪，缩小师生间的心理差距。

（四）通过"糊涂教学"，调动学生积极性

"糊涂教学法"是指在教学过程中，教师针对学生好奇心强，热衷于探求新奇事物的特点，进行一些有意识的"糊涂"安排，以调动他们学习的积极性，使他们的学习兴趣得以较长时间维持，进而顺利完成学习任务的教学方法。

山东青岛市五中的物理教师吴厚明，在物理教学中善用"糊涂教学法"调动学生的学习积极性。他把"糊涂教学法"分为三种情况来加以运用。

第一，真糊涂法。物理是一门自然科学，教学过程中必然会遇到许多没有定论的问题，教师在解释这些问题时，要尊重科学，实事求是，绝不能简单地否定或肯定。例如，吴老师在教学"磁体和磁极"时，遇到这样的问题：通常认为磁体总存在两个极，无论怎样分割，总不能得到只有一极的磁体。对于这个问题，有学生说课外书籍中提到有的科学家认为存在单磁极的磁体，并且还在积极寻找等。吴老师针对这些问题，首先肯定了学生的钻研精神，其次说明："到目前为止，我也不知道世界上有没有单极磁体，但科学本身的任务就是去探索未知的领域，也许有一天会有人发现单极磁体吧。"吴老师认为，这种"糊涂"不但无损威信，相反对学生智力开发和视野扩展具有积极意义。

第二，装糊涂法。吴老师从学生实际出发，估计到学生不懂或易错的问

题，自己也佯装不懂，带着与学生一起学习、研究的态度，相互切磋，极大地调动了学生学习的主动性和积极性。

例如，吴老师在讲"弦乐器的音调"这一课时，学生问吴老师："弦乐器的音调，到底与哪些因素有关？"

吴老师假装说："我也不是太了解，况且教学参考书上也没有说，让我们一起按照课本上的探究实验来探究这个问题吧。"

学生们一下就来了兴趣，原来，无所不知的老师也有不懂的事情。于是，学生开始和吴老师一起探究这个问题，通过实验探究，学生们很快就得出了正确的答案。

使用这种教学方法，学生非但不会认为教师水平差，反而可以缩短师生距离，增加亲切感，进而提高他们对物理的学习兴趣。

第三，教糊涂法。如吴老师问学生，用多用表的欧姆档测量电容器时，指针偏转角度是大还是小？学生有回答大的，也有回答小的，且各据理由。这时吴老师歉意地说提问错了，应问指针可能产生什么现象？

学生们又开始积极展开讨论，最后吴老师进行总结：当两表笔接触电容器两极时，电容器充电，开始时电流很大，指针偏转角度大；以后随着两极电量逐渐增加，电压逐渐增大，充电电流减小，指针偏转角度减小；最后当电容器两极间电压等于电池两端电压时，充电电流为零，指针偏转角度也减为零。

这样，问题思路理清了，学生恍然大悟。

先把学生教糊涂，然后给学生的大脑一个强烈刺激，使学生忽然明白过来。这样虽然走了一段弯路，但是学生的思路却变得更清晰了，求知欲更强了，注意力也更集中了。

要将"糊涂教学"在课堂中有效运用，就应该像吴老师那样，"眼中有人""心中有法"。

"眼中有人"是指眼中有学生，首先要树立以"学生为中心"的人本理念；"心中有法"是指教师要熟练自如地掌握"糊涂教学"的技巧，这就要求教师变"智叟"为"愚公"，变"教者"为"学者"，变"法官"为"导游"；要"旁观者清"而不要"当局者迷"，要"望闻问切"而不要"庖丁解牛"。学生"真糊涂"并不可怕，教师"装糊涂"更难能可贵，教师打造"糊涂"心态，终究是为了更明白地教学。

现在的学生个性强、人格独立鲜明，往往不太喜欢那种太实、太露、太繁琐且由教师包揽一切、不留余地的教学。这就需要教师更新观念，重视"糊涂"式教学，并在课堂中加以运用。

　　教师巧妙自如地运用"糊涂"式教学，能带给学生认知和审美上的享受。但"糊涂"式教学绝非只凭一时灵感所能奏效，它要求教师对教学内容高度熟悉，对教材的相关知识点做到博学精通，这样才能发现容易导致学生产生困惑与糊涂的地方。

　　另外，教师"装糊涂"的整个过程要自然流畅，不着一丝人工雕琢的痕迹，这样才能吸引学生注意。"装糊涂"还需要教师把握火候，不到火候，难以突出问题的挑战性，没法激起学生的挑战欲；超过火候，矫情的东西太多，会让学生感觉太假，也难以发挥应有的艺术效果。

巧妙留白，让学生插上想象的翅膀

　　"留白"是中国画特有的一种处理画面的技法，它是指在画面上特意留下一大块空白处，使人看了产生联想，从而产生更丰富的美感，更悠远的体验。

　　例如，我国古代一幅《寒江独钓图》，画面上一叶扁舟上坐着一位渔翁在垂钓，四周除寥寥几笔微波以外，几乎全是空白。尽管如此，却给人提供了一个深远的意境，一个思考、想象的空间。如果教师能把绘画艺术中特有的这种"留白"手法应用到课堂教学中，就是对教学的一种创新。

　　课堂上的"留白"是指教师根据教学需要，不直接把一些学习内容通过讲述、讨论、交流等方式明确告知学生，而是通过言语激发、提出问题、布置练习等方式留下"空白"，引发学生在课外更广阔的时间和空间里实践与操作、联想与想象、思考与探究，从而将课内外学习联系起来的一种教学策略。教师还可以设置一些探索性的问题，放手让学生自主探究，把"教学"转化成"点拨"，让学生在自主探究中发现问题、提出问题，养成勤于思考、善于探索的学习习惯。

　　留白是一种机智的教学策略。留白是一种艺术，也是一种修炼；是一种智慧，更是一种境界。在教学的紧要处，教师有意留下一处空白，创造一种虚幻的"空白感觉"的妙境，让学生去思索、去玩味、去想象，将能达到最佳的教学效果。

（一）预设留白，让学生思维迸发

　　学生有着丰富的想象力，正像阿基米得所说的："给我一个支点，我可以撬动地球。"给学生们一张白纸，他们会思考、创造、从而呈现出缤纷的画面。

教师知识上留白的设计并不是对部分知识的舍弃，而是通过空白的设计去调动学生学习的积极性，激起学生的求知欲，让他们通过观察、发现与探索去理解空白处的内容，给知识更大的补充和丰富，达到对知识的掌握。

　　某教师在备课《我的叔叔于勒》时，预先的设计是：通过对人物形象的分析，通过对于勒悲惨命运的评价，来批判菲利普夫妇的自私、冷酷、薄情寡义，从而使学生认识到"金钱能使亲密无间的人形同陌路"，批判资本主义社会中人与人之间赤裸裸的金钱关系。

　　教学刚开始时，一切都按教师的设计顺畅地进行着。熟悉课文之后，教师带领学生进入了下一个环节：评价小说中的人物形象。学生们讨论得很热烈。

　　学生1说："我觉得小说中的于勒是很令人同情的，他年纪大了，又贫穷无依，亲生哥哥又不认他，他真够可怜的。"

　　学生2说："我觉得虽然于勒过去是个浪荡子，败光了自己的家产后，还大大占用了哥哥的家产，但是他现在已经认识到了错误，你看，又老又穷时都不再向哥哥求援，说明他已经有悔过之心了。"

　　学生3说："我认为菲利普夫妇是自私到极点的人。当他们发现被奉为'福音'的于勒变得又老又穷时，竟然连认都不认，甚至想方设法避开他。"

　　学生4说："我认为菲利普夫妇太虚伪。当于勒发迹并写信给他们说要还钱时，菲利普夫妇逢人便夸于勒是个'有良心的人''正直的人'，而当在船上看到于勒已变得一贫如洗时，立马又变成了'流氓''骗子'，这一切的转变只围绕着'钱'字。"

　　学生5说："我认为菲利普先生比他的太太稍有同情心，最起码他没有对弟弟破口大骂，而只是嘟囔着'出大乱子了'。"

　　学生6说："我不同意你的说法。菲利普太太是表露在外面，而菲利普先生仅仅是没讲出口而已，他和他太太是完全一样的表现，都是一样的自私。"

　　学生7说："菲利普夫妇带领全家每天都衣冠整齐地到海边栈桥上去散步，这不是真的在散步，而是在等待于勒回来，等待于勒带着钱归来，这是对金钱深深的渴望啊！"

　　学生8说："于勒的破产让菲利普夫妇的希望破灭了，所以面对着又老又穷的弟弟，他们选择了逃避，因为得不到金钱，他们干脆逃避了亲情，他们已经沦为了金钱的奴隶。"

　　……

　　教师笑眯眯地聆听着学生的发言——这正是他所期望的，一切正如他的预先设计一样和谐地进行着：批判人与人之间赤裸裸的金钱关系，批判人性中的丑恶。

可是，在毫无预兆之下，课堂发生了变化。学生的讨论偏离了教师的预先设计，一个好长时间没发言的女生——语文科代表从容地站起来说："请大家不要忘记了，菲利普夫妇的女儿都已经二十八岁和二十六岁了。因为穷，都嫁不出去，现在好容易靠于勒的来信嫁出了一个二十六岁的女儿，他们能让又老又穷的于勒回来吗？如果这时于勒回来，对他们来说意味着什么？"

一石激起千层浪，学生们的讨论迅速进入了另外一个层面。

学生9说："菲利普太太也有她的可爱之处，她辛辛苦苦地持家，相夫教子，忍受贫寒，最后连一点可怜的希望也无情地破灭。这种破灭不是一个小小的失败，是对一个家庭，对一个连女儿都嫁不出去的年老女人的致命打击。作为一位主妇和母亲，一位挣扎在社会底层的主妇和母亲，她难道没有权利暴跳如雷，没有权利指责躲避吗？"

学生10说："生活对于经历了太多灰色的菲利普夫妇来说已无浪漫可言。他们不是圣人，他们寄托在'福音书'上的希望是那样的渺茫，他们岁岁年年的等待是多少普通人家自觉的心灵选择。假如你也生在贫寒家庭，假如你也有那样一个'早年占取了你的很大部分财产并给家庭投下巨大阴影'的兄弟，你能保证在若干年后他再一次以穷困潦倒的形象出现在你面前时，你还能保持你的风度吗？"

"是的，菲利普夫妇的情感是有些麻木了，但肇事者是琐碎艰辛的生活，就像《故乡》中的杨二嫂那样，艰辛的生活改变了人性。"学生11说。

"菲利普太太是相当多的母亲的代表，节俭持家，对自己相当吝啬，连牡蛎都舍不得吃一口。但是，她爱孩子，为了孩子的幸福，她可以舍弃一切，包括兄弟亲情，她是一位伟大的母亲。"学生12说。

学生13说："于勒的悲剧的根源就在于他自己。如果他早年能够正正经经地工作，安安分分地生活，也不至于把家产败光，不至于被送到美洲，不至于到现在年纪大了，也没个落脚之地，于勒应该为自己的行为承担后果。"

学生14说："于勒已经变了，不再是那个不懂事，只会糟蹋钱的人了。你看，他发迹时不是想着要还钱给哥嫂吗？到破产时，他不是也主动地不来投靠哥嫂吗？为什么不能再给他一个机会呢？比如帮助他摆个小小的牡蛎摊，让他能养活自己呢？"

"我觉得菲利普夫妇的做法合情合理但不可取。不管怎样，对待亲弟弟如此地避而不见，绝不是应该提倡的。"学生15说。

看着学生们神采飞扬的样子，教师干脆顺着学生们的思路，设计了一个问题："如果你是菲利普先生（或太太），你会怎样处理这件事呢？"

这个问题无疑激起了学生更大的兴致，有的学生说："于勒是自作自受，我不会再去过问他。"

有的学生说："如果我接受了于勒，我的女儿会怎样？我的女婿会怎样？为了我的女儿的幸福，我会把这一秘密深埋在心底，所有的愧疚就让我一个人扛吧！只要我女儿幸福！"

"你们也太无情了！"一名学生愤愤地说，"如果是我，我不会就此不管。我会走上前，拉起他，告诉他：我们回家吧！一切从头开始。"

"我同意这位同学的说法，不管怎样，血总是浓于水的，如果就此与于勒分开，我会觉得良心上过不去，一辈子都不会安宁。"另一名学生也说道。

还有学生说："虽然我很穷，虽然我没有多少钱，但人说'浪子回头金不换'，于勒他已经变懂事了，年纪也已经大了，他更需要别人的关心、帮助。我应该去帮助他。"

初三的学生竟然有如此宽广的思维，能如此娴熟地搭建起语文与生活的桥梁，该教师不禁为学生感到骄傲。

学生们的讨论更趋激烈，最后渐渐地达成了这样的共识：于勒的悲剧起因在于自己，还在于社会对他的教育帮助不够，他应该为自己的行为付出代价，他已经付出了。他败光了父母的钱，变成了一个穷人，好不容易成了富人，又由富入贫，年老时成了孤苦无依的一个人。这对他的惩罚已经够了，所以作为哥嫂的菲利普夫妇，不应该排斥他，虽说他们也有难处，但人都应该是有感情的，女儿女婿也应该会理解他们的做法，再穷也是团团圆圆的一家人，他们应该伸出关爱之手，让这世界变得不再冷酷，而是充满温馨。

新课程标准特别强调要让学生在活动中能说真话、表真情，表达自己真实的内心体验，这样才能将学生富有个性色彩的经验、思维、灵感等都调动起来，使教学"动态生成"，呈现出丰富性、多变性和复杂性。"动态生成"需要有积极的"生态环境"，即建立在师生双方真诚平等基础上的民主对话。这就需要教学设计是有弹性、有留白的预设，留有更大的包容度和自由度，留足空白，才是生成的"生态环境"。

本课中途语文科代表的一个问题，却意外地激起了千层浪，学生的回答精彩纷呈。表面上学生的发言看似游离了教学目标，实则是更深刻地解读了课文。因此，课堂教学少了一些预设，多了一些生成。

当教师拿着课前精心设计的教学方案静心与学生对话时，学生们常常会有意无意地跳出教师课前预设的规范化的框架，给教师毫无准备的"意外"。这时，教师应该以学生为本，根据学生的实际情况，在随机应变中尊重学生的主体性，及时调整预设，给学生腾出空间，为生成提供条件。

"留白"是行之有效的教学艺术，是教师主导作用和学生主体作用的有机统一。在教学中，既要留下教学空白，又要利用好留白，做到实处含虚，虚处探实，激活课堂，开启学生智慧，培养创新思维，达到"于无声处听惊雷"的艺术效果。

（二）适当留白，给学生留出思考的空间

心理专家称，当人们观看一个有"缺陷"或"空白"的形状时，会在不知不觉中情不自禁地产生一种紧张的内驱力，并促使大脑积极兴奋地活动，去填补和完善那些"缺陷"和"空白"，使之趋向完美，构建成一个完形整体，从而达到内心的平衡，获得愉悦的感受。教学正要留出空白，让学生以其特有的经验和方式对材料进行选择、加工和改造，让学生自己去构建和完善知识体系，还学生以学习和发展的主体地位。

现在依然还有一些教师始终牵着学生的鼻子走，学生的思维在教师的约束下拓展不开，最后只能以线性的形式定向发展。如何让学生在课堂上找回兴趣，在自主学习与合作探究中寻回乐趣，最好的方法就是给学生适当留白，给学生的自主性学习思维开辟广泛的空间，增添课堂的无限生机，增加师生心灵碰撞的交汇点。

案例一

江苏沛县崔寨中学的徐峰老师在上《藤野先生》这一堂课时，巧妙地用了"留白"的艺术。徐老师的教学主要分为以下三大步：

1. 课前留白

徐老师对学生的课前预习进行留白，让学生查找作家的生平和思想情况，以及著名事件的历史背景，指导学生通过各种途径去了解。

课上，学生们把课前查阅的资料展示出来，他们踊跃发言，课堂气氛很活跃。

2. 整体感知

首先，徐老师让学生们翻开课文前的插图，仔细观察这幅油画，以"藤野先生是一个什么样的人呢"为题，请他们带着这个问题快速阅读全文，并用简洁的话介绍一下藤野先生的外貌。

接着，徐老师让学生再读课文，把"_____的藤野先生"补充完整，并在文中找出根据。

徐老师先做示范："生活俭朴的藤野先生"，因为从文中看出藤野先生穿衣服非常马虎，而且常常忘了戴领结。

一经徐老师提示，一名学生马上抢先回答："热情负责的藤野先生，因为藤野先生为'我'添改讲义，从头到尾，都用红笔添改过了，不但增加了许多脱漏的地方，连文法的错误，也都一一订正，坚持到教完了他所担任的功课。"

又一名学生答："要求严格的藤野先生，为'我'纠正解剖图时说'你看，你将这条血管移了一点位置了。——自然，这样一移，的确比较好看些，然而解剖图不是美术，实物是那么样的，我们没法改换它，现在我给你改好了，以后你要全照着黑板上那样的画'。"

另一名学生答："没有民族歧视的藤野先生，如为'我'坚持添改讲义，为'我'纠正解剖图。"

"治学严谨的藤野先生，如他了解中国女人裹脚的问题。"

徐老师一边听学生发言，一边做记录，等学生发言结束后，他说："从黑板上这一长串词语中，我们已经了解了藤野先生为师的优秀和为人的伟大。"

3. 研读赏析

结束"_____的藤野先生"一问后，徐老师继续向学生提问："藤野先生对'我'这么好，而且东京是日本最繁华的地方，教育也会是最好的一个地方，鲁迅为什么在东京学习后要离开而去仙台呢？请同学们在书中找找答案，看看是什么原因让他离开繁华之都的。"

于是，各小组学生进行了讨论。

大约过了五分钟，徐老师说："好了，大家有没有在书中找到原因呀？"

"东京的清国留学生的辫子很'标致'。"

"清国留学生在公园里赏樱花。"

"清国留学生在学跳舞。"

"细心之下，必有发现，很好。"徐老师接着问道，"那么这三件事和鲁迅有什么联系呢？换句话说，为什么这些事让鲁迅在东京待不下去了呢？"

"因为鲁迅很厌恶那些清国留学生。"

徐老师问道："刚才你用到了'厌恶'这个词，请问你怎么知道鲁迅厌恶这些留学生的呢？你的根据又是什么呢？"

"这些'清国留学生'不学无术，盘着大辫子像富士山，白天逛公园，晚上学跳舞，整天浑浑噩噩。"这名学生解释道。

"好，'不学无术'用得很好，这是根本，盘辫子、逛公园、学跳舞是现象，但回答这个问题，你得从清国留学生和鲁迅两方面答。看看老师的答案：鲁迅是抱着'科学救国'的目的去日本留学的。但是，这些'清国留学生'不学无术，在国家危亡之时，白天逛公园，晚上学跳舞，而且思想腐朽，忠君保皇。因此鲁迅失望、痛苦，对他们充满厌恶。"

"我们讨论到现在，是不是忘记了一个主题？这么多文字中有没有写到藤野先生？是否离题了？"徐老师又问道，"现在请同学们就这个问题再次分小组讨论，看看哪些小组能迅速地知道原因。"

一名学生答："我认为不离题。"

"为什么？"

"这些内容是交代离开东京的原因，引出在仙台的事。"

"你的意思大致是正确的，但考试时你这样答就不能得分或者不能得满分了。老师问的是，有没有写藤野先生，为什么不离题，而你却答'交代离开东京的原因，引出在仙台的事'，这样行吗？"徐老师引导学生进一步思考。

该生想了想，答道："不行，应该是交代作者离开东京的原因，引出在仙台与藤野先生的交往。"

"嗯！这就对了。"徐老师点点头，"另外，这还表现出作者的爱国主义精神——这是本文一条暗线，也是主题的一个方面。所以不离题。"

最后，徐老师又给学生留下作业："鲁迅先生不再学医了，他要离开仙台，他去向藤野先生辞行，我想师生告别的场面一定非常感人。请同学们以《惜别》为题写一个小剧本，想象一下师生分别时会说什么话？大家课后再读课文，完成作业。"

案例二

特级教师王崧舟执教《长相思》时，也给学生留下了很大的想象余地。首先，王老师让学生自由读《长相思》。

一会儿，王老师又与学生一起朗读《长相思》。

师生齐读：山一程，水一程，身向榆关那畔行，夜深千帐灯。风一更，雪一更，聒碎乡心梦不成，故园无此声。

在带着感情进行齐读和自由读后，王老师播放优美的音乐，又自己朗读起诗词来，他说："同学们，请闭上眼睛，让我们一起走进纳兰性德的生活，走进他的世界。随着老师的朗读，你的眼前仿佛出现了怎样的画面，怎样的情景？"

朗读完后，王老师问："请同学们睁开眼睛，你的眼前出现了怎样的画面和情景，你仿佛看到了什么？听到了什么？你仿佛处在一个怎样的世界里？"

有一名学生说："我看见了士兵们翻山越岭到山海关，外面风雪交加，士兵们躺在帐篷里，翻来覆去怎么也睡不着，在思念他的故乡。"

"你看到了翻山越岭的画面。"王老师做了点评。

"我看见了纳兰性德在那里思念家乡、睡不着觉的情景。"另一名学生答。

"很好！你看到了辗转反侧的画面。"

还有学生说："我看到了纳兰性德走出营帐，望着天上皎洁的明月，他思乡的情绪更加重了起来。"

"你看到了抬头仰视的画面。"王老师也做了点评。

留白的运用必须巧妙，要服务于课堂教学目的，要符合学生的认知规律，要做到适度，该讲则讲，该空则空，讲空结合。教师可以根据学生原有的知识结构，将学生能自行解决的知识，以留白的形态呈现，让学生自行补充、联系，这样的留白不仅无损于教学内容的完整性，反而会极好地帮衬和烘托教学主题。

案例中，徐峰老师改变了学习方式，尊重学生的主体地位，放手让学生思考来填补"空白"，让学生主动积累体验，自主分析、感悟作品，还精彩于学生。例如，徐老师在预习时留白，让学生积累资料，了解背景，便于理解课文内容；在课堂上留白，充分激活学生的思维；在课后留白，让学生再一次直接感受、体验文本，让学生的想象得到充分的发挥和扩展。

诗歌的主题常常是借助意境来表达的，体味意境的办法是抓住诗歌中的画面和气氛，借助想象去理解，去感受诗中此景此人的心情。王崧舟老师利用想象使学生在头脑中形成一幅与诗词内容大体相似的画面，让诗中的意境通过学生的联想得到充分的还原和再现，强烈的思乡之情透过字里行间而得以展现。

杜威说："教学不仅仅是一种告诉，教学应该是一种过程的经历，一种体验，一种感悟。"教学中，王老师不急于将教参中阐述的纳兰性德的心情告诉学生，而是抓住词中留白处，给学生大量的时间思考、想象，进而去理解、感悟，最终水到渠成，让学生感同身受。

可见，在教学过程中恰当留白，可以使教师从讲解中解放出来，有利于学生消化、吸收，更好地掌握知识，同时可激发学生的思考，拓展其思路。

老子说："大音希声，大象无形。"教师如果能向绘画艺术学习，巧妙运用留白技法，给学生留出想象和创造的余地，那么，课堂将会焕发出春天般的活力。

（三）课尾留白，促使学生升华思想

课堂结尾如同一出戏的闭幕式。结尾如果语言乏味，空洞死板，往往会使整堂课黯然失色，给人以"虎头蛇尾"的感觉，从而降低授课的效果。好的一堂课不应该是一个完美的句号，而应该是一个让人无限遐想的省略号。在课堂教学接近尾声的时候，教师运用"留白"作为结尾，整堂课必将显得余味无穷，并将更广阔的创造空间留给了课外。

案例一

《船长》一课的第 29 小节描写了哈尔威船长随着轮船沉入大海的情景，"船长哈尔威屹立在舰桥上，一个手势也没有做，一句话也没有说，随着轮船一起沉入了深渊。人们透过阴森可怖的薄雾，凝视着这尊黑色的雕像徐徐沉入大海"。

读过这段话之后，张家港市东莱小学的丁俭芬老师发现，学生都沉默了。丁老师想，学生们心里一定很沉重，于是她立刻抓住这个契机，说："同学们，这一尊黑色的雕像徐徐沉入了大海，最先获救的妇女和孩子站在玛丽号上凝视着，其他乘客站在玛丽号上凝视着，船员在救生艇上凝视着，看着这一情景，此时此刻，大家想说什么？"

学生们纷纷将内心的感受表达了出来。

有学生答："哈尔威船长，你这种忠于职守的精神让我敬佩！"

有学生答："哈尔威船长，面对如此危急的情况，你却如此镇定，将 60 人成功救出，而你自己却牺牲了，你是这艘船上最伟大的人。"

有学生答："你是一个真正的船长。你的死比泰山还重！"

还有学生答："哈尔威船长，你虽然沉入了深渊，但你却永远活在我们心中！"

……

案例二

《秋天的雨》这篇课文描写了秋天迷人的景色，某教师用朗读加多媒体的方法让学生学习完课文后，还剩下十分钟，于是该教师便充分利用这点时间，让学生进行口语训练，顺便也复习课文内容。当该教师提问"秋的身影"如何时，学生众说纷纭。

有的学生答："秋的身影是无处不在的。"

有的学生答："秋的身影在和我们捉迷藏。"

还有的学生答："秋的身影就躲在一棵棵果树上。"

有的学生答得更妙："秋的身影是飘舞的，你从那一片片落叶身上就可以看到。"

当教师又问到"秋的脚步"时，学生也说出了各种各样的答案。

"秋的脚步匆匆的。"

"秋的脚步缓缓的。"

"秋的脚步悄悄的。"

"秋的脚步伴随着红红的枫叶，金色的田野一块儿来临。"

当教师说到"秋的颜色"时，学生的思维也开了花。

"秋的颜色是红色，因为枫叶是红的，像一枚枚小邮票，邮来了秋天的凉爽。"

"秋天是金色的，金黄色的稻田像一片金色的海洋。"

"秋的颜色是五颜六色的，因为菊花仙子有各种各样的颜色。"

"秋天是橙红色的，我最喜欢吃的柿子和橘子都成熟了。"

"秋天是黄色的，树叶宝宝都去陪伴大地妈妈了。"

……

下课铃声响起来了，可学生仍意犹未尽地争先恐后答着，他们把平时没有机会说的奇思妙想一股脑全倒出来了。

案例三

在"倒数的认识"一课快要结束时，某教师问："同学们，我们已初步学习了什么是倒数和求倒数的方法。请大家看这样一组数：$\frac{16}{9}$、38、1、0、$\frac{3}{4}$。你们最喜欢求哪个数的倒数？"（注：对"1 的倒数"和"0 没有倒数"的新知识还没有教学。）

一名学生回答："我最喜欢求 $\frac{3}{4}$ 的倒数，因为 3/4 的分子、分母调换位置就可得出它的倒数。"

另一名学生回答："我喜欢求 1 的倒数。因为 $1 = \frac{1}{1}$，分子、分母调换位置还是 $\frac{1}{1}$，1 的倒数依然是 1。"

又一名学生回答："我也喜欢求 1 的倒数，因为 $1 \times 1 = 1$，1 的倒数是 1。"

该教师笑着点评："同学们说得对！1 的倒数是 1。"

接着，该教师又问："你们最不喜欢求哪个数的倒数？"教师的目的是让学生引出 0 的倒数。

果然，一名学生回答："我最不喜欢求 0 的倒数。因为 $0 = \frac{0}{1}$，分子、分

母调换位置变成 $\frac{1}{0}$，0 不能作分母，0 好像不该有倒数。"

另一名学生回答："我也不喜欢求 0 的倒数。因为 0 乘以任何数都等于 0，不等于 1，0 肯定没有倒数。"

"同学们太聪明了！说得非常正确！是的，0 真的没有倒数。'1 的倒数是 1'和'0 没有倒数'这两点知识，老师还没有教，你们就都会了，看来，大家都是爱动脑筋的好学生。"

结尾是一堂课的"终曲"，教师可以在课尾设置留白，让学生回顾与升华所学知识，激起学生进一步探究的心理。课已结束，而学生的思维活动却在持续，一曲弹罢，绕梁三日不绝，这是课堂教学的最佳境界。

经过多年的观察，丁俭芬老师发现，每一篇课文的结尾处都会引起读者共鸣，或者有所启示，或者留下深深的感动。其实，在课堂教学中，教师可以为学生留下一片让心灵自由驰骋的空白，即留下独立思考的时间，留下独自体验的空间；留下自我陶醉的时间，留下自由想象的空间。案例中，丁老师的这一问，不仅可以让学生深刻地理解课文，还能让学生自主地表达自己的情感。

试想，如果第二个案例中的教师在这节课把内容安排得满满的，那学生这些充满了想象和童趣的回答，就将被埋没。这位教师的课尾留白给了学生一个想象的空间，让他们在一片宽松的土壤上，播下想象的种子，结出思维的累累硕果。

教师将留白艺术应用于数学课堂教学中，正与新课标提倡的"给学生提供充分的从事数学活动的机会"相吻合。第三个案例中，在学生初步认识什么是倒数和求倒数的方法后，该教师故意留下"1 的倒数"和"0 没有倒数"这两个新知"空白"。通过设计两个新颖又有深度的问题，激发学生的思维，调动学生学习的自主性，使学生用自己的思考与内心体验去创造、去发现，悟出"1 的倒数是 1"和"0 没有倒数"这两个结论。这样，不仅提高了学生的探究能力，而且有效地实现了知识训练的智力价值。

总之，教学"留白"艺术的目的是让学生对获得的知识进行回味、反思、体会，使知识升华，达到个性化和生命化，这是一种深层次的内化。它不是避而不谈，不是简省，不是避重就轻；而是引而不发，是铺垫和蓄势。有时，留白是刻意为之，有时则是因为受课堂的时空限制以及教材重点的要求，是随意为之。但无论哪一种情况下的"留白"，都要起到铺垫、蓄势的作用，达到启发学生借助已有的认知结构去探索、发现的效果，让学生在问题的解决中主动地构造知识，为他们插上想象的翅膀，让他们的思维自由流淌。

值得一提的是，留白并不是减少学生的思维量，也不是使课堂组织松散，而是"放风筝"，形散而神不散；教师不是无事可做了，相反这更加考验教师的学识和驾驭课堂的能力。

　　教师运用"留白"艺术的能力，是决定"留白"艺术成败的关键，教师若没有扎实的理论知识、丰富的经验作后盾，就无法判断效果的好坏，无法为学生提供良性的导向。因此，教师要不断提升自身的专业技能，积累更多的教学经验，提升"留白"艺术的层面，使教学上升为一种艺术享受。

丰富肢体语言，活化课堂教学

肢体语言是人的思想情操、道德品质、聪明智慧、文化教养等内在境界的外在表示，是通过人的身体动作或姿态而表现出来的，其表现形式有面部表情、举止、身段表情、体魄、仪表、动作神态等。

通常教师借助一个表情、一个眼神、一个动作，往往可以更好地传情达意。心理学家曾得出这样的结论：学生获取信息的效果＝7％的文字＋38％的音调＋55％的肢体语言。由此可知，肢体语言不但是传递情感、态度的最佳媒介，与有声语言比较起来，它还显示出其独特的可靠性、隐喻性以及强烈的感染力和吸引力。

如果教师能恰到好处地运用肢体语言，把形象思维转换为直觉思维，用肢体语言展示形象思维，不仅能使课堂教学充满情趣，而且还能潜移默化地教育学生。

因此，对于每一位教师而言，都应不断加强自身在肢体语言方面的修养，使自己在实际教学中能够从面部表情、眼神接触和手势等方面，有意识地运用好肢体语言。

（一）用丰富的面部表情，营造和谐氛围

面部表情是人的思想感情的显示，是人的内心世界最灵敏、最复杂、最准确、最微妙的"晴雨表"。达尔文早在《人类和动物感情的表现》中就曾揭示，现代人类的表情和姿态是人类祖先表情动作的遗迹。这些表情动作最初曾经是有用的，具有适应意义的，以后就成为能遗传的习惯被保存了下来。如高兴时嘴角后伸，上唇提升，双眉展开，两眼闪光；轻蔑时耸耸鼻子，双目斜视；悲

哀时头部低垂，嘴角下歪，眉头紧锁，眼泪汪汪。

优秀的教师应该力争做到利用自己的面部表情来作用于学生的视觉器官，给学生送去满意、赞许、亲切、温和、信任、期待等信息，让课堂氛围更加和谐。

特级教师于永正是一位头发花白的老人，但他特别善于使用多种面部表情，拉近与十来岁的小学生的距离，传达教育信息，营造适当的教学氛围。他在讲授《天游峰的扫路人》一课时，在上课前面带微笑地问："头一次见面拘束吗？不拘束怎么脸上没有一点笑容？敢说话吗？开始上课好吗？先别坐，先来两句对答。同学们好！"

"老师好！"学生放松紧张的情绪后回答。

"同学们神采奕奕、活泼可爱。"于老师微笑着说。

"老师精神抖擞、和蔼可亲。"学生笑着回答。

"同学们请坐。"

"老师请坐，老师请上坐。"学生调皮地说。

于老师微笑着问："谁敢露一手，请举手！谁敢？大声地，响亮地把今天上课的课题说一遍。"

一位学生抢着回答："天游峰的扫路人。"

"真好。"于老师面带笑容看着其他同学问，"其他同学后悔没有及时抢答吗？"

学生齐声回答："后悔。"

"这也是一种竞争，我们要善于把握机会。看我写字。"于老师板书：天游峰。

"谁去过？在哪里？"于老师问。

"在武夷山。"学生齐声回答。

于老师疑惑地问："武夷山在哪？"

学生笑着齐声回答："福建省。"

于老师带着饶有兴趣的神情问："游玩后有什么感受？"

"没有毅力的登不上去。"一位学生回答。

于老师兴奋地问："你的意思是，'我登上去了，我很有毅力，我很自豪'是吗？"

"是的。"

"看我画，是这样的吗？"于老师问。

学生摇摇头齐声说："不是。"

"不是这样的，而是拔地而起。人们过去一般要靠竹筏漂流过去。人们从哪儿登的？看我画路。现在该写什么了？"于老师接下来板书：扫路人。

"谁知道扫路人是干什么的？你们觉得干这种工作的人怎么样？"于老师带着疑惑的神情问。

"辛苦而光荣。"学生回答。

"怎么看出来？"

学生回答："很辛苦，能在天游峰扫地，我觉得很伟大。"

"你们觉得课文好学不好学？"

学生轻松地回答："还可以吧，不算太难。"

"难在哪？"于老师表情严肃地问。

"要从字里行间体会出扫路人的高尚很难。"

"文章短小精悍，但道理深刻，很难理解，很难从字里行间体会出他们的伟大与平凡。"

"我觉得既难学也不难。说不难是因为我们是六年级，理解能力一定比五年级强。但也不能掉以轻心。"

"这短短的文章里包含着一个世界上最大的道理，我们不能掉以轻心，好好地读一读文章，一边读一边想。"于老师认真地说。

学生默读。

于老师鼓励说："你们很会读书，我说一边读一边思考，你们采用的默读，这种方式最有利于思考。"

学生疑惑地问："武夷山那么高，扫路人应该很累，为什么他说不累？"

"问题有意思，把这个问题写上来。"于老师微笑着回答。

学生说："作者说过，上山九百多级，下山九百多级，游人半途而返。而扫路人却轻轻松松。我更觉得他了不起。"

"住过住宅楼吧？一般一层有十八到二十级。"于老师微笑着说。

"书上说，三十年后，我照样请你喝茶。现在已经七十多了，三十年后已经一百岁了，很了不起。"

"扫一程，歇一程，好山好水看一程。可以看出他的乐观。"

"这位老人了不起，一级级扫出来。"

"我也想做天游峰的扫路人，一样七十岁时也去扫路，欣赏那里的景色，锻炼身体。游人来了，我也跟他说：'三十年后，你再来，我请你喝茶。'"学生争先恐后地发表对扫路人的看法。

"如果要等到七十岁再去努力，你可能就爬不上去了。"于老师面带感叹地说。

"我会不停努力的。"

"为什么这位老人对武夷山的景色这么留恋?"学生疑惑地问。

"请你写上去。"

学生板书。

"你们读一读扫路人的性格。"于老师微笑着对学生说。

"自信豁达开朗的笑声。"

"我照样请您喝茶。自信，开朗，乐观。"

"他怎么这样自信?"于老师面带疑惑地问学生。

"真正体现他的乐观、豁达。"

于老师微笑着说："还要接着读书，读书前我得提个问题，能回答吗? 拿起书来。看第四自然段。"

学生一起读第四自然段。

"哪一句话最重要?"于老师认真地问。

"茶很暖很热。很快把我们的心灵沟通了。"

"希望你们通过课文中字里行间的真情去和老人交流。"于老师高兴地说，"自己读，和同桌读。要多长时间?"

"五分钟。"

"先给五分钟试试。要想与老人沟通，就要看看哪个段落里哪些句子你有哪些感想。这就是与作者、与老人沟通了。"

学生默读思考。

于老师疑惑地问："听出了吗? 他心里有什么想法?"

学生不说话。

于老师面带微笑地说："说明语感不够，再读一次。"

学生又读。

"相貌十分平凡，在他们中间也不乏像这些老人一样的相貌平凡却十分伟大的人。"

"第十一到十二自然段。你听出什么信息来了没有?"

"作者的三十年后不是诺言，但又不是开玩笑，而是尊敬。老人说三十年后，是谦虚。"

"我不同意，说明老人很自信。"

"这就是课文中的三个词。"于老师用强调的语气说。

"自信，开朗，豁达。"

于老师微笑着问："谁再来读一读第十一和十二自然段?"

一个学生读。

学生读后，于老师疑惑地问："惊起宿鸟了吗？"

"没有。"

"谁能惊起宿鸟？"于老师面带微笑地问。

学生再读。

"读得很好。下课。"于老师带着欣慰和鼓励的表情结束了这节课。

表情是教师借助面部潜在的调控作用，把一些"只可意会不可言传"的，十分微妙、复杂、深刻的思想感情表达出来的艺术手段。马卡连柯曾说过："做教师的绝不能没有表情，不善于使用表情的人不能做教师。"作为课堂教学组织者的教师，丰富的表情、饱满的情绪最具有感染力，对活跃课堂氛围起着重要的作用。

从课堂教学的角度来讲，美的语言离不开美的教态，而表情则是一种具有强烈感染力的体态语。案例中于老师亲切、温馨的微笑，再加上于老师精彩的讲述，以及自然得体的笑容，都给学生带来了亲切的感受。而这种亲切感不仅让学生有种甘泉滋润心田的愉悦感，又能让学生较好地掌握知识、陶冶情操，对课堂氛围的营造也有推波助澜的作用。

另外，教学的趣味性决定了教师面部表情的基调应该是"微笑"。当在一种愉悦、轻松的氛围中无拘无束地学习时，学生就会产生强烈的求知、感知欲望。反之，如果教师总是面无表情、平铺直叙，犹如和尚念经般冷漠无情，学生则会望而生畏。教师讲得再头头是道，学生也会反感，不利于和谐课堂氛围的营造。

（二）让眼神"说话"，做到无声胜有声

有位教师在教学心得中写了这么一段话："老师的眼神是一泓汩汩流淌的清泉，贮满了父母般的慈爱，在严肃中包含着爱意，在安静中传递着温柔；老师的眼神是一杯香甜无比的琼浆，不断地流进学生的心田，温暖了一颗颗纯洁的心灵，让他们从中得到了前进的力量，并一步一步走向成功。"

在课堂教学中，教师应巧妙利用自己那双会说话的眼睛，为打造生动课堂贡献一份力量。当教师有意识而且比较有规律地用亲切的目光环视整个教室时，不仅会让学生认为教师在注意自己，使课堂安定下来；而且使用传神的目光和学生进行语言和情感交流，还会让整个教学过程变得充满魅力、生动活泼。从一定程度上说，这种环视既是交流，也是一种善意的提醒，一种及时的表扬，一种真诚的肯定。

福州市教育学院二附小的陈曦老师在讲授《将相和》时，用亲切的眼神环视后说："同学们，准备好了吗？"

"准备好了。"学生齐声回答。

"真的准备好了吗？用你们的姿势告诉我。"陈老师用鼓励的眼神再次环视。

学生精神饱满、专心地坐好。

（指板书的课题）"今天，我们来学习一篇新课文——"陈老师看着学生说。

学生说："将相和。"

陈老师环视着学生说："我听到了不同的声音，看来大家对这三个字的读音都不能确定。这三个字该怎么读？注意观察，发现了没有，它们读音有没有特殊的地方？这三个字都是多音字，预习过的同学来说说。"

"将（jiāng）、将（jiàng）；相（xiāng）、相（xiàng）。"

陈老师问："将指谁？相又指谁？"

"将指廉颇，相指蔺相如。"

陈老师说："'和'的读音就更多了，有五种读音。"

学生："哇……"

陈老师接着说"做上记号，回去后把预习的工作补上。汉字就是这么有意思，意思变化，读音也发生变化。有疑问，没有把握就要去找字典，这是很好的习惯。看，陈老师就带来了字典。"（出示字典）

"生字关过了没有？同桌互相检查。"

学生互相检查生字预习情况。

陈老师用鼓励的眼神看了看学生说："谁上来当小老师？帮助大家闯过生字关。"

（一名学生上台，以下称小老师）

陈老师手搭着小老师的肩，看着其他学生，眼中带着幽默的神情说："现在你们的老师换成了李老师了。"

学生笑。

陈老师对小老师说："你学着老师以前的样子教一教大家，我给你当助手。"

小老师有些紧张。

"看你有些紧张，没关系，放松。现在老师给你当助手，你起码就是教授。现在校长给你当助手，你起码就是局长了，自信点。"陈老师看着他幽默地说。

小老师不紧张了，并带着大家跟读生字："下面大家跟我一起组词。"

陈老师看着小老师提醒他说："这样就把读音教过去了吗？以前老师怎么教的？"

"下面有谁来给同学们提醒读音吗？"小老师恍然大悟后说。

"有多音字'诺'。"

"'诺'还有什么读音？"小老师问下面的同学。

下面的学生感到茫然。

陈老师用疑惑的眼神环视下面的同学说："大家都不确定。怎么办？"

"查字典。"

陈老师微笑着对小老师说："现在需要我这个助手帮忙吗？"

小老师点头同意。经过陈老师查字典后，确定"诺"只有一种读音，不是多音字。

陈老师说："发现大家读错了一个字，把'召'读作 zhāo，它在此处的正确读音是读 shào，不读 zhāo。"

个别同学说："'介绍'的'绍'。"

"是吗？千万不能望文生义。"陈老师意味深长地笑着说。

陈老师问小老师："你当老师有什么感受？"

"还好，但有些同学预习得还不够。"

"应该怎么做？"陈老师又问。

"要认真预习。"

陈老师接着鼓励地看着大家说："谁再来教？请杨××同学，杨老师。"

······

案例中陈老师的方法很好——通过环视，让眼神变成课堂气氛和学生情绪的"控制中枢"。

教师利用丰富的目光，让学生窥见他的心境，从而引起相应的心理效应，产生或亲近或疏远、或敬重或反感的情绪体验，进而产生不同的教学效果。这就是眼神具有的无声胜有声的作用。

教学既是学生听的过程，又是学生看的过程。教师应当在教学中以充分的课前准备为前提，恰当地把眼神与语言紧密结合起来，而不能只是低头念教案，更不能给学生一种飘忽不定的眼神，而应该通过眼神，让学生读出多种含义来。

（三）运用手势，让课堂更加丰富

手势语是指人们用手指、手掌、手臂的姿态动作来传情达意的一种肢体语言，它在日常交际中使用率极高，范围极广。在肢体语言中，手势活动范围广泛，定位准确，表意确定，内涵极为丰富。它常常与有声语言相随相伴，同步进行。

在课堂上，教师手势的主要功能有：象征性、会意性、指示性、强调性、描述性和评价性六种。恰当得体的手势运用，与有声语言联合构成立体表达系统，会增强教学的感染力，加强学生对知识的理解和记忆。

某教师在给学生讲解"颗颗稻粒多饱满"一句后，要求学生用"饱满"一词造句。饱满有"丰满"和"充足"两个义项，前一个义项较为具体，学生容易感知，因此很快就能造句："麦粒长得饱满""豆粒长得饱满"……后一义项较为抽象，学生不易掌握。

为帮助学生理解和运用，该教师快步走到教室门口，转过身来，胸脯略略一挺，头微微扬起，两眼炯炯有神，然后问学生："你们看，老师今天精神怎么样？"

学生们不约而同地回答："老师精神饱满。"

学生们常说，听这位老师讲课是一种享受，也喜欢他在讲台"手舞足蹈"的样子。

在教学《狼牙山五壮士》时，为了让学生体会到五壮士那种忠于革命事业，置生死于度外的革命精神，对"班长马保玉斩钉截铁地说了一声'走！'，带头向棋盘陀走去"这一段课文内容进行讲述时的，除了用昂扬的语言来表达外，教师还辅以大义凛然的挥手动作加以表达，博得学生一片掌声。

又如，学生常把"掌握"写成"撑握"，屡纠难改。

于是，教师设计了两个形象的体态动作。

他先把一只手掌打开，又握住，问学生："用几只手就可以办到？"

学生回答："一只手。"

教师说："所以'掌握'这个词只用一个'手'字旁。"

然后他又用两只手撑在讲台上，把自己的身体撑得老高。

学生被他这一与年龄不太相称的动作逗笑了。这时，老师问："我用了几只手才把自己撑了起来？"

学生答："两只手。"

教师点头："所以'撑'字比'掌'字多了一只'手'。"

教师体态的形象性给学生留下了深刻的印象，此后无一学生再写错"掌"和"撑"两个字了。

"手势语是人类表达的第二语言，"这位教师认为，"在教学中恰当地运用手势语来辅助教学十分必要。"

在教学过程中，教师要善于运用手势和动作来表达自己的感情，以增强教学的直观度。生动的教学语言如能配以优美、富有深意的手势动作，就会使课堂更富有感染力、说服力和号召力，更能激发学生的热情，收到更好的教学效果。

在课堂教学中，手势是肢体语言的主要形式，也是传达信息和辅助情感表达的重要手段。案例中的教师利用手势让课堂更加生动，在为学生纠正错误时，也力求用手势将更正过程做得形象，易于学生理解和记忆。

教师通过灵活的手势，体现了肢体语言的丰富性，也为我们展示了这种无声语言的魅力。

但教师还要明白：上课，不同于演员演出。因此，课堂教学中使用肢体语言应注意适度，要求做到：第一是明确使用肢体语言的目的。使用肢体语言要为完成教学任务服务，有利于提高教学效果、教学质量的，就采用；反之，就得摒弃。要使肢体语言用得其所，用得其要，防止随便乱用。第二是要正确发挥"以姿势助说话"的作用。毛泽东同志在《十大教授法》中，把"以姿势助说话"列为首条提出，显然它是一个重要的方法。但在运用时，还得讲求技巧，不然，反而会产生负面效应。一般来说，构成说话"姿势"的动作，宜小不宜大。

除了要在有声语言的传递上下工夫，教师还必须加强课堂上自身行为动作的修养，努力掌握体态语的表达艺术，提升体态语的积极效能。在课堂教学中，只有充分分析、研究课程标准，使教学重难点烂熟于胸的前提下，结合环境、学情等多种因素，把有声语言和肢体语言有机地结合起来，才能有助于教师更好地完成教学任务。

一名合格的教师，必须正确运用肢体语言，把有声语言和无声语言协调一致，整体配合。这样，不仅有助于调动学生积极性，还有助于突出教学重点，调控教学进程，更能增进师生之间的感情，增强教学效果。

活用"说学逗唱"，让学生学得开心

　　"说学逗唱"是相声演员的基本功。"说"是指叙说笑话和打灯谜、绕口令等；"学"是指模仿和表演各种鸟兽叫声、叫卖声、唱腔和各种人物风貌、语言等；"逗"指的是互相逗笑；"唱"指相声的本工唱——太平歌词。

　　相声之所以能让人开怀，全倚仗这四门功夫。同样，教师如果能把这四门功夫用在教学中，课堂一定会更精彩、更生动。

　　可以说，"说学逗唱"在教学的每一个环节都起着不可或缺的作用，是建构一节生动课的主要方式和手段。但教学毕竟不同于说相声，教师课堂上的"说学逗唱"与相声中应有所不同，在运用这四门工夫时，没必要全面到位，只需视情况取所需即可。比如，需要"说"时就讲个笑话，需要"学"时就来段表演，需要"逗"时就让自己多些幽默，需要"唱"时，就放开嗓子唱一唱。

（一）说个笑话，让课堂不乏味

　　笑话的本质功能在于引人发笑，有时也会给人以启示，甚至能引发深层次的思考。教师不妨在适当的时候把笑话巧妙融入课堂，让学生在笑声中开启心灵的智慧之窗，感悟其中的道理。

　　江苏省宿迁市沭阳第二实验小学的张正娟老师，因为善于讲笑话而深受学生喜爱。

　　张老师的课堂从不用"今天我们来学习……""下面我们来看……"这样乏味的开场白，而是用笑话调动学生的情绪。

上综合实践活动"买东西的学问"时，一进教室，她就绘声绘色地讲起了笑话。

有个男孩在一家面包店买了一块两便士的面包。他觉得这块面包比往常买的要小得多，就对面包师说："你不认为这块面包比往常的要小些吗？"

"哦，没关系。"面包师说，"小一些，你拿起来就轻便些。"

"我懂了。"说着，男孩就把一便士放在了柜台上。

正当男孩要走出店门时，面包师叫住了他："喂！你还没有付足面包钱！"

"哦，没关系。"小男孩礼貌地说，"少一些，你数起来就容易些。"

这时，学生大笑起来。

张老师接着说："这个小男孩真不错，懂得买东西时要注意东西的分量够不够，还懂得多少东西给多少钱。其实，买东西的学问（板书）还有很多。我们今天一起来探讨一下，好不好？"

就这样，张老师开始讲授课文内容。

在张老师的课堂上，不仅有个快乐的开始，还会有一个快乐的过程。

一次上口语交际课，她说："下面的内容主要是讲如何说话……"

话还没说完，一个学生就站起来嚷了一句："话，谁不会说呀？"

张老师笑着示意这个学生坐下，说："这个同学说得很对！话，谁都会说。但是，不一定谁都会说得好，说得对。我有一个朋友叫小马，很喜欢说话。有一次宴会上，和一位姓李的小姐同桌时，他主动搭讪：'请问李小姐，你结过婚没有？'

李小姐红着脸回答：'还没有。'

小马又问：'有几个孩子了？'

李小姐一听大怒，嚷道：'你这人是怎么回事？说话这样颠三倒四！'

小马碰了一鼻子灰，心里很不是滋味，心想：李小姐批评我'颠三倒四'，一定是我提问的次序不得当，以后可得注意。

过了一会儿，他又碰到了张小姐，就问：'请问张小姐有孩子了吗？'

张小姐微微笑着说：'已经有一个男孩了。'

小马接着又问：'那你结婚了吗？'（大家笑）

张小姐狠狠地瞪了他一眼，转身就走了。大家说，这个小马到底会不会说话呀？"

"不会！"学生们笑得东倒西歪。笑过后，张老师看到他们学得更用心了。

学生们都说，张老师讲课，不是枯燥乏味的"裹脚讲演"，而是常在其中插入笑话，让学生大笑的同时，受到启发教育。

张老师还发现，笑话也可以是最有效的说教。

学生读课文，总不重视普通话的运用。一次，她看到一个学生将"钥匙"读成了"要死"，就讲了这样一个笑话。

"求求你，想一想办法。"病人不止一次这样说。

"你的病我治不好。"医生还是坚持这样说。

病人失望地走了。可是，过了一会儿，他又回来了，而且还大声嚷道："我要死在你桌上！"

医生一听急了："这人怎么这么难缠，治不好他的病，就要死在我桌上？"

正在思考对策时，他却见病人径自走到办公桌旁拿起上边的一串钥匙走了。

虚惊一场！

原来那人说的是"我钥匙在你桌上！"

学生们都笑了。

自此以后，学生们的普通话进步很大。

关于"棵"和"颗"字的用法，以前张老师曾多次告诉学生："棵"字，是计算植物的量词，如一棵桃树、两棵白菜等；"颗"字，是计算某些圆形或粒状东西的量词，如一颗珍珠、一颗黄豆等。可是，一次作文写植树活动时，全班几十位学生却只有七位没把"一棵树"写成"一颗树"。

于是，张老师就说："我读中学的时候，有一次语文考试，要求默写苏轼的两句诗：'日啖荔枝三百颗，不辞长作岭南人。'同桌的试卷发下来以后，我发现老师在这个题目旁批着'苏轼敢情是这么死的？'我觉得很奇怪，老师怎么写这样一个批语呢？于是我就借了他的卷子看了看。原来他把'日啖荔枝三百颗'错写成了'日啖荔枝三百棵'（在'颗'字上方板书'棵'）了。我的天啊！一天吃三百颗荔枝，苏轼的胃口就已经够大的了，而他要苏轼一天吃三百'棵'荔枝树，他吃得下去吗？怪不得老师要说苏轼敢情是被荔枝撑死的。你们瞧，一字之错，丢了一分不说，还谋杀了苏轼。真是可悲可叹啊！"

学生们听后，红着脸大笑起来。

从那以后，在张老师的班里，再也没看到过"谋杀苏轼的凶手"。

笑话是快乐的酵母，是生动课堂的催化剂。

在每节课教学之前，张老师先说一个笑话，给学生营造一种欢快的学习氛围。这样，在接下来的学习中，学生就会以一种轻松、愉快的心情来迎接新知识的学习。而她在讲课中插入的笑话，则把学生感觉无趣的、乏味的知识演绎得有声有色、有趣有味，极大地调动了学生的学习兴趣，激发了学生的学习热情。

（二）表演，活化课堂内容

叶楠教授曾说过："课堂教学是师生人生中一段重要的生命经历，是他们生命的有意义的构成部分。"那些晦涩难懂而且枯燥乏味的课程，如果仅有教师方面的积极，而没有学生积极的参与、热情的释放，也很难有很好的课堂氛围。这样，学生就没有收获，教学的有效性也就难以实现。

对于有些课程，教师尽可以通过"表演"促进学生的积极感知。

江苏省南京晓庄学院附属小学的徐子璇老师，在上《螳螂捕蝉》这堂课。

让很多学生吃惊的是，课上了一半，徐老师突然将讲台的桌子撤去。接着，一个学生扮的"吴王"端坐在了椅子上，而在他的两侧，则出现了几个站得恭恭敬敬的"侍从"和"大臣"。

教室里很安静，大家期待着精彩的出现。

"故事发生在遥远的春秋时期。那时的中国大地被许多大大小小的诸侯国瓜分，战事连连，烽烟四起。连年的征战，使百姓流离失所，痛苦不堪。"徐老师的旁白，在安静的教室里显得尤为洪亮。

旁白刚落，只见"吴王"从椅子上猛起，大声训斥身边的"侍从"和"大臣"："你们呀，目光短浅。我决定的事，竟然敢阻止。哼！谁要再敢劝阻，一律处死！"说罢，"甩袖"退朝。"侍从"和"大臣"散去，"吴王"默立在讲台一角。

"吴王发火了，原因很简单：吴国当时是一个比较强大的国家。我们的吴王更是自高自大，雄心勃勃。邻国楚国地大物博，良田无数，自然吸引了吴王的眼球。为此，他决定做一件史无前例的壮举：攻打楚国。但满朝大臣都不同意，吴王很是不悦，就有了刚才那一幕。"旁白又响起。

在旁白声中，一位学生扮作"少孺子"出现在讲台的中央，并自言自语："大王这是怎么了？攻打楚国，会使我国遭受巨大的损失，甚至关系到国家的江山社稷。面见大王阻止他？（摇头）找死呀？这可怎么办？"突然，"少孺子"停止不走了，面向大家，点头微笑，"有办法了！"说着，他下台去了。

"同学们猜他干吗去了？对了，做准备工作去了。"旁白解释道。

只见"少孺子"手拿弹弓，做伸懒腰状："好困呀，为了吴国，忍着。"

旁白声又起："少孺子拿着弹弓，带着弹丸，一连三天早晨，在王宫后面的花园走来走去，露水打湿了衣服也全不在意。"

"少孺子"配合旁白重复伸懒腰状。

这时，只见"吴王"大摇大摆走了过来，看了"少孺子"一眼。

"少孺子"立刻上前行礼："参见大王！"同时，他还故意把弹弓露给大王看。

"吴王"拿过弹弓玩弄，指着衣服问："你衣服为什么被露水打湿了啊？"

"少孺子"抱拳低头道："大王，刚才我在这里打鸟，看到了一件有意思的事。"

"吴王"好奇："快快讲来。"

"少孺子"说："大王，刚才，（指）这棵树上有一只蝉，它停在高高的树上叫着，饮着露水。突然，有只螳螂来到它身后，想吃掉它。螳螂曲着身子，一点一点靠近蝉，想要捕捉它。却万万没想到，一只黄雀在它身旁，伸长脖子想要啄食螳螂，却不知道我在树下举着弹弓瞄准它。这三种小动物，都想追到它们眼前的利益，却没有考虑身后隐伏的祸患。"说着，"少孺子"看了一眼吴王，又低下了头。

"吴王"摇摇弹弓，捋捋"胡须"，不住地点头："少孺子，你讲得好啊！寡人差点就酿成大错。战事一起，劳民伤财。即便胜利，吴国也将元气大伤，必遭别国进犯，后果不堪设想！哈哈哈！（手指远方）姑且饶了楚国。传寡人的旨意：楚国，不打了！"

"吴王"和"少孺子"双双走下讲台。

台下，学生报以热烈的掌声。

有的课文内容虽然写得很生动，但文字对于学生来说毕竟还是比较抽象的。为此，徐老师就导演了一场戏，通过学生的表演再现课文内容的精彩，帮助学生理解课文中的语言文字。

当表演的学生完全将自己融入剧情中去，以自己的表情和动作再现角色时，他们一定深刻感知到了人物的内心世界。同时，通过观看表演，全体学生也不由自主地进入到了课文情境中去。这样，全班学生既掌握了课文内容，又理解了人物内心。

表演有场景、有角色、有情节，有人物的动作表情、对话，具有强烈的直观性，能极大地激发学生观察的兴趣和讲述的愿望。所以，课堂效果比口头讲解要好得多。

（三）幽默，让课堂活色生香

列宁说过："幽默是一种优美、健康的品质。"

前苏联著名教育家斯维特洛夫认为："教育家最主要的，也是第一位的助手是幽默。"

在实践中，我们很容易发现，学生喜欢富于幽默感的老师，而不喜欢表情冷漠呆板、语言寡淡无味的老师。

邵良俊老师是安徽六安上土市小学的优秀教师。学生都说，邵老师上课很逗。

和新生第一次见面时，邵老师走进教室，双手背在后面，说："同学们好！"

"老师好！"学生回答。

邵老师又说："同学们辛苦了！"

学生也说："老师辛苦了！"

邵老师突然笑着说："同学们真可爱！"

当说完"老师真可爱"时，学生才省悟过来，和老师一起"哈哈"地笑个不停。

接着，邵老师问："你们知道我是谁吗？说出来吓坏你们！"

学生们在下面议论纷纷。

邵老师在黑板上写了个"刀"字，问："你们怕不怕？"

学生开心地说："不怕！"

然后，邵老师把"邵"这个字补全了，并写出了他的名字。

他写的时候，故意用手挡着。学生们饶有兴趣地猜他的名字。

邵老师说："我叫邵良俊。因为我虽然英俊，但不是很英俊，所以叫'良俊'。要不然就叫'优俊'了！所以你们上课时，一定要看着我这张'不太英俊的脸'！"

学生们一听，笑得更欢了。

学生们都说，邵老师喜欢和学生打哑谜。幽默让他即便是批评人也会做到"不显山，不露水"。

一天，邵老师兴冲冲地提前走进教室准备上课，看见门口有一团废纸，煞是醒目。

此时，学生们陆续回到教室，一个个轻巧地从那个纸团上迈过，有些人的脚正好踩在了纸团上，但却好像没看见一样，谁都不去捡。

扫视了一下那些弃废纸而不顾的学生，邵老师没有说话，而是紧盯着那张纸。

学生都很纳闷，脸上充满着疑问："老师在看什么呀？"终于发现老师看的是地上的废纸。

有个学生心领神会，冲上来要捡。

"别捡，废纸在说话呢。"邵老师说，"听！它在批评我们丢失了一次捡起它的机会。我们把这个机会让给还未走进教室的同学，看看这当中谁最有公德心。嘘！有人进来了。"

大家若无其事地坐下等待……

有两位学生笑着走进教室，看见老师后，就迅速走到座位上。

又有两位学生牵着手从那张废纸上从容地跨了过去。

眼睁睁地看着同学们从纸团上一迈而过，教室里的叹息声不时响起。进来了一个，又进来了一个……学生的心灵在进行着一次次荡涤。

就在学生们绝望之际，一个平时不引人注意的女生走进来。本来她已经从纸团上迈了过去，可好像又发现了什么，回过身，很自然地捡起了地上的纸团。

"你听见'谢谢'声了吗？"邵老师问那个学生。

那个学生满头雾水。

邵老师解释说："那个纸团说的，我听到了。"

这时，全班学生一起为她的行为欢呼起来。有的学生甚至大声叫嚷着："某某，你真棒！"顿时，教室里又响起了一阵热烈而又持久的掌声。

"邵老师太幽默了。"有学生这样评价他。有这种评价，更多是因为邵老师的课上得精彩。

一次，邵老师让学生解答一道鸡兔同笼的问题：有头 100 个，脚 240 只，问鸡兔各有多少只？看到题目，学生议论纷纷，有的用心算，有的用笔算，却始终算不出结果来。

学生们思路纷乱，一时想不出好的解决办法。

于是，邵老师说："全体兔子立正，像人一样两脚着地，提起前面的两只脚。"说完，他自己先装作兔子状。

全班学生哄堂大笑，睁大了眼睛看邵老师的"搞怪"，也都跟着做了。

"现在，兔和鸡的脚数相同了。上面有 100 个头，下面有多少只脚呢？"邵老师问。

学生齐答："脚的只数是头的个数的 2 倍，是 $100 \times 2 = 200$（只）。"

"和原来脚的只数比，少了多少只呢？"

学生计算后马上得出是 $240 - 200 = 40$（只）。

"这 40 只脚到哪里去了呢？"

"被兔子提起来了。"

"现在笼里有多少只兔子？多少只鸡？"

"有 20 只兔子，80 只鸡。"看到这么快就能找到答案，学生们欢叫起来。

就这样，一个抽象而枯燥的题目，在邵老师的幽默中，变得那么浅显、生动而有趣。

也许有人会说，为人师者，传道授业解惑才是根本，有必要跟学生"耍贫嘴"吗？回答是肯定的。在教学中，教师的幽默能深深吸引学生，使自己教得轻松，学生学得愉快。幽默可以拉近师生之间的距离，使学生觉得老师是那么亲切自然，从而沟通起来畅通无阻。

邵老师用自己的名字开玩笑，消除了学生对自己的陌生感；跟废纸的对话，让学生意识到了自己的"错误"；作兔子状，把脚提起来，则让学生解决了一个百思不得其解的难题。

幽默有如此大的作用，难道还不足以让教师们在课堂上多加推广吗？

（四）唱一唱，活跃教学气氛

中国的传统文学历来和音乐融为一体，从《诗经》到唐诗，从宋词到元曲，无不可吟唱。古人在吟诗唱词中感受音乐的情调，在音乐的欣赏中填词赏文。

在课堂上恰到好处地让学生唱一唱，或和学生一起唱一唱，或教师自己为学生唱一唱，可为课堂注入"兴奋剂"，打破课堂沉寂，活跃教学气氛，让学生的思维驰骋在文学与音乐的双重殿堂，形成心灵与歌曲的共振。

室外，骄阳似火；室内，学生恹恹欲睡。连续几天的高温和持久的紧张学习，把学生折磨得疲惫不堪。

下午第一节课上课时间已经到了。河南新乡三中的李老师走进教室，却看到有学生还在酣然大睡，有学生东倒西歪地坐着。

看到学生这样消极的学习状态，李老师没有多说什么，而是提议道："同学们，让我们唱首歌吧。"

"大河向东流呀……"李老师打起了拍子："预备唱……"

"大河向东流呀……"学生有气无力。

"大声点！大声点！"李老师打断学生叫道，"大河向东流呀，预备唱……"

"大河向东流呀，天上的星星参北斗呀……"学生高声唱道。

"再大点！再大点！"李老师叫道。

"……说走咱就走啊，你有我有全都有哇，咳咳全都有哇，水里火里不回头哇……"学生的歌唱声震耳欲聋。

这时，酣睡的学生也清醒了，斜坐的学生也坐正了，萎靡的学生也有精神了，都很自觉地拿出课本和笔，准备听课了。

高歌过后，学生的精神面貌焕然一新。李老师说，这是他独创的"歌唱提神法"。

其实，李老师何止有"歌唱提神法"。他最拿手的要算"歌唱授课法"——有些课程，他完全是"唱着教"。

讲苏轼"明月几时有，把酒问青天"这首词时，李老师让学生学唱王菲以《水调歌头·明月几时有》为词的那首歌。当学生会唱后，课堂上李老师就让大家一起唱。在歌唱声中，学生很快就记住了这首著名的词。

教《游子吟》一文时，他让学生一起唱："你入学的新书包，有人给你拿……"深情而缠绵的吟唱，让课堂弥漫着温馨的气氛和浓浓的亲情。

李老师不光让学生唱，还会自己唱。

教李煜的《虞美人》时，李老师竟然情不自禁地在课堂上"手之舞之、足之蹈之"地唱了起来：……小楼昨夜又东风……问君能有几多愁，恰似一江春水向东流……

讲到《朝花夕拾》时，他会给学生唱歌曲《菊花台》：花落满地伤，笑容已泛黄……

讲到项羽，他会给学生唱京剧《霸王别姬》：力拔山兮气盖世，时不利兮骓不逝。骓不逝兮可奈何，虞兮虞兮奈若何……

说到奥运会，他会给学生唱《我和你》：我和你，心连心……

李老师在课堂上"歌古唱今"的教学方法，常常博得学生阵阵喝彩。

李老师把课堂和吟唱相结合，相辅相成，相得益彰。因为唱歌更贴近学生的生活和认知经验，唱歌的形式更符合学生的喜好，所以，学生就会找到感觉，积极参与和探究。就这样，李老师用歌唱营造教学情境，教会学生知识，使课堂、教师、学生三者的情感融为一体，达到了"随风潜入夜，润物细无声"的效果。

教师应发掘文本内涵，将适当的歌唱引入教学，逐步提高学生的审美认识，不断将学生的思维引向深入。

因此，将相声中"说学逗唱"这一学生喜爱的娱乐方式，引入到课堂上来，可以尽可能地将枯燥的语言转变为学生乐于接受的生动有趣的形式，使学生在学中玩，在玩中学。同时，还能充分利用"无意注意"的特性，帮助学生形成正确的学习方法和良好的学习习惯，提高他们的学习积极性。所以，教师在课堂教学中不妨做个"相声大师"，让学生在玩乐中学到真知。

巧举例子，让课堂趣味盎然

举例子是在具体教学中联系实际说明问题的一种常见的方法，主要包括使用生动的形象、言简意赅的典故，或借用各行业、各种人物的事迹等。它不仅是一种有效的教学手段，更是一种巧妙的教学艺术。

在授课过程中，教师运用形象生动的比喻，举出恰当例子，不仅可以使深奥的理论通俗易懂，复杂的问题简单明了，而且还有助于加深学生对新知识的理解与记忆，活跃课堂气氛，吸引学生注意力，提高学习兴趣。

因此，教师应重视举例子在课堂教学中"点睛之笔"的作用，在具体教学中让自己所举的例子给生动的课堂加分。

（一）列举贴近生活的例子，让知识学习生活化

苏霍姆林斯基说："学生的文化知识是每时每刻形成的，单单在他们上学和回家的路途上，他们所受到的教育，就比在学校里呆上几个小时所受到的教育要强烈、鲜明得多。而前一种影响之所以有力，就在于知识包含在形象里，包含在生活的各种画面和现象中。"这在某种程度上表明，教师在举例教学时注意贴近生活，将会给教学带来不一样的效果。

在实际教学中，某教师就善于跳出教材去举例子。

在进行"压强"概念的教学时，教师发现教材上给出的事例往往局限于人用手按图钉、履带拖拉机、火车的铁轨铺在枕木上，等等。这些例子缺乏新颖性，很难激活学生的思维。于是，教师在教学中从生活实际出发，看到学校周边有多处在兴建楼房，就结合楼房地基的开挖，给学生介绍压强的概念。

"现代生活中，楼房越建越高，楼房的重量也就越来越大，稍有不慎，就有倒塌的危险。如何来解决这个问题？"老师问。

听到这个问题，学生都现出专注的表情。

"当楼房比较低时（比如5层以下），人们往往采用把地基挖深一些的方法，地基比楼房的墙体厚度宽上几倍就可以了（增大底面积、减小压强）。"教师边说边画图1。

"我家盖房子时，工人师傅就是那样打地基的。"有学生说。

"那就很安全了，不过，如果楼房比较高时（比如5～10层），就要采用'箱形地基'来解决问题。除了把地基挖深一些，还要把楼房的整个底面积都作为地基（进一步增大底面积，减小压强）。"教师边说边画图2。

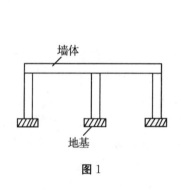

图1

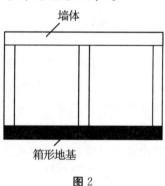

图2

"我家住的是11层，那怎么打地基才会安全呢？"不少学生提出相同的问题。

"我家是20层，有时能感到楼在晃，是不是地基没有打牢呀？"有的学生担心地问。

"如果楼房再高（比如10层以上），这时，人们除了采用'箱形地基'外，还采用'打桩'的方法来增大底面积，减小压强。现在的楼房基本都是这样打地基，不会有安全隐患的。"教师边说边画图3。

在画到图中水泥桩的时候，教师补充说："所谓打桩，是指在地基处向下打入几百根水泥柱，靠水泥桩与周围泥土的摩擦力来支持楼房的重量。"

看到学生诧异的眼神，教师又进一步解释说："比如，我们学校正在施工的15层大楼，每根水泥桩的直径为60cm，长度为12m，共有

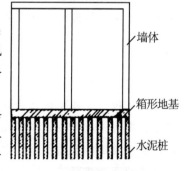

图3

825 根桩。根据圆柱体的表面积公式 $S=2\pi rh$ 可得每个水泥桩的表面积为 $S=2\times3.14\times0.3\times12=22.6m^2$，那么全部水泥桩所增加的表面积就为 $S=22.6\times825=18645m^2$，从而减小了压强。"

学生在建房事例中顺利地理解了压强的本质。

在讲"对流"现象时，教材上有一道习题：如图 4，窗子下面是北方房间里冬季供暖用的暖气片。有人想把它移到窗子上面，使房间宽敞些。你认为他的想法有什么利弊？说明你的理由。

对于这个问题，学生都这样回答："把暖气片移到窗子上可节省空间，但热空气在上部，不易形成对流。因此，使房间里的空气变暖要很长时间。"

从这一问题出发，教师向学生提出另外一个问题："如果是夏天安装窗式空调，应装到窗子上端还是装到窗台上？"

大多数学生回答："应该装到窗户上端。这样冷空气下降，热空气上升，容易形成对流，制冷效果好。"

教师就这一问题举出日常生活中的事例："事实上，大部分窗式空调是装在窗台上的，为什么？"

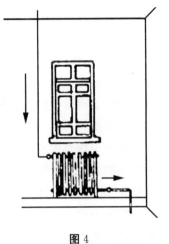

图 4

这个生活的实例难倒了学生，他们瞪大眼睛看着老师，期待老师给出合理解释。

"最初看到这种情况时，我们还嘲笑那些住户不懂物理，连对流现象都不懂。可是有一天，我们突然发现我们的观点是错误的。如果你在一个窗式空调装在窗台上的房间里站在床上向上伸直胳膊，你就会发现，胳膊上某一位置以下感觉是凉的，某一位置以上是热的。原来，窗式空调装在窗台上有它的妙处。由于空调装得低，房间下部大约 2m 高是冷空气层，而 2m 以上则是热空气层。而人在房间的活动范围都在 2m 以下。所以，这样装空调更节省能源。"教师说。

经过窗式空调安装的举例，再加上教师生动的讲解，学生对对流现象的理解也更加透彻了。

在讲授热水和冷水混合时，教师发现学生易忽视"质量未知"而误认为"冷水升高的温度等于热水降低的温度"。为此，教师举了一个生活中的例子："在 0℃ 的池塘水中，滴一滴 100℃ 的开水与池水混合，池水温度能升高 50℃ 吗？"

学生一听恍然大悟。

为了加强学生对光的折射规律的理解，教师布置了一个练习：甲、乙、丙三人叉水中的鱼，甲对准鱼的上方，乙对准鱼的下方，丙正对着鱼叉过去，谁最有可能叉中？

学生有的答甲、有的答丙。

教师幽默地说："如果鱼学过光的折射，它会不动，并笑咱们是个马大哈。"

通过这个例子和教师的幽默，学生又轻轻松松地理解并消化了光的折射规律。

在课堂教学中，少数教师的"举例"往往是照本宣科，按照教材上的例子来讲解。虽然也讲得抑扬顿挫，声情并茂，但由于学生已从课本上了解了这些，而它又离学生的生活较远，学生往往对其不感兴趣。这就使得"举例"的效果大打折扣。

教师举例要想起到"架桥铺路"、有效点拨的作用，就必须在学生思维发展的关键处，或者疑难、转折、朦胧处入手，而那些贴近生活的例子，更能拉近师生间的距离，让课堂趣味横生。

案例中的老师在物理教学过程中就做到了这一点——跳出教材，举一些贴近生活的例子去说明物理现象。此时学生一点也不觉得物理课生涩难懂，并能较快地掌握相关知识点。这个例子说明，贴近生活的例子才是沟通理论与实际的"桥梁"，是启发学生思维的"金钥匙"。

因此，在举例时，教师应尽量避免那些陈词滥调的举例，不要拘泥于课本，而要善于运用学生生活中的例子，使之起到增添课堂生动性的作用，让学生真正掌握知识。

（二）列举实践性例子，让教学更有针对性

在课堂教学中，少数教师还是"填鸭式"教学——教师讲学生听，完全以教师为中心，忽视了学生的主体地位，降低了课堂的教学效率。

在教学过程中，采用实践性例子，不但可以提高学生的学习兴趣，还可以增强师生之间的互动，充分体现学生的主体地位。

辽宁省锦州市太和高中的优秀教师齐艳秋，在教学过程中就从实践出发，让教学更具针对性。

"正余弦定理的内容及应用是什么？"齐老师问。

"正弦定理是指在一个三角形中，各边和它所对的角的正弦的比相等，即 $a/\sin A = b/\sin B = c/\sin C = 2R$。"学生说。

"余弦定理是指三角形中任意一边的平方等于其他两边的平方和减去这两边与它们夹角的余弦的积的 2 倍，即 $a^2 = b^2 + c^2 - 2bc\cos A$。"另一名学生说。

齐老师点点头："数学源于实践，又反作用于实践。接下来老师举个实践性的例子来考考大家，检查大家是否掌握了正余弦定理。"

"当我们走出教室时，会看到楼西侧、旗台东侧的工厂，这两地被楼隔离开，如何能知道它们之间的距离？谁又能设计一个解决方案？"

学生积极思考，并相互讨论。

一名学生说："在操场上选能看到两地的某一点为测量点，可以利用米尺测出该点到两地的距离，再利用经纬仪测出该点与两地的视角，利用余弦定理直接可以求出两地的距离。"

"把你的想法编写成具体的数学问题。"齐老师说。

这个学生接着说："△ABC 中，已知∠C＝α　AC＝b　BC＝a，求 AB。"（如图 1）

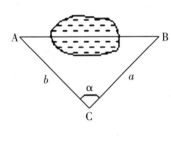

图1

学生中传出了一阵掌声。

"我们再接着走出校门，到了小凌河岸边。河水东岸是望河小区，西岸是绿景湾小区，两个小区的正门距离如何才能知道？请同学们思考后编成一道数学问题。"齐老师又举了一个实践性的例子。

学生再一次思考讨论该问题。

不久，有学生说："A、B 两点分别代表两个小区的正门。在河一侧（例如 B 侧）选一点 C，用米尺测 BC＝a，用经纬仪测∠B＝α，∠C＝β，求 AB。求解思路是：由 α、β（内角和）可求∠A，再由∠C、BC 的值（正弦定理）→AB。"（如图 2）

学生中又传出了一阵掌声。

"大家再想想，我们怎么能知道小凌河在这一带的宽度呢？"齐老师在给予肯定后又提出了新问题。

学生静静地思考。

忽然，一名学生站起来说："在河边选定两点 B、C，在对岸选一标志物 A，用经纬仪测∠ABC＝α，∠BCA＝β，米尺测 BC＝c，求河宽

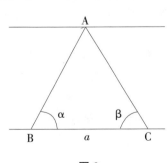

图2

AD。求解思路：在 △ABC 中，由 ∠ABC，∠BCA（内角和）→∠BAC。由 ∠ABC，BC，∠BAC（正弦定理）→AC。在 Rt△ACD 中，由 AC，∠BCA→AD。"（如图 3）

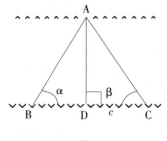

图 3

"大家说可行吗？"齐老师反问其他学生。

"行，非常好！"又是一阵掌声。

齐老师笑着说："秀水游过后，我们再去看看青山，来到锦州名山——观音洞。听说望海寺是锦州第一高峰，我们能测测它的高度吗？现在我们进行小组擂台赛，每一行为一组，共分成四个小组。每组同学相互探讨，看哪个组先想出办法，而且是可行的方案。"

过了一会儿，第二组学生代表说："设线段 AB 表示山高。在山脚下，选位置 C、D 进行测量。先测出 CD 长度，再测出 ∠ACD 与 ∠ADC。再由 C 点得点 A 的仰角 ∠ACB 大小。求解方法是：在△ACD 中，利用正弦定理能求出 AC，再在 Rt△ABC 中可算出 AB 的长。"（如图 4）

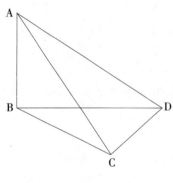

图 4

"大家认为方案怎么样？"齐老师问。

"太好了！"

"那就是第二组同学获胜啦！"齐老师说。

此时，第三组学生代表说："我们还有别的办法。"

"那好啊，说说看！"齐老师说。

该学生代表说："望着山顶从 D 点走到 C 点，在 C、D 两点测得 A 点仰角分别为 α、β，C、D 距离可测。求解方法是：在△ACD 中，∠CAD＝α－β；利用正弦定理能求出 AC，再在△ABC 中可算出 AB 长。"（如图 5）

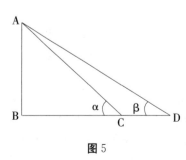

图 5

"大家说可行吗？"齐老师问。

"完全可以。"

"这位同学的方法就是教材课后 A 组练习题 3，回去大家把这个题目完成好。"齐老师说，"看看教材例题是怎么解决这个问题的，打开教材看例题 4，测底部不能到达的建筑物的高度。例如，北京故宫四个角各耸立一座角楼，求角楼高度。"

齐老师接着说："教材的解决方案是——如图，设线段 AB 表示角楼的高。在宫墙外护城河畔马路边，选位置 C 对角楼进行测量。设 CC′ 为测量仪器的高，过点 C′ 的水平面与 AB 相交于点 B′。这时由 C′ 可测得点 A 的仰角 a 的大小。在 △AB′C′ 中，三条边的长度都无法测出，因而 AB′ 的长无法求得。如果移动测量仪 CC′ 至 DD′（测量仪高度不变），便可通过测量数据求得。某校学生用自制的仪器测得 $\alpha = \angle AC′B′ = 20°$，$\beta = \angle B′C′D′ = 99°$，$\gamma = \angle B′D′C′ = 45°$，CD=60m，测量仪器的

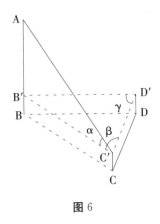

图 6

高为 1.5m，可求出角楼高度。大家看看这样的方案可行吗？可以相互讨论。"（如图 6）

学生先静静地看教材，然后逐渐讨论开来。

一名学生说："该方案存在一定的实际问题：角 β 与角 γ 是如何通过自制的仪器测得的？角的测量包括仰角、俯角、方位角、视角，可通过水平尺和经纬仪测得。而此方案中 B 与 B′ 都在角楼内部（B 点是楼顶 A 在地面的投影，不可到达），是虚设点，在实际中是看不到的。而 AB 也应该用虚线表示。虚点所构成的视角 β 与 γ 是不能用粗略的自制仪器测得的。"

"大家认为他说得对吗？"齐老师问。

学生点点头。

"很好，大家就应该具有这种敢于怀疑的科学态度。"齐老师说，"今天我们的实践就先告一段落。通过今天的实践，大家都学到了哪些知识与技能？"

"了解了测量工具，体会到了数学在生活中的应用。"

"懂得了正、余弦定理在测算距离问题中的应用。"

……

实践性举例，可以给纯理论的课堂注入动手操作、解决问题的快乐，可以让课堂教学变得更生动、更有针对性，还可以转变学生的学习方式——由被动学习变为主动学习，更好地调动学生参与课堂教学的积极性，最大限度地防止学生产生厌倦心理，并让他们轻松接受新的知识。

案例中齐老师的教学过程正是实践性举例的体现，通过让学生参与实践性例子的解决过程，使得原本枯燥、单调的理论教学变得容易接受，也使得整个"正余弦定理"的教学更具针对性。

在教学过程中，教师应尽量想办法，从实践的角度列举学生感兴趣的、甚至好玩好笑的事例，并用多种形式展示出来。这样，原本晦涩的理论就变得有趣又易懂了，学生也会有"恍然大悟"的感觉。

（三）恰到好处举例子，为教学添彩

作为课堂教学的重要手段之一，恰到好处而又新颖的举例能让课堂教学变得更加生动，更好地调动学生参与的积极性，培养学生综合运用知识的能力。

江苏省无锡市羊尖高级中学优秀教师陈玉松，善于在教学过程中恰到好处地举例，让课堂生动有趣。

为了让例子更有可读性，陈老师常适时、恰当地引入一些谚语、格言等。如讲到地点状语从句时，陈老师引用 Where there is a will, there is a way（有智者、事竟成）；讲到定语从句，引用 All that glitters are not gold（闪光的并非都是金子）；The hand that rocks the cradle rules the world（推动摇篮的手统治世界）等。

讲讲名词作主语、表语时，陈老师引用 Seeing is believing（眼见为实）；其他如 Early to bed and early to rise makes a man healthy, wealthy and wise（早睡、早起使人健康、富裕、聪慧）；Failure is the mother of success（失败乃成功之母）；Practice makes perfect（熟能生巧）等。

通过格言、谚语和俗语的适时引入，学生的学习兴趣大大提高，不仅在课堂上勤做笔记，还利用图书馆、网络等手段收集、背诵格言、谚语，并且有意识地把这些格言、谚语运用在日常口语交流及书面表达上，增强了语言的运用能力。

适时举例的手法不止这一个，陈老师还能结合情境举例，让学生在真实的语言氛围中学习。

在教授形容词和副词的比较级、最高级时，陈老师便联系身边学生的生活实际来举例。如 Lifan is taller than Weifang, Zhaodong is taller than Lifan, so Zhangdong is the tallest of the three students. 在教授形容词比较级连用时，举例如 The more we get together, the happier we will be; The more we eat, the fatter we will be.

这时，学生都会认真思考，并积极发言，思维更加活跃。例如，讲到 bank 一词，陈老师引导学生回忆在市中心看到的各种银行的名称：Commercial Bank; China Construction Bank; Agricultural Bank Of China; Bank of

China，等等。讲到 tele 作为前缀构成新词时，陈老师结合学生们身边的生活词汇，如电信磁卡和手机屏幕上的 China telecom（中国电信），日常使用的 telephone（电话）等。

陈老师还发现，适时列举充满生活气息和时代感的例子，学生会对其更感兴趣。某次陈老师让一名学生用 It is not easy 造句。

学生小东随口答道："It is not easy to make a girl-friend in our school."

这个例子引来了学生的哄堂大笑。

这时，陈老师适时地回应道："If we want to win our girls' heart and love，we should study hard and try to become knowledgeable and capable.（要想赢得心目中姑娘的芳心，就应该努力学习，使自己有知识、有能力）"

陈老师这么一说，学生在会心的笑声中，思维又重新转移到课堂教学上来。

在陈老师的眼里，适时举例对教学生动性是至关重要的。因此，他在课堂中常精选例句，并对课文中的例句进行合理扬弃，选择新鲜话题，找到与学生的切合点，使例句富有新意和时代气息。

例如，为了让学生理解现在完成进行时的用法，陈老师以 2008 年北京奥运会为话题，The Chinese people have been looking forward to the Olympic Games for years.

再如，讲定语从句时，课文中举了这样一个例子：The days when the Chinese people use foreign oil has gone（中国人使用洋油的日子已一去不复返了）。陈老师并没有用，而是举了"Liu Xiang is the famous athlete who won the 28th Athens Olympic Games men's 110m hurdles champion（刘翔是一位著名的运动员，他获得了第 28 届奥运会男子 110 米栏冠军）"。

举例凝聚着教师的创造性劳动，做好它并不简单，而要在教学中恰到好处地举例则更加困难。

就案例中的英语课堂教学而言，讲解新词汇要用例词例句，呈现新句型也要使用例句，语法知识的讲解更需要举出大量的例句使抽象的语法规则变得直观、具体，便于理解、记忆和运用。案例中的陈老师就能做到这些，并恰到好处地举出事例，让学生从中领悟到更多的知识。

为了更形象生动地揭示授课内容，教师不仅要掌握举例的技巧和艺术，还应不断加强自身业务知识的学习，努力掌握丰富的语言和文化知识，提高自身的听说读写能力，并潜心钻研教育理论，才会为自己的教学添彩。

(四) 以例解疑，加深理解

课堂是一个微观社会，是师生之间、班集体成员之间相互影响的过程，是师生与教材之间相互对话的过程，也是一个人自我概念形成和发展的过程。为了让学生最大限度地理解知识，在实际教学中，教师巧用例子解疑便能起到事半功倍的效果。

从本质上看，以例解疑就是提出一种教育上的两难情境，没有特定的解决之道，而教师在教学中扮演着设计者和激励者的角色，鼓励学生积极参与讨论。

在教授一些抽象的、难以理解的原理时，某教师能够从学生实际出发，从具体到抽象，引导学生分析实例，然后从例子中归纳出抽象的理论。

在学习《哲学》中"物质运动是有规律的"这一课题时，首先必须要让学生理解"规律"的概念。根据以往经验，该教师认识到，如果按照课本的内容编排，由自己对"规律"概念作出一系列的解释，到头来学生还是容易将"规律"与"现象"混为一谈。因此，在讲"规律"概念之前，该教师首先给学生举了三个例子。

第一，交通中"红灯停，绿灯行"是不是规律？

第二，"水往低处流"是不是规律？

第三，生物界的"适者生存"是不是规律？

对于学生来说，这三个例子都非常熟悉，但是否是规律，开始时仍有许多学生认为都是规律，并各抒己见。

随后，教师引导学生阅读课文。

经过阅读、思考、讨论后，绝大部分学生可以很清楚地明白："红灯停，绿灯行"是行为规则；"水往低处流"是现象；只有"适者生存"揭示了生物个体与环境之间的本质联系，才是规律。

通过该教师的三个例子，学生准确把握住了"规律"这一抽象概念，分清了规律与规则、现象之间的区别。

为了加深对规律定义的进一步理解，该教师又以《守株待兔》寓言为例："宋人有耕者。田中有株。兔走触株，折颈而死。因释其耒而守株，冀复得兔。兔不可复得，而身为宋国笑。"

"宋人为什么受到取笑呢？"教师把这个问题抛给学生。

经过讨论，学生得出多个答案。

"规律是事物之间的一种联系，但并不是事物之间所有的联系都是规律。"

"原来遇上的现象有可能多次重复出现，也可能只出现一次。前者是受本质的必然的支配，后者是一种非本质的偶然的巧合。"

"兔子有生有死是必然的，由规律决定，但兔子撞树死是偶然的。"

"这个宋人的错误是把偶然的现象当做必然的规律。"

………

通过这个例子的讨论，学生进一步懂得了规律是物质运动进程本身所固有的本质必然联系。

在应用例子加深学生对知识的理解时，该教师意识到，分析的例子必须有层次，要遵循学生的认识规律，遵循学生现有的知识结构，同时例子要体现与理论的内在联系，让学生在分析过程中找到疑问，在疑问中找到解决问题的答案。

在"经济常识"中讲完商品价值两因素以后，该教师又让学生分析例子——农民自种自吃的粮食不仅具有使用价值而且具有价值，对不对？

开始时，也有很多学生认为是对的。

教师提醒学生运用"价值"与"使用价值"的概念来解题。

学生马上想到"商品"的概念，说："农民自种自吃的粮食不是商品，所以它虽然花费了体力劳动和脑力劳动这一无差别的人类劳动，但没有凝结在商品中，因此结论是'农民自种自吃的粮食'只有使用价值而没有价值。"

该教师满意地点点头。

一个好例子的应用，不但能够让学生正确、快捷地领悟课本理论内容，而且还能更深层次地触及学生的意志、情感及需要。

思想政治课是理论性很强的学科，对于思维水平还不高的中学生来说，要理解掌握好是有难度的。为了让学生能够准确掌握某个原理，案例中的教师不是单从理论讲解，而是借用例子加以说明。

这种以例释疑的教学手段，是值得其他教师学习的，因为它能够促进学生对教材内容、基本原理的深入理解，帮助学生扎实掌握基本知识，进而不断增强学生分析问题及推理的能力，改变学生以往死记硬背的课堂学习方法，对教学质量的提高，以及学生素质的全面发展，起到了重要作用。

通过以上几个方面的分析我们不难看出，教师通过口语、文字、音像等教学手段，列举社会生活、自然界等各方面的实际事例，进行分析、说明、解释和论证，可以让课堂教学变得更生动活泼、趣味横生。但是，现在的学生见识广，信息来源渠道多。这种情况决定了教师不宜选用众所周知的事情做例子，而是要广泛涉猎各种报刊资料，从中挑选那些具有时代气息的新颖例子。

另外，教师在运用举例教学时应该做到：举例要富有创造性；举例要适合学生的接受水平，力求通俗易懂；举例要恰当、确切，具有典型性和说服力；举例要生动具体，富有趣味；举例要举内容真实、富有时代特征的事例。

第 四 章

丰富资源，打造生动

设计精彩板书，让学生感受教学魅力

　　板书既是一门科学，又是一门艺术。它是教师授课的"脚手架"。但这个"脚手架"能不能让学生感受到教学的魅力，还要看教师板书的设计技能如何。

　　优质的板书，往往是教师对教材的"再创造"，它能生动地体现教者对教材的深刻理解和巧妙处理，显示教者的教学思想、教学风格和教学智慧。

　　优质的板书，能用凝练的符号和字句描述课文内容，让学生一目了然。

　　优质的板书，能唤起学生学习的内在需要、兴趣、信心，提升他们主动探究的欲望及能力。

　　优质的板书是课堂教学的缩影，成功的课堂教学绝不可没有出色的板书。因此，教师应结合教学实践，潜心研究，推陈出新，努力提高板书技能，让板书成为激发学生学习动力的催化剂。

（一）图画板书，让课堂更有趣味

　　近代西方心理学家十分重视信息（或外界）刺激在学生认知结构中的作用。加涅认为，学习者在接受刺激之后就会产生神经信息，这个信息通过选择性知觉和有意义的编码过程贮存在大脑中。这说明，设计板书时，教师需要考虑到视觉效果，特别是对小学生来说，新颖、独特、精妙的板书更容易激发他们学习的兴趣，振奋他们的精神，从而收到意想不到的教学效果。图画式板书就是其中的一种。

　　浙江省衢州市衢江区横路乡中心小学的罗敏老师经常在教学中设计简笔画式的板书，以吸引学生注意力，增加课堂的趣味性。

如在讲解《牛津小学英语 3B》Unit 4 Time 的第一课时，由于本课的教学目标是让学生学习和掌握新句型 "What's the time, please? It's…o' clock. It's time to…"，并通过词句结合，联系新旧知识，把学习和掌握的新句型和新词组 have lunch，watch TV 运用于实际生活中。于是，罗老师结合教学目标，设计了如下简笔画板书。

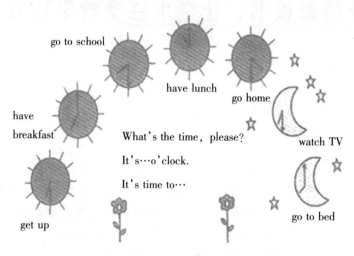

简单、精致的图画结合句型很快吸引了学生的注意力，大家兴致勃勃地跟着老师念句型，目不转睛地望着黑板，这堂课的教学效果非常好。

还有一次，在教学表示时间频率的单词 always，often，sometimes，never 时，由于这些单词既不能单靠图片来表示，也不能用简单的语言来阐述，罗老师便结合表格设计了如下简笔画式板书。

	Sun.	Mon.	Tue.	Wed.	Thur.	Fri.	Sat.	What do you like to eat?
	🍊	🍊	🍊	🍊	🍊	🍊	🍊	I always eat oranges.
	🍎		🍎		🍎		🍎	I often eat apples.
			🍌		🍌			I sometimes eat bananas.
							🍇	I never eat grapes.

板书使用了学生相当熟悉的水果图画，并让学生运用学过的句式"I eat …"，对照表格练习 always，often，sometimes，never 等词。同时，还让学生设计关于食物或运动等主题的对话来强化这些单词的用法。学生的兴致非常高。

又如，罗老师在教 The World Weather 一课时，先让学生说单词，再随之把地名名词板书到黑板上，并在此基础上，引导学生学会描述某地的天气情况，如 It's rainy in London. 并板书提示：It's…in…

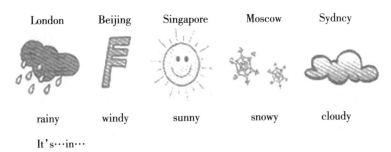

为配合"Let's do"部分的教学，罗老师利用板书把各种天气里人们进行的典型活动也用图片呈现出来，然后通过分层教学，把主要动作的名称也板书出来。这对学生的表达起到了很好的提示作用，学生再表达时可以轻松地把"Let's do"部分串联起来。此时，整节课的板书内容已经全部呈现在学生面前，完全达到内容清晰、层次分明、重点突出的要求。

看着生动形象的图画板书，学生的兴趣大增，一个个小手都举得高高的，抢着说单词、念句型、回答问题，课堂学习气氛浓厚。

罗老师的课非常受学生欢迎，主要原因之一就是生动有趣的简笔画板书。简笔画最适合在黑板上表达，在教学中充当"催化剂"的角色。许多难以开展的教学活动在简笔画的辅助下，都能取得良好效果。

（二）板书，让课堂充满诗意

一直以来，板书在黑板上的展现形式总是黑压压的一片，什么写作背景、段落大意、中心思想；什么公式、规律等，教师从黑板的左上方写起，一直写到右下方，密密麻麻一大片，教师写得累，学生学着枯燥，课堂了无生机。

其实，板书也可以很有诗意，这样的课堂学生学起来才有意思。

案例一

某小学语文教师就经常设计诗意的板书。有一次，该教师上《水乡歌》一课，本课一共有短短的三个小节，描写了水乡水多、船多、歌多的特征，歌颂了水乡的秀丽风光和幸福美好的生活，抒发了热爱大自然、热爱生活的思想感情。很多教师在讲这篇课文时，一般都是将"水多""船多""歌多"这三个特点并列于黑板上，然后总结一下水乡的"幸福美好"。但这位教师却别出心裁，抓住了课题，把文本解读成了一首"歌"。

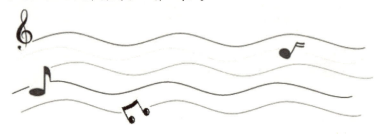

看看，多彩的线条既是水乡的柔波，又是"装满一箩又一箩"的水乡歌。跳跃的线条，生动的画面，仿佛就是一首动人的水乡赞歌。学生在这样的环境中，怎能不由衷地赞美美丽富饶的水乡，歌颂勤劳朴实的水乡人民呢？

还有一次，在教学《番茄太阳》时，该教师抓住"我"的心理变化："灰暗""温暖""喜欢""快乐""感动"，以及明明的"善良"、"活泼"、"聪明"两条线索展开教学。刚开始，板书是围绕这两条线索书写的。是谁使"我"的心情有了这些变化呢？当然是明明的童心、童真、童趣，明明真诚的爱心、美好的心灵让独在异乡的"我"感到分外温暖。还有明明的爸爸妈妈，他们给了明明关爱。还有捐献眼角膜的那个人也拥有一颗爱心，世界上所有充满爱心的人不都拥有番茄太阳吗？最后，随着教师吟诵爱的小诗，教师把其他板书一一擦去，只留下了一个红红的番茄太阳和一个大大的"爱"字。

这颗红红的爱心，让学生们感觉到，不管自己以后走到哪里，无论从事什么工作，心中都将永远记得这颗红红的番茄太阳，永远都有一颗红红的爱心！

案例二

语文特级教师王崧舟也是设计诗意板书的能手，在执教《长相思》一课时，他就对诗歌进行了诗意的解读。首先，王老师引导学生说说作者"身"在哪儿？他的"身"可能在前往山海关的路上，可能在高山上，可能在营帐里面……一句话，他"身在征途"。（板书"身在征途"）

接着，王老师又引导学生说作者的"心"在哪儿？（板书："心系故园"）当学生在音乐声中想象在作者的家乡、故园看到的画面后，王老师话锋一转，"天伦之乐，温馨融融。但是现在，这样的画面，这样的情景全破碎了。"（板书：大大的"碎"字）最后，王老师抓住作者在《菩萨蛮》中的"轻离别"，引导学生感受他何曾是轻离别呀！他是不得不离，不得不别啊！

短短的两句词，被王老师演绎得一波三折、荡气回肠！学生很快就被带入到课文意境中，与作者展开了心灵的对话，共同体验了征途的辛劳，分享了故园的思念，课堂充满了诗意！

有人认为在电子科技时代，一支粉笔加一块黑板的"教学武器"已经过时，应把板书请出课堂。事实上并非如此，对学生来说，他们可能更愿意亲近老师的粉笔字板书，特别是老师精心设计出的一个个充满诗意的板书，让学生感觉鲜活而有亲切感，从而拉近文本与学生的距离，让课堂变得"活"起来。

小板书蕴涵着大智慧，枯燥的知识会因为诗意的板书而让学生觉得情意浓浓。

（三）多样化板书，让课堂充满新意

板书是课堂教学的重要组成部分，它可以帮助学生理解课文，掌握知识，启发学生的思维，发展他们的智能。教师在设计板书时，要尽可能地将文字、符号、绘图、列表等手段运用到其中，使板书看起来丰富多样，让学生时时能感受到新意，感受到课堂的魅力。

某语文教师在教学时就常常设计不同的板书，如波浪式、图形式、回环式等，学生因此爱上了该教师的课堂，学习成绩不断提升。下面，我们就来看看这位教师都运用了哪些板书样式。

1. 概括式板书

有的板书设计以多为"胜"，横的竖的写了满满一黑板，写完了擦掉再写。这样，一节课中，学生把注意力都放到看板书、抄笔记上了，影响了听课的效果。而该教师认为板书设计贵在精而不在多，板书中的每一个字，哪怕是一条线、一个箭头都应具有明确的意义。设计板书应注意内容的高度概括，语言的简洁凝练，这样才能集中学生的注意力，启发他们的思维，让他们对教材内容展开丰富的联想，最后整合、集结于一体，留在记忆深处。

如在教学《但愿人长久》一课时，该教师设计了下面的板书。

这则板书从课文中的人物出发，通过线段箭头的巧妙连接，使之回归到课题，既点明了主题，又寓意深刻。整个板书只用了寥寥十五个字，加上线段箭头，简练地概括了课文的主要内容及中心思想，给学生留下了无限的想象空间。

2. 对比式板书

每节课都有一定的教学内容和教学目的，教学内容是板书设计的依据，教学目的则规定着板书的主题和结构，甚至影响着板书的语言。对比式板书提取课文事例中相对或相反的两个方面要点进行相互对比，使事例中的行为、结果

一目了然地出现在板书之中。

例如，该教师在教学《苹果显的"五角星"》一课时，出示了如下板书：

> 横 切　　　　竖 切
>
> 墨守成规　　　创新探索
>
> 一无所获　　　有所发现
>
> 凡事应该反对（　），提倡（　）。

这则板书通过横切苹果和竖切苹果的对比，使学生很容易就明白了这样一个道理：创新来源于打破常规的思维方式。

3. 波浪式板书

故事性强，情节逐步推向高潮的情景型课文比较适用于这种板书。这种板书直观性强，层次分明，能让学生迅速理解课文的内容和层次。

如该教师在教学《半截蜡烛》一课时，就设计了波浪式的板书。

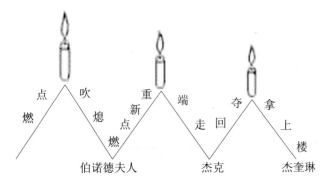

勇敢、机敏、镇定

板书用向上的斜线表示危机的出现，向下的斜线表示伯诺德夫人一家三口沉着地处理危机。危机顶端的蜡烛，随着剧情的发展越燃越短，烛焰也逐渐微弱，这一切是那样的扣人心弦、震撼人心，使学生的心弦也随着蜡烛的熄燃而起伏、跌宕，更有力地突出了伯诺德夫人一家三口勇敢、机敏、镇定的品质及热爱祖国、勇于献身的精神。

4. 回环式板书

回环式板书是一种采用回旋和循环的形式，揭示课文的主要内容之间相互关系的板书。这种板书把抽象的意义、道理化为直觉形象，可以化难为易，揭示中心，便于学生理解。

如这名教师在执教《山羊过桥》一文时，就采用了这种板书。

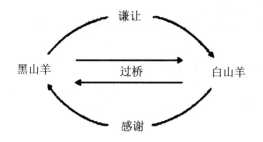

上面的板书通过"黑山羊谦让白山羊"和"白山羊感谢黑山羊"的回环，化难为易，化繁为简，把引导学生学习"黑山羊的谦让精神"这一抽象的中心巧妙地揭示了出来，学生学起来妙趣横生。

5. 图形式板书

一幅新颖别致、寓有美感的图形板书，往往能给学生留下很深的印象。板书的美感来源于教师凭借直观形象对课文内容进行艺术再现的过程，让学生在欣赏、享受优美形象的同时，进一步理解并掌握教学内容。因此，板书的造型如果考虑到了学生的心理特征，就可以激发他们的学习兴趣和积极性。

如该教师在执教《我的外公》一文时的板书如下。

这则板书以独特的心形造型，体现了课文中"我"对外公渊博的学问，生命不息、学习不止的好学精神，以及千方百计地教育下一代的良苦用心充满无限敬意。这颗心既象征着外公那一颗活到老、学到老的好学之心，又代表了"我"对外公无限的崇敬之心。一箭双雕。构思巧妙，寓意深刻。

不同的课文，不同的板书，该教师的板书样式丰富多样，难怪学生会喜爱有加！这样的课堂充满创意，充满新鲜感，哪个学生又会不喜欢呢？课堂效果又怎会不突出呢？

这说明，教师在设计板书时不能千篇一律，更不能生搬硬套。而应该根据教学内容和教学实际，努力设计出体现教学计划、有助于学生理解教材并拓宽知识面的板书形式。板书设计应该成为一种艺术创造，展现书法美、布局美和结构美，以此来激发学生学习的兴趣，加强师生互动。

　　总之，板书是课堂教学的"眼睛"，它对课堂教学起着"画龙点睛"的作用。教师在运用时，应力求在板书的内容上精练简洁、简明扼要；板书的形式上美观生动、多种多样。这样才会让课堂教学永远充满青春活力，才能永远受到学生欢迎，充分发挥板书的积极作用。

展示图片，激发学生的学习积极性

心理学研究表明，人接受外界的信息主要靠眼和耳，而眼睛接受的信息又大大多于耳朵接受的信息。

据法国一项有关视听教育的调查，课堂上学生光听，只能记住所讲内容的15％。由此可见，光凭老师讲，学生是记不了多少知识的。在教学中，学生每天要接触大量的语言材料，如果只能靠听，往往不容易记住，且记住的不久也会淡忘。如果教师利用图片教学，则可以充分调动学生的形象思维，变抽象的语言材料为生动具体的形象。这样不仅可以提高学生的学习兴趣，还能提高教学效果。

图片具有形象直观、趣味性强、丰富多彩、易于激发学生学习积极性等优点。而且，运用图片教学，符合学生的年龄特点，有利于提高学习兴趣，帮助学生更好地理解课文内容，培养学生的观察、想象和语言表达等能力，在教学中常常为教师所青睐。

（一）巧用插图，激活学生的思维

苏格拉底说过："教育不是灌输，而是点燃。"

插图是教科书的一个重要组成部分，它改变着学生的认知方式，也在很大程度上改变着教师课堂教学的方法和学生学习的方法。

重视教科书中的插图已成为教师教学的共识。通常，插图包括地图、照片、实物图、漫画等，但在利用这些插图进行教学时，教师们应注意：明确定位，认识图片的不同功能；提出问题，提高学生的观察力；通过设问，引导学生感受、体验和探究；以图育情，激发情感。

案例一

多年的教学经验让浙江省衢州一中的徐国辉老师发现，历史教材中大量增加图片的一个重要目的，就是为了激发学生学习的兴趣。因此，在上课时，他特别注重以图引文、以图激情。

上"俄国十月革命的胜利"一课前，徐老师先拿出课文插图中的两张图片——一幅是"阿芙乐尔"号巡洋舰，一幅是苏维埃政权成立时的情景，让学生思考：

（1）第二幅图中正在进行讲话的人物是谁？

（2）两图反映了哪个时代的重大事件？

（3）谈谈你对此事件的了解。

这三个问题使学生产生了强烈的求知欲望。他们急切地想知道图片中的内容，把注意力全都集中到了新课上。

历史教材很多内容都是用文字表达的，但文字具有抽象的特点，无法向学生直观地反映历史事件或历史现象。而其中配备的插图形象直观，一目了然，可以很好地补充文字过于抽象的缺点。

上"北洋军阀统治的建立"一课时，徐老师向学生展示了教材中的一幅漫画——"刀大杀人多"，让学生思考如下问题：

（1）画中的猿猴指的是哪个人？

（2）他从谁手中夺得了权力？

（3）请列举刀大杀人多的史实。

（4）其中的失败说明了什么问题？

四个问题让课堂气氛马上活跃起来，使学生产生了迫切探究的心理，积极主动地投入思考中。

经过徐老师的深入分析，最后学生讨论得出：猿猴指袁世凯，他从孙中山手中夺得了权力。"刀大"指权力大，刀大杀人多的史实有镇压二次革命、刺杀宋教仁、为复辟帝制铲除阻力等。袁世凯能夺权的原因有其自身实力的强大、立宪派、旧官僚和帝国主义的支持，资产阶级革命派的软弱性，其复辟的失败说明了逆历史潮流而行必将失败。

这样，利用充满讽刺意味的漫画进行教学，让学生耳目一新，激活了学生的大脑，促进了学生的积极思考，改变了学生的思维习惯，使学生能充分运用所学知识，加深了学生对教材的印象，加深了对教材知识的理解，提高了学习效率。

案例二

在期末复习时，某教师把"五四运动""红军长征""大生产运动""抗日战争"作为一个专题进行复习。

该教师先在屏幕上按时间顺序出示了有关事件的插图——"天安门广场学生的游行队伍""延安宝塔山""反日救国示威游行""根据地军民开展大生产运动"，让学生一边观察图片，一边写出插图反映出的事件名称，然后再逐一概括出每一事件反映出什么精神？每一种精神的内涵是什么？

学生很快就完成了老师布置的任务。

教材上说五四精神的核心内容为"爱国、进步、民主、科学"。而有学生认为是爱国主义，有学生认为是民主与科学，有学生认为是解放思想、不断创新，有学生认为是理性精神、个性解放，有学生认为是勇于探索、追求真理，有学生认为是破旧立新的革命或变革，还有学生认为是彻底的反帝反封建……

虽然学生们没有一个人的说法与教材完全相同，但教师稍加引导，就可以与教材挂钩了。而且，这些说法是学生自己理解出来的，所以很容易就记住了。

接着，师生又一起总结长征精神。有学生说长征精神是乐于吃苦，不惧艰难的革命乐观主义；有学生说长征精神是勇于战斗、无坚不摧的革命英雄主义；有学生说长征精神是善于团结，顾全大局的集体主义；还有学生说，长征精神是中华民族百折不挠、自强不息的民族精神的最高表现，是保证我们革命和建设事业从胜利走向胜利的强大精神力量……

在延安精神的分析上，有学生说是艰苦奋斗的精神，有学生说是全心全意为人民服务的精神，有学生说是理论联系实际、不断开拓创新的精神，还有学生说是实事求是的精神……

在抗日精神的分析上，学生们认为是可歌可泣、英勇无畏的牺牲精神，是中华民族争取独立宁死不屈精神的集中体现……

这些插图融知识、思想于一体，让学生重温那段波澜壮阔的历史，激活了学生的思维，让他们充分领略中国近代史上各种精神的魅力，使各种精神深入人心。

现行的新教材插图容量大，挖掘和利用插图的功能就成为当前教师急需的基本能力。运用插图进行生动的教学，不但可以充分发挥插图的作用，体现新课程教材的编辑意图；而且这种以图引文、以图激情、以图诱思的做法，还有利于发展学生思维，培养学生的观察能力和认知能力。

俗话说，"教无定法"。只有适合学生需要和兴趣的教学方法，才是最好的教学方法。运用插图教学，改变了以往单靠书本文字的老方法，让学生产生一种新鲜感，能激发学生兴趣，激活学生大脑，让学生主动学习。

（二）灵活运用挂图，引发学生学习兴趣

罗伯特·马扎诺说得好："最好的学习动机莫过于学生对所学材料本身具有内在的兴趣。"要使学生能认真地进入学习状态，必须先激发他们的学习兴趣和求知欲望。挂图色彩丰富、直观性强、易于吸引学生好奇心，而且还可以直观地印证、解释课文的某些内容。

在教《自己去吧》一课时，山西省大同市实验小学的徐丽老师，曾做过这样的尝试：为了更好地引导学生明白小鸭子天生会游泳是其身体结构利于游泳这一知识点，她通过让学生观察挂图，比较小鸭子和小鸡脚掌的不同，让他们知道小鸭子的脚蹼可以帮助它游泳。

徐老师问道："鸭妈妈说：'小溪的水不深，自己去游吧。'鸭妈妈是不是太狠心了？"

学生1说："太狠心了！小鸭子还小，不该自己到河里去游泳。"

学生2说："我也觉得鸭妈妈太狠心了。小鸭子会被淹死的。"

学生3说："我不同意他俩的看法。我认为鸭妈妈不狠心，因为小鸭子本来就会游泳。"

学生4说："我也觉得鸭妈妈不狠心，妈妈这样做是对的，因为小鸭子天生会游泳。"

学生的看法各不相同。徐老师没有评价谁对谁错，而是说："大家说得都挺棒的。不过同学们知道吗？鸭子天生会游泳，原来是它的身体和脚掌帮的忙。老师这儿有一张介绍鸭子游泳的图片，你们想不想看看？"

学生们异口同声答道："想！"

徐老师便出示挂图，指导学生观察鸭子扁扁的身体、宽大的脚掌，还有趾间的脚蹼。

等学生看清楚后，徐老师问道："如果鸡妈妈叫小鸡去游泳，小鸡会不会被淹死呢？老师这儿还有几张挂图，大家一起来看看，比较一下小鸭和小鸡的脚有哪些不同。好吗？"

一位学生抢先发言："它们的脚不一样。小鸭子的脚上有连接的东西，小鸡的脚上没有。"

"你说得真好！小鸭的脚上有连接的东西，这叫蹼。猜猜看，它有什么用呢？"徐老师接着问。

"这能帮助小鸭在水里拨水。"另一名学生回答。

"对呀。小鸭子脚上的蹼就跟划船时要用到的桨一样。"徐老师又出示一张船桨挂图，说："小鸡的脚上没有，就不能帮助它游泳了。"

在课堂上，教学挂图的主要用途是为学生创设各种愉快的情境，时时引起学生的惊奇、兴趣、疑问等新鲜的感受，使教学过程始终对学生有一种吸引力，吸引学生积极地投入到学习中去，主动地获取知识。

江苏省苏州工业园区第二实验小学副校长、特级教师徐斌，在执教"鸡兔同笼"时，出示了一幅挂图，告诉学生："鸡和兔关在同一个笼子里，数它们的头共有 5 个，数它们的腿共有 14 条，请问笼子里有几只鸡、几只兔？"

刚开始，学生们都在猜测，这个说 2 只鸡、3 只兔，那个说 3 只鸡、2 只兔。徐老师并不忙着纠正他们，而是鼓励他们画一些简单的图来帮助思考。

学生在草稿本上忙开了。有的先画 1 只鸡、1 只兔，再画 1 只鸡、1 只兔；有的先画 2 只鸡，再画 2 只兔，接着又画了 1 只鸡；还有的先全部画成鸡或先全部画成兔。

还有一个学生直接站起来说："老师，我没有急着画，而是想先画 1 只鸡和 1 只兔的话，共有 6 条腿，画两次，二六十二，还少两条腿，就想再画 1 只鸡就够了。"

"真聪明！你还能边想边画，太不简单了！"徐老师高兴地表扬道。

就这样，复杂的"鸡兔同笼"问题被徐老师如此简单地演绎出来了。

教学中，教学挂图是广泛使用的辅助材料，它使情境的创设更容易、更形象，激发了学生学习的兴趣，培养了学生的观察、概括等能力，可以说教学挂图的使用有百利而无一害。

通常，教师使用的教学挂图，有由专门的制图机构编绘、出版和教师自己绘制的两种。不管是专门制图机构提供的最基本的挂图，还是教师结合教学内容和自己的见解自行编绘的挂图，都能不同程度地让学生从中看到新奇而形象的知识，都能激发学生的学习兴趣，让他们更关注学习内容。

（三）利用卡片，让学生更易掌握知识

卡片教学法，是用卡片形式来摘记知识精华、提要读书内容的阅读方法。

由于卡片的制作要经过分门别类、理解消化、筛选笔录等一系列感知、思维活动，所以获得的印象比较深刻。它的内容比列表法单一，形式比作读书笔记灵活，制作时散装活页，使用时可分可合，是古今中外学者治学的基本材料，是积累资料的好方法。

事实上，学生思维敏捷、好动，容易接受新事物、感受新事物，从这一心理学角度出发，教师在教学中合理运用卡片，可以调动学生学习的积极性，激发和培养学生的学习兴趣。同时，逼真的卡片教学还能培养学生的观察、记忆、思维、想象和创造能力，为学生今后的学习打下坚实的基础。

案例一

在教学实践中，辽宁省抚顺市第十八中学的英语教师李兴珠，经常利用图片教学单词，利用卡片讲解语法功能，指导学生绘制卡片来完成写作任务。

学"last name"和"first name"时，李老师首先在黑板上画了一个男孩头像和一个女孩头像，每教一个名字就按男名和女名把卡片贴在头像的下方。这样学生就会明白英语名字还要分为男名和女名。卡片是折叠的，打开卡片就是一个full name。然后，再利用卡片教last name。最后，李老师又让学生挑选自己喜欢的英文名字互相问答，效果非常好。

学"family members"时，在课前李老师就准备好了一个写有家庭所有成员的卡片。首先，她利用一个男孩卡片介绍"This is Tom"，然后贴到黑板上；接着她又拿出一个男人的卡片介绍"This is Tom's father"，然后再把卡片贴到黑板上……最后教完所有家庭成员的单词时，黑板上就出现了一张"全家福"。

根据全家福，李老师画了一张family tree，然后她把所有卡片拿下来，让学生根据family tree填写家庭成员的单词。

这样，学生们很快就不仅学会了单词，也明白了它们之间的关系。

教球类的单词时，李老师在课前准备好了所有球类的卡片。课堂上，她先在黑板中心画了一个圆，然后问"What's this"，引出了"It's a ball"；接着，她再让学生用英语说出他们所知道的球的名字。

在教的过程中，如果学生自己能说出来，李老师就让他从装卡片的小纸箱里拿出写有那种球的英文单词的卡片，贴到黑板上去；如果学生不能自己说出来，她就一遍一遍地教他们，直到学生完全学会为止，然后就让最后学会的那个学生把卡片贴上去。最后，黑板中间是一个大ball，而其周围则贴了一圈写有球类单词的卡片。

在教food，fruits和vegetables三类食物的单词时，李老师同样在课前准备好了一大堆卡片。利用 "What's this in English?" 这个句型，她教完了所有的单词。

在教的过程中，李老师说一个就往黑板上贴一个写有相应单词的卡片，最后黑板上出现了三组单词。她就让学生说出为什么这么贴，从而引出了 food, fruits and vegetables，然后把写有这三个单词的卡片分别贴在三组词的上方。

然后，李老师又把其他卡片拿了下来，只留下了 "food" "fruits" 和 "vegetables" 三个单词。她叫学生在三个单词的下方填写表示三类物品的单词，再读一遍后，就从小纸箱子里找出写有那个单词的卡片，贴在相应的位置。

这样，学生们不仅学会了单词还学会了"分类记单词"的学习方法。

在教学过程中，学生们始终保持着较高的学习热情，不仅能饶有兴趣地跟着老师说，还能把单词和图像直接联系起来，很容易就把单词记住了。期间，为了加强学生记忆，李老师还经常随手就画，以完成单词的复习、巩固。

案例二

卡片还可与游戏等其他教学方法结合，共同调动课堂气氛。如在教学"确定位置"一课时，某教师设计了一个找座位游戏，请学生根据教师发的座位卡片找座位。看哪些同学能正确、快速地找到自己的座位。

学生们一听老师的安排都兴趣盎然，教室里热闹极了。不一会儿，大部分学生都找到了自己的座位。可是有 3 个学生拿着手里的卡片发呆，小脸涨得通红。

原来第一个学生的纸条上只写着第 3 组第（　）个，他知道应该坐在第 3 组，可不知道应该坐第几个。

第二个学生的座位号上写着第（　）组第 4 个，他知道坐在第 4 个，可不知道应该是哪一组的。

第三个学生更是疑惑："我的座位号问题最大，上面就写了第（　）组第（　）个。实际上什么也没有告诉我，我怎么知道坐在哪里呢？"

该教师没有给这三位学生任何提示，而是问其他学生："同学们，你们说说他们怎样做才能找到自己的座位？"

"老师，我觉得他们如果仔细观察，还是可以找到位置的，因为教室里空着 3 个座位。"一位学生建议道。

听了同学的建议，3 位学生看看自己手里的卡片，仔细观察了一番，果然找到了自己的位置。

这时候，该教师说："看来，要正确地找到座位，就应该写明白是第几组第几个。今天我们就一起来学习有关确定位置的知识。"

在游戏环节中，该教师精心设计了3张与众不同的位置卡片，为学生提供了思维之"源"，引起学生的认知冲突。在学生产生疑虑之际，教师适时予以启发。寥寥数语便将学生引入本节课的教学重点，学生同时也感觉到即将学习的内容是有实际作用的。

在教学实践中，教师将教学内容用高度精练的关键字或图片表现在不同的卡片上，就会使知识变得层次清晰、内容简洁。再加上卡片直观的特点，那些原本枯燥乏味的内容就变得形象化、趣味化和生活化起来。

总之，作为传统教学手段之一的图片，以其色彩鲜艳、形象生动、直观性强、易于携带和使用等多重优点，能将教师从繁难的课件制作中解放出来。此外，有效地运用图片，借助"看图识文""借图说理"等教学手段，还能培养并发展学生的观察分析、想象再造能力，达到"以图引思""以图启智"的目的。

虽然新教学理念鼓励教师采用高科技的多媒体手段辅助教学，但教师却不能一味地追求多媒体的高使用率，甚至因此忽视了传统教具在教学中所特有的优点。何况，根据目前的教学现状，教师不可能每堂课都制作出精美的课件。这就说明在教学中，教师依然需要其他的教具。

巧用投影仪，让课堂图文并茂

　　曾有人戏言，未来的社会是"机器"社会，一个人就可以把学校里所有的事情都包揽下来。也有人说，未来社会可谓是"鼠标一点，指点江山""按下按钮，指挥万千"。虽然当代社会和学校还没有发展到那么发达的地步，但各类电教媒体却已雨后春笋般地进入了课堂，开始为教学添砖加瓦了，尤其是投影仪，早已经成为课堂教学的"左膀右臂"。

　　投影仪之所以能成为多媒体辅助教学的首选对象，是因为投影形象、生动、感染力强，使用起来也很方便。将其引入课堂，是教学直观性原则的一种体现。而从学生感受的角度来说，它能激发学生的学习兴趣，有助于提高学生的观察能力、形象思维能力，促进学生对知识的理解和巩固。

　　另外，在教学中广泛应用投影仪，能加大课堂教学的容量，使教学环节变得更加紧凑。上课时，教师将课文的学习目标、重点、难点、要求等投影出来，让学生一目了然，既明确了要求，又能在教学过程中做到有的放矢。而课堂练习中使用投影片出示预先准备好的题目，则既能节省课堂时间，又能做到边讲边练，讲练并举。如果使用实物投影，还可以动态展现教学过程，使抽象的概念形象化，帮助学生加深理解，降低难度。

　　一张小小的投影片，就能让课堂图文并茂，让教学生动、灵活、有趣，让教师教得轻松，学生学得愉快。教师自然有必要在课堂上积极采用这种教学方式。

（一）投影展示实物，吸引学生的眼球

　　荀子曾说："不闻不若闻之，闻之不若见之。"提出了教学要以"闻""见"

为基础的思想，提倡要在教学中贯彻直观性的原则。

中小学生由于自身缺乏知识和经验，对教材内容缺乏感性认识，所以有许多内容光凭教师的口头讲解，学生是不易理解和掌握的。而投影仪则可以直观形象地再现观察的事物或现象，能引起学生的注意，提高学生的学习兴趣，增强学习的效果。

小学常识教材有很大部分内容是认识身边的事物。教这部分内容时，出示实物给学生观察是最直观的方法，但有些实物比较小，学生很难把细微的地方观察清楚。利用实物投影把被观察实物的细节放大，可使学生容易找到特征，把握整体。

教《种子的传播》一课时，浙江省新昌县城南乡秦岩学校的石再松老师，就把蒲公英、苍耳、鬼针草的种子直接进行投影，让学生清晰地观察蒲公英、苍耳、鬼针草种子的外形特点，使学生就像身处野外实地观察一样。

在《植物的叶》一课上，石老师把桃树叶、小麦叶、玉米叶、兰花叶、桂花叶、菊花叶、美人蕉叶、玫瑰叶等放在载物台上，然后进行投影。放大后，叶子的脉络清晰可见，这时，石老师就引导学生根据叶脉的形状给不同的树叶归类，整堂课学生的注意力特别集中。

在一些动物动态实验中，石老师同样通过实物投影，把动物整个活动过程完整地在银幕上显示出来。

比如，"蚯蚓"一课中要求学生观察蚯蚓的外形及它是怎样爬行的。教学时，石老师就把蚯蚓放在玻璃上，然后进行投影，让学生能在银幕上清晰地观察到蚯蚓的身体是一节一节的，爬行的时候是一伸一缩的。

接着，石老师又给蚯蚓翻了个身，使学生观察到了平时不易发现、肉眼难以看到的"刚毛"。或许学生没有如此清晰地观察过蚯蚓，随着蚯蚓的蠕动，学生们发出一阵阵惊叹声。

科学课包罗万象，为了让学生开阔眼界，拓展知识面，教师常常需要提供丰富的资料。但在平常教学中，教师只能举起给学生看一下，或拿着资料在学生中走一圈。这就导致一些学生看到了，一些没看到；一些看清了，一些没看清，并没有给学生带去视觉冲击，从而使费了很多工夫准备的资料不仅没有产生预想的效果，还埋下了课堂秩序混乱的隐患。

为此，在教"食物的营养"一课时，某教师改用了实物投影仪，结果竟然产生了意想不到的效果。

为了激发学生对食物的研究兴趣，一开课，该教师就把在一本常用工具书中找到的彩色食物图片通过实物投影仪在银幕上展示了出来。

当看到那一道道精美的食物时，学生们都被吸引住了，仿佛这些食物就在面前，香味依稀可闻。

在学生对食物产生浓厚兴趣时，该教师顺势就将讨论的主题引向了对食物营养的研究。

实物图的展示还能充分激发学生的审美，在美术教学中有尤其广泛的运用。多年的教学经验让某美术教师深感到：欣赏在美术教学中占据极为重要的位置，但课本中供学生欣赏用的古今中外名画和当代学生的优秀习作，因版面限制而变得非常小，不少地方根本无法辨认。因此学生常常对它一看了之，不肯细细品味，上课时即使教师把课本高高擎起，在"方寸"之间使劲地比划，也很难吸引学生的眼球。尤其当遇到像中国画中的水墨韵味、西画中的色彩渗化衔接之类的东西，教师根本无法表述。

于是，该教师改进了教学方式，把要欣赏的小画面放在实物投影仪上，并放大在银幕上，这时教师再稍加讲解，学生便能对画面产生较强的感受与共鸣，受到较强的艺术感染。有些学生甚至还可以把自己对画面的感受表达得非常出色。

欣赏"近现代中国山水花鸟画"时，该教师的感触特别深。以往上这一课时，尽管他讲得口干舌燥，学生还是不感兴趣，课堂气氛也不活跃。这一次，他就改用了实物投影仪，效果非常好。

上课时，当该教师把《漓江山水天下无》这幅画放大在银幕上时，学生立刻被画面打动了，静静地睁大眼睛欣赏着画面，还不时发出赞叹声。甚至还有一位学生脱口而出："啊！真美呀！"

教师趁机问："你觉得《漓江山水天下无》这幅画美在哪里？能说说感受吗？"

这位学生毫不犹豫地站起来说："这幅画山美、水也美，可以说是山清水秀。你看，画里的山形状千姿百态，千重万重；水特别清澈，像镜子；渔船像在冰上滑；空气感觉也很新鲜。我完全感受到了作者对祖国大好河山的赞美。我长大了一定要去漓江游一游。"

听完他的发言，教师和其他学生都不约而同地鼓起掌来。

接着，教师又用同样的方式，把画面一一展示在实物投影仪上，让学生说出自己对作品的感受。这堂课，教师只在旁边稍作提示，而学生们则争相发言，课堂氛围异常活跃。

对学生来说，投影在大屏幕上的画面，要比教师的讲解更一目了然，更色彩丰富。这比教师单凭一张嘴不停地讲要有趣多了，也更能在学生脑海里留下深刻的印象。可以说，这无异于给学生换了一服药，给学生调节了一下口味，让学生对那些原本枯燥的知识产生兴趣。

教师应用投影手段教学，给学生呈现更丰富的教学内容，能让课堂更加有声有色。

（二）合理利用投影仪，让抽象知识更具体

捷克教育家夸美纽斯说："可以为教师们定一则金科玉律，在可能范围内，一切事物都应该尽量地放到感官的跟前。"

学生对知识的获得主要依赖形象思维。对于教学中常出现的一些抽象概念、问题、实验等，他们是很难理解的。

这时，教师可以充分利用各种教具，如实物、标本、模型、挂图、录像等直观手段进行教学，让学生通过投影仪直观、形象地了解这些抽象知识。

在初中物理实验教学中，电磁学实验是一项比较抽象、难于操作的实验。在具体的学习过程中，学生往往不易理解，而在演示过程中，由于器材太小、不直观等原因，教师不能让每一位学生实时、准确地观察到实验现象。

值得庆幸的是，在多年教学实践中，湖北罗田中学的孙立老师，摸索出了一些比较实用的方法，基本上解决了电磁学实验教学中存在的问题。

过去，孙老师的做法是：先把六个小磁针放在讲桌上围成一个圆圈，然后在中间放一个条形磁铁，观察小磁针南、北极的方向变化。但是，如果让学生坐在座位上观察，只有前排学生能看得清。为了解决这一问题，孙老师把这个实验放在普通透式投影仪上进行。

他找了一块大小和投影仪载物台差不多的干净玻璃板，取了六个小磁针，把每一个小磁针的南极的尖头部位粘一小块改正纸，用来标记南极；接着，把玻璃板放在投影仪的载物台上，保护载物玻璃，再把小磁针放在玻璃板上排列成圆圈状；接着，打开投影仪开关，待介绍完实验原理及小磁针南北极后，再把条形磁铁放在小磁针围成的圆圈中间。这样实验现象就可以通过投影银幕实时、准确地呈现出来了，学生们都能看到清晰的实验过程。

在演示摩擦起电、电流的形成、电压的作用、液体压强公式的推导等内容时，孙老师都巧妙地利用组合幻灯片，通过投影，将微观变宏观，将抽象变具体，甚至把电子怎么转移、电荷定向移动产生电流的过程等物理现象，都形象地显示出来了。

讲摩擦起电时，孙老师先画了一张表示原子核的投影片和一张表示核外电

子的投影片，然后用母子扣连接在一起。只见他一边引导学生观察投影放大后的灯片，一边转动上面那张画有电子的投影片，从而很形象地在学生头脑中建立起了原子结构模型。

在品红的扩散实验中，孙老师用一只烧杯装 2/3 的水放在投影仪上，打开投影仪，将一小粒品红放入水中。

在银幕上，学生们清楚地看到：品红周围的水变成了红色而且渐渐向四周扩散，水越来越红，品红越来越少，最后不见了。

整个扩散过程一目了然，加上老师的有效引导点拨，学生可能一辈子都不会忘记这个实验现象。

中学生思维正处于以形象思维为主向以抽象思维为主的过渡过程中，抽象思维能力比较薄弱。在物理教学中，如果教师用投影仪投影实物，能让学生获取丰富的感性材料，为他们形成准确、清晰的概念并抽象出概念的本质创造条件。

初二物理"柴油机的工作原理"一课，要讲清柴油机的构造原理、"大气压"和"燃烧室"的作用，以及进排气门的开与闭的关系。重点是原理，难点是两个阀门的开、闭关系。如果用挂图讲，处于静止状态，费力大、时间长，学生也难以理解；带学生到柴油机现场去看，也只能看到机器的外壳和排出的废气，看不到其内部结构。

为此，甘肃省兰州中学的物理教师刘大陆专门制作了投影片，放映后可清晰地反映出随着气缸活塞的上下移动，两个阀门的启、闭，空气的流动，以及四个冲程的工作情况。

通过投影，学生们看到了汽缸的内部结构，立马就张大了嘴巴，聚精会神盯着投影看。一个本来用一节课都难以讲清楚的问题，在使用了投影片后，才二十多分钟就让学生看清楚了。

在教学实践中，很多抽象的概念，比如案例中的摩擦起电、电流电压、溶解与不溶解等，很难用语言来表达清楚。但教师借助投影仪，就很轻易地让学生观察到了。由此可见，教师确实可以利用投影仪将一些抽象现象、抽象知识、抽象实验等投影到银幕上，增强知识的可见度和动态感，变抽象的内容为直观的现象。

如果教师找不到更好的办法让学生学习、掌握那些抽象的概念、知识，不妨动用一下投影仪。

（三）投影画面，让课堂充满动感

托尔斯泰说："成功的教学所需要的不是强制而是激发学生兴趣。"

学生对周围事物的感知往往是粗略而笼统的，他们的注意力容易被直接感兴趣的东西、色彩鲜艳的东西、直观形象的东西所吸引。教师若能把枯燥的知识趣味化，并添加一些丰富多彩的画面，就会引起学生的兴趣，从而调动学生的学习积极性。

使用投影教学，就能做到这一点，使课堂变得图文并茂，充满动感。

随着学校硬件设施的改善，很多学校都在教室中安装了投影仪，这给课堂教学的展示性操作带来了极大的便利。

自从给每个教室配备投影仪以来，湖南省澧县澧南小学的学生，改变了课堂听讲的单一模式。通过投影，他们可以观察、可以欣赏，有了一种身临其境的感觉。可以说，投影仪让课堂多了几分精彩。

在"长江"一课上，吴宗运老师把长江源头到入海口的壮美景物投影在银幕上，然后以《长江之歌》作背景音乐。情景交融，学生心中顿时升起一种对祖国大好河山的热爱和自豪感。

在"香港和澳门"一课中，吴老师先在银幕上打出澳门的标志建筑——大三巴牌坊，然后又指挥学生唱《七子之歌》，插播各种港澳图片的投影，让学生深深感受到要统一祖国，就必须把中国建设得更加强大。这无形中渗透了思想品德教育。

语文教师董玉继认为，实物投影仪和教师的讲解与作品接轨，更能吸引学生的注意。

在教《雨》一课时，除了用录音来烘托下雨的氛围外，董老师还运用投影来展现下雨时雨水由点变线、由小变大的过程，使学生领悟到了抓住特点写具体的写作方法；教《闰土》一课时，董老师把捉鸟的过程也制成了一幅动画：撒秕谷—支竹筛—飞过来—拉绳子。形象逼真，充满动感，使学生产生了浓厚的兴趣。

正是通过自制投影片，董老师使课堂变得图文并茂，引起了学生的极大兴趣，受到了学生的喜爱。

地理教学要向学生介绍大量的异地自然或人文风光。从学生的心智特点出发，在授课时运用景观投影片，创设教学情境与氛围，能增强学生对地理知识的感受与理解。如"世界自然景观图"，包括热带雨林、热带草原、温带沙漠等，教师放的投影片都能清晰地展现这些自然景观的风采。

在讲"城市风光"时，每当投影银幕上出现一幅幅色彩绚丽、景象逼真的画面时，学生的注意力就立刻全部集中于此了。他们一边"欣赏"这些画面，一边聆听教师绘声绘色的讲解，恍如遨游于祖国瑰丽的山川，徜徉于世界广袤的大地，心中充满了神奇的遐想和喜悦的感情，不由得增强了求知欲。

利用景观的差异，引导学生进行对比和分析，还能使他们获得理性的判断和规律性的认识。

在讲我国南北方气候的差异时，该教师利用景观投影来进行对比，在同一个画面上，他做了一张一半是广州花市而另一半是哈尔滨冰灯的图片。这种景观的强烈反差，无疑引起了学生极大的兴趣，并产生了疑问。此时，该教师只进行了轻轻地点拨与分析，学生就很容易地得出了"我国冬季南北温差大"这一结论。

某数学教师在教"9的认识"时，用投影片展示出小红军骑马的画面。清晰的画面、扬蹄的马、英姿飒爽的小红军，立即吸引了学生的注意力，让课堂充满动感。

该教师顺势引导，说："同学们，赶快数数图上有几匹马，几个人。"

在静止的画面上，刚入学的小学生兴致勃勃地数起数来。

很快就有学生说："老师，我数出来了，有9匹马。"

另一位学生也不甘示弱，抢着说："我也数出来了，有9个人。"

教师紧接着学生的话，引出9的认识，再结合画面顺利完成了有关9的教学任务。

在教"两位数加一位数"时，像"27＋5"这样的进位加法，个位满十，向前一位进一，是教学的重点，也是难点。

处理这一节时，该教师先用投影仪打出2排（每排10个）零7个黄方块，5个红方块。清晰的画、鲜艳的色彩、静止的图像，既符合小学生活泼的天性，又适应了低段学生的视觉特点。

当学生想到从5个红方块中拿3个给7个黄方块把它凑成一个十，这样就有3个十零2个方块的时候，该教师就马上出示了第二张投影片，上面清晰地展示出了整个操作过程。然后该教师又结合操作过程进行讲解，使学生由形象感知立马上升到了理性认识，实现了思维的渐进性。

投影仪教学具有耗资少，操作简单，使用方便的优势。投影片又具有经济、简便、易于制作和使用及时等特点。而且在教学中，既可按教学要求展示，又可反复演示；既能单片显示，又可重叠使用，特别是教师还可以根据条件和需要自己动手绘制，或简或繁，可精可粗，取我所需，为我所用，具备不同于其他教学手段的特殊优势。

在教学各个环节中，教师应该根据需要，恰当、灵活地使用投影仪，引导、启发学生有目的、有重点地进行观察、思考、操作。

总之，运用投影仪辅助教学，能优化教师对教学内容的讲解。投影和课文内容相结合，可以图文并茂，创设良好的教学情境，促使学生观察，诱发他们的思考与想象，帮助他们形成创造性思维。

另一方面，作为多媒体教学的辅助设备，小小的投影仪结束了传统教学的黑白时代，为学生展现了五彩缤纷、图文并茂的美丽新世界，使现代化教学更具活力、效果更好。而且，投影仪是利用光学原理制成的，相对于日光灯和液晶电视，投影仪打出来的画面不会对眼睛造成伤害，没有辐射，势必将在教育领域大展身手，改变传统教学"一张嘴巴一支笔，照着书本说到底"的现象。

教师们应顺应时代潮流，好好利用、发挥投影教学的优势，使课堂变得图文并茂，声色俱佳，以吸引学生全力调动自身的视听感官，全身心地参与到学习活动中来。

说到不如看到，在实物模型上寻找突破点

近年来，由于多媒体等高科技教学手段的介入，教师越来越注重用多媒体课件来处理课堂教学中遇到的问题，但实物模型这种直观的教具，却已经很少有人用了。这不能不说是一种遗憾。

在教学中，使用模型可以提高学生对学习对象的兴趣，激活学生的思维；可以使课堂变得生动有趣，让学生轻松掌握所学知识。可以说，模型具有多媒体课件不可取代的特质。

首先，模型具有直观性。它可以将物体直观地展现在学生面前，帮助学生直观地看清物体的基本结构，使知识变得形象具体，便于观察和研究。这一优越性是其他教具所无法比拟的。

其次，模型可以充当连接抽象与具体之间的纽带。它可以把微观事物放大，宏观事物缩小，能够把抽象的事物具体化，使学生的思考和想象更加容易。

再次，模型可以帮助学生亲身体验事物，进行深入探究。一些事物仅靠教师的言传身教或媒体的展示，是无法让学生全部感知的。相反，如果学生能够亲身体验，就能真正认知。因此使用模型进行教学，可以激发学生对事物的认知兴趣，帮助学生探究事物，培养学生的探究能力。

一些教师意识到了模型教学的优越性，有意识地在课堂教学中加大了模型的使用力度。那么，教师该怎样在课堂教学中良好地使用模型呢？

（一）运用模型，让知识形象化

具体的事物往往比抽象的东西更能引起学生的兴趣。教学中，教师合理适

当地运用传统模型辅助教学，可以使一些较为抽象的书本知识变得形象化、具体化，使课堂变得生动，并因此而激发学生学习的兴趣和探究的欲望。

上"地球的自转"一课时，安徽省六安市第二中学的地理教师范本清问："同学们，毛主席有一句诗说'坐地日行八万里，巡天遥看一千河'，你们知道是什么意思吗？"

小强举手回答："我知道。意思是说在那儿坐着不动，就能一天一夜走八万里路。"

"回答得很不错！那么，你们知道为什么坐着不动，就能一天一夜走那么远的路吗？"

学生们互相看了看，都摇头说不知道。

范老师接着问："大家都知道我们生活在地球上。但是你们知道地球是一直在转动的吗？"

有学生回答："小学自然课中老师好像讲过，地球是一直在转动。"

"地球不仅围着太阳在公转，还自己进行着自转。"

"没错！地球在围着太阳公转的同时也在自转。赤道的周长是四万公里，也就是八万里。身处赤道上时，地球自转一圈正好是它的周长，所以就是'坐地日行八万里'了。"范老师解释道，"那你们想知道地球是怎样转动的吗？"

"想！"学生们异口同声地喊道。

范老师适时地拿出几个地球仪，给学生们看。看到地球仪，学生立即来了精神，都兴奋不已地想上去转转。

"现在，请同学们四个人组成一个小组，互相配合演示地球是怎样自转的。等一会儿，我会叫两位同学到讲台上来演示，并解释地球怎样自转，好不好？"

"好！"学生们一听，就前后桌组成一组，开始忙碌起来。有转动地球仪的，有讨论地球自转时的方向、姿态的。只见他们一会儿往上转，一会儿往下转，还就转的过程中出现的现象，进行争论。

到了展示时间，范老师问："哪两位同学愿意上台来讲讲地球是怎样自转的啊？"

学生们纷纷举手。范老师挑了小亮和小丽上台。

小亮说："地球是自西向东转动的。"

小丽却说："不对！是自东向西。"

"为什么会产生这样截然相反的结果啊？你们俩演示给大家看看。同学们，我们给他俩当评委，好不好？"

"好！"

"不过，要当个合格的评委可不容易，不仅要边看边思考，还要说明对或错的原因。"范老师强调说。

在小亮表演的过程中，学生们都目不转睛地观看。

这时，下面有学生喊："错了，错了！地球仪姿势不对，应倾斜着放。"

小亮听从了他的建议，摆好地球仪，对准方向，重新转动起来。

小丽说："对呀！是这么转的！可我看到的还是自东向西转啊！"

"是呀，我看到的也是自东向西。"有些学生附和着。

范老师说："他们两个，转动的没错，看的也没错。那到底错在哪里呢？"

"我知道了。"一个学生站起来说，"错在他俩没站在同一个方向。他俩相对站立，东西方向刚好相反。所以，虽然转动的方向都是自西向东，但是有一个看的却是自东向西。"

"哦！原来如此。"

"老师，我们明白了！"小亮和小丽都恍然大悟了。

"那其他同学都明白了地球是怎样自转的吗？"

"明白了！"学生们高声地回答。

"在明白地球如此自转的基础上，下节课我们一起思考地球是如何围绕太阳公转的。到时候应怎样用地球仪演示地球的公转呢？同学们把这些问题作为课后思考题好好想想，然后带着这些问题去预习下一节内容。好不好？"

"好！"学生回答。

在热烈的气氛中，学生们结束了这节课，但许多学生还意犹未尽，继续交流讨论着。

一个地球仪模型，"简单"地转几下，就让学生转出了分歧，而再转几下，分歧就又轻易地解决了。在这里，教师的作用是引导者，而不是知识的灌输者。因为通过转动地球仪，教科书上的知识已经变得生动形象、一目了然了，自然就不需要教师费尽口舌地去讲解了。

所以说，课堂中的有些问题，即便教师表述得很清楚了，学生都有可能疑惑重重，如果将其"实物化"，学生一看就能明白了，这胜过教师千言万语的讲解。

教"磁能产生电"时，为了让学生了解发电机的工作原理，某物理教师用发电机模型给学生们上了一堂生动有趣的课。

该教师问："同学们都知道我们的生活离不开电，但你们知道电是从哪里来的吗？"

"从火力发电厂来的。"

"从水电站来的。"

"有从核电站来的，还有从风力发电站来的。"

学生们七嘴八舌地说开了。

"大家说得都对！我们生活中的电就是从这些发电站来的。但这些利用不同的能量发电的发电厂都有一个共同的设备。大家知道是什么吗？"

"是什么呢？"有的学生一时想不起来。

"老师，我想起来了，是发电机，对不对？"一个学生站起来回答。

"没错。就是发电机！"该教师赞赏道，"大家想知道发电机是怎样工作的吗？"

"想！"

这时，教师拿出一个手摇发电机模型放在了讲台上。

顿时，学生们的眼睛就聚集在发电机模型上了。

"大家想不想玩一玩这个模型，让它发出电来？"教师问。

"想！"许多学生都举起手来，迫不及待地想试一试。

"大家都别急，先把课本中介绍发电机构造和原理的内容预习一遍。等会儿，看谁能说出这个模型的构造和工作原理，就先给谁体验。我这个提议怎么样？"

"就这么办！"学生们同意了这个提议，立即投入到预习之中。

几分钟后，小强首先举起了手："老师，我弄明白了！让我先体验一下吧！"

"这要等你先把发电机构造和原理说对了再说。"

"没问题。"小强信心十足地说。

"大家预习得也差不多了，先来听一听小强说得对不对吧？"

"好！"

小强走上讲台，仔细看了看发电机的模型，指着模型开始了讲解："大家请看：这是一块磁铁，是用来提供磁场的，发电时它是不动的，也就是我们常说的定子；这是一个线圈，发电的时候在磁场中转动，也就是我们所说的转子。老师，现在可以给我体验一下了吧？"

"你急什么呀？你还没有说工作原理呢！"有学生在下面喊道。

"哦！我忘了！"小强不好意思地说，"我现在接着说原理：线圈和其他电路元件组成一个闭合回路。当线圈在磁场中转动切割磁感线时会产生感应电流，这样发电机就发出电来了！"

"回答得很好！你可以开始演示给同学们看了。"老师点头说。

小强就在讲台上演示起来，边演示边讲解。他一会儿慢慢摇，一会儿快速摇。只见发电机模型上的小灯泡一会儿暗，一会儿明。

看小强转动，学生们都露出了羡慕的眼神。

"不用羡慕。大家都有机会。只要你们能够像小强一样说出发电机的构造和工作原理，我就把模型给他体验。"该教师说。

就这样，在这堂物理课上，学生们的学习情绪非常饱满，教学也在热烈、活泼的气氛中顺利进行。

模型教学不仅可以帮助学生轻松地学到新知识，还能在复习时帮助学生加强记忆。

像"磁能产生电"这样抽象的知识点，如果单纯地用做习题或提问的方法带领学生学习，学生多会觉得很无聊。但换成模型教学，像案例中的物理教师这样用模型引导学生复习的话，学生的积极性就会提高很多。因为这种模型教学不仅好玩，而且让"磁产生电"的知识变得形象可见。

（二）制作模型，让枯燥的难点更生动

让学生自己动手制作简单的教学模型，就像在抽象与具体之间建立桥梁，把抽象而枯燥的知识变得形象而生动了。这比教师单纯的说教更能激发学生的学习兴趣，更能让课堂变得生动、有趣，从而达到降低教学难度，突破教学难点的目的。此外，这还锻炼了学生的动手能力，培养了学生的合作探究能力。

上"矩形、菱形、正方形"一课时，为了提高学生的学习兴趣，突破难点，广西桂林十五中的数学教师王汉源，让学生在课堂上自制教学模型。

上课前一天，王老师就让学生准备了 4 根小木条、4 枚图钉和 1 把小剪刀。

课堂上，王老师说："前面我们已经学习了平行四边形。请问哪位同学知道怎样用四根木条制成一个平行四边形啊？"

小婷回答："根据所学知识，我认为用长度相同的两根长木条和两根短木条，把它们 4 个端点顺次用图钉钉起来，就可以组成一个平行四边形了。"

"小婷说得对不对？哪位同学解释一下？"

"我知道！"

"我也知道！"许多学生纷纷举手。

王老师让小雨来回答。

小雨说："小婷说得不完全正确，根据'两组对边分别相等的四边形是平行四边形'这个定理，要把两根短的和两根长的木条作为对边，顺次把 4 个端点钉好就构成了平行四边形。"

教室里响起了赞同的掌声。

"下面，请同学们拿出准备好的木条，按照小雨的办法自制一个平行四边形。比一比，看谁做得又快又好！"王老师又开始布置任务了。

学生们立刻行动起来，开始制作平行四边形，不一会儿，就完成了任务。

"老师，看我做得好不好？"

"看看我的吧！我做的肯定是最好的！"

学生们争先恐后地把自己的模型展示给老师看。课堂气氛开始变得热烈、活泼起来。

"请同学们把做好的平行四边形举起来，让我来欣赏一下，看看做得怎么样？"王老师说。

学生们把做好的平行四边形高高地举起来。王老师巡视了一遍，满意地点了点头："大家做得很不错！现在，请大家轻轻拉动自己的平行四边形的边，让它变成长方形。"

很快，学生们就把手中的平行四边形拉成了长方形。

"现在，再请同学们把手中的长方形拉回成平行四边形。"

学生们很快按老师的要求完成了操作。

"矩形就是我们小学所说的长方形。现在你比较一下手中的矩形和平行四边形，回忆刚才的操作过程，然后同桌之间互相讨论一下平行四边形是怎样变成矩形的。"王老师提出了一个问题。

拿着手中的自制模型，学生们认真地比划、讨论、交流着。

"现在，谁来说说平行四边形是怎样变成矩形的呀？"看学生们讨论得差不多了，王老师问。

小军首先举起了手："其实，我们拉平行四边形的时候，就是把平行四边形的内角由一般的角拉成了直角。这样平行四边形就变成了矩形。"

"大家同意小军的说法吗？"王老师问道。

"同意！"学生们都表示赞同。

"根据你们刚才的操作，我们可以得出矩形的定义：有一个内角是直角的平行四边形是矩形。"接着，王老师进行讲解，"矩形其实就是特殊的平行四边形。除了刚才那一点外，你们还能根据自己做的模型说说平行四边形和矩形的性质有什么区别吗？大家现在讨论一下，看能不能得出正确的结果来，然后比一比看哪一组表现得最优秀。"

学生们看着模型认真仔细地探讨起来，很快就得出了矩形和平行四边形在性质上的区别。

提到模型教学，很多人都会认为那是生物、地理等学科的专利，在数学课中有什么需要模型的呢？好好动笔杆子，多给学生留点做习题的时间，不就行了吗？其实不然，在数学课堂上不仅有可以利用模型教学的内容，而且运用好了，还能起到事半功倍的效果。

通过用小木条做平行四边形，学生掌握了平行四边形的基本性质；通过拉动小木条，学生又弄明白了平行四边形和矩形的异同点。做一做、拉一拉，知识就这样变活了，而学生的学习也就这样变轻松了。

教"鱼的呼吸系统"前，生物教师张宝让学生课下准备好剪刀、双面胶、尺子、铅笔、电光纸、薄塑料片、玻璃杯和水等材料。

课堂上，张老师问："同学们，你们知道鱼儿为什么离不开水吗？"

"知道。"学生们不假思索地回答，"鱼儿离开水就不能呼吸了。"

"为什么鱼的呼吸器官——鱼鳃离开水后就不能呼吸了？"张老师继续问。

学生们摇了摇头。

"我们今天就做一个鱼鳃，研究一下为什么鱼儿离开水就不能呼吸了。"

"怎么做鱼鳃呢？"学生们迫不及待地问。

"别急！大家请看黑板，老师已经把制作步骤写在黑板上了。现在，拿出准备的材料，按照这些步骤操作，就可以制成鱼鳃了。现在大家开始行动吧！"

学生们立即投入到了鱼鳃的制作过程中。过了一会儿，鱼鳃模型制成了。

"现在，同学们把制成的鱼鳃放入盛水的玻璃杯中，然后再拿出来，观察鱼鳃的鳃丝放入水中的前后有什么不同。大家要仔细观察！"张老师布置了下一步的操作任务。

按照张老师说的步骤做了几遍后，就有学生不由自主地发出了叫声："我明白了！"

"我也明白了！"

许多学生都发现了这个奥秘。

"那哪位同学告诉大家是怎么回事呢？"

小林站起来回答："在水中时，鳃丝充分展开，与水接触面积大，容易得到更多的氧，而离开水后，鳃丝就贴在一起了，与水接触面积很小，得不到足够的氧气。这样，鱼儿很快就会因缺氧而死亡。老师，是不是这样的？"

"是的。你回答得很好。这就是答案。大家都明白了没有？"

"明白了！其实我们也是这样想的。"许多学生兴奋地回答。

就这样，一堂课在不知不觉中过去了。学生们整节课都兴趣盎然，保持了良好的学习状态。

鱼儿离开水不能活，是因为不能呼吸，而不能呼吸又是因为什么？是鱼的呼吸器官——鳃，在离开水之后，就不能"工作"了。但是，其中的具体原因是什么，学生们就不清楚了。

诚然，教师直接给学生讲解的话，学生也能明白。但是，却不能保证学生永远都记住，也不能保证所有学生都能学会。

但像张老师这样引导学生自己做鱼鳃模型，让学生亲自观察鱼鳃模型在水中与水外的变化的话，这个难点就变得生动多了，也好学多了。

（三）特色模型，激发学生的学习欲望

教师离开模型教学，照本宣科，课堂教学就变成了说教课。这种死气沉沉的教学方法必然会让学生滋生厌学情绪。但是，有些教学内容不一定有现成的模型可用，这就需要教师开动脑筋，自己创造性地做一些特殊模型，供教学使用。

教师自制的特色教学模型，往往更新奇，更能激发学生对知识的兴趣和探索欲望，更能引导学生勇于探究、乐于探究。

为了提高学生的篮球素养，让学生们会打篮球、打好篮球，山东省威海三十一中的体育教师李超国，就用自制的篮球战术模型帮助学生学习篮球技能和战术。

李老师是这样制作模型的。

第一步，取一块木板和一块薄铁板，剪成相同的大小，在中间放入几块磁铁，然后把四个边用螺丝钉固定好，接着用白色油漆漆一遍薄铁板，最后再用蓝色线条画出篮球场的示意图；

第二步，烧制十个大小不一的陶人，并在每个陶人的底部安装一枚一元的硬币，然后再给陶人上色，五个漆成红色，五个漆成黄色，作为演示战术的双方队员；

第三步，将双方的队员模型按场上位置进行编号。

这样，一个篮球战术演示模型就制好了。因为小陶人可以被磁铁吸住，而且就算把小陶人移来移去，也不会掉下来，所以使用起来非常方便。

篮球课上，当李老师拿出这个模型时，学生们都被它吸引住了。

"李老师，这个东西是干什么用的啊?"有学生问。

"教你们打篮球的。"李老师回答。

"这些小人儿太好玩了! 真有意思!"许多学生都感叹着，"你就是把这些小人当做我们吗?"

"是呀! 这些小人儿就代表比赛双方的队员。现在，我就用它们来给你们讲解篮球的基本战术，好不好?"李老师说。

"好!"学生们齐声喊道。

接着，李老师就用这个特色模型教学生侧掩护与定位掩护、挤过配合、传切与突分、防守快攻和挡拆配合等篮球基本战术。

学生们好像突然开了窍似的，在训练中很快就达到了李老师的要求。

"以前我们对篮球感兴趣，但有些术语很难理解，以至于不管怎么练，技术都提不上去。时间一长，我们就逐渐对篮球失去兴趣了。现在好了，对照着老师做的模型听技术讲解，很快就明白了。现在我们的进步连自己都吃惊。"有学生说。

李老师鼓励学生说:"你们要好好练习基本技术和战术。过段时间，我要在你们当中挑选练习得最好的十位同学组成校篮球队，代表学校参加市组织的篮球比赛。大家有没有信心把篮球技术练好?"

"有!"学生们兴奋地回答。

经过一段时间的观察，李老师从各个班级挑选了一些具有篮球特长的学生组成了校篮球队，并运用自制的篮球战术模型对他们进行战术训练，培养他们的战术素养，提高战术的运用能力。

后来，李老师这一特殊的训练方式取得了显著成效。他所带的篮球队在威海市第五届中学生篮球赛中获得了亚军。

十个小陶人，组成了两个互相争斗的篮球队。利用它们的变动，教学生学习篮球技能与战术，一定会取得很好的效果。因为这个模型不仅是由教师操作并讲解的，而且其操作过程中所代表的篮球训练技巧，学生一眼就能看明白。而且，这样的训练手法，还没有几个体育老师能做到呢。这自然又成为吸引学生的一个重要方面。

在教学中，某物理教师也经常运用教学模型培养学生的创造力。

物理兴趣活动课上，该教师提出了一连串的问题:"对于'小小秤砣压千斤'这句俗语，同学们能说出其中的道理吗? 你知道不法商贩是如何在秤上做手脚坑害消费者的吗？你想了解其中的秘密吗？"

"当然想！"学生们回答。

"好！"说着，该教师拿出了自己做的杆秤。学生一见，立即围了上来，想弄明白这个杆秤是怎样做的。

"既然大家对我做的杆秤这样感兴趣，我就告诉你们制作方法吧。"说着，教师就告诉学生如何制作杆秤、确定定盘星，然后问，"现在，你们知道怎样制作杆秤了吧？如果叫你们也做一个，能做出来吗？"

"能做出来。"

"我试试。"

学生们回答道。

"如果感兴趣，请大家在课后找一些材料自己做一杆秤。今天我们的主要任务是揭露不法商贩怎样利用杆秤欺骗消费者。下面，请同学们利用我做的这个杆秤模型相互讨论一下，把这个问题弄清楚，好吗？"

学生们开始研究老师做的杆秤。在一番讨论、交流和探究，再加上老师适时的指导后，大家很快找到了不法商贩的欺骗行为的真相。

"哪一位同学把探究的结果汇报一下？"该教师问。

小露举手回答："我们一致认为：不法商贩是在秤砣上做了手脚。卖东西时，他们把秤砣的质量弄得比正常质量小，而买东西时，则把秤砣弄得比正常质量大。老师，对不对？"

"回答得很好！"教师表扬道，"你们用什么知识来解释呢？"

"用杠杆原理就可以解释。"学生们回答道。

"既然同学们已经知道不法商贩欺骗行为的真相，那么遇到这种情况你应该怎样去校秤呢？"顿了顿，教师接着说，"你们利用杆秤模型去探究一下这个问题吧！"

遇到新的问题，学生们立刻来了精神，马上投入到探究中去。当然，这个问题也没难住学生，因为有了这个杆秤模型，一切关于杆秤的问题都变得简单起来，自然也就在学生的观察、思考和讨论中迎刃而解了。

特色模型的特殊价值，就在于它的"特"。因为它们奇特、独特，甚至是专门为课程量身定做的，所以学生们倾注的感情与关注就会多些，就会更愿意利用它们去搞好自己的本职工作——学习。

通过一系列问题的设计、分析、讨论，教师用自己特制的杆秤，让学生明白了杆秤的相关知识，对杠杆原理有了更加深入的理解。

而看到老师做的杆秤，学生们萌生了自己做一个的想法。这种想法延伸到课外，学生就会亲自去做一个杆秤，并且可以在做杆秤的过程中继续体会、复习杆秤知识和杠杆原理。

总之，在教学中，教师恰当地使用模型，可以吸引学生注意力，激发学生的学习兴趣，调动学生的学习积极性。通常，中小学自然科学、物理、生物、化学和地理使用模型的机会比较多，自制模型也相应较多，可以更好地让教师使用模型授课。其实，除此之外，语文、外语、音乐、美术、体育、劳动技术、科技活动等学科，教师也可以在已有的教具和器材设备的基础上，自制一些模型来满足教学需要。

新课程改革要求改革旧的教育观念，全面推进教学方式、教学手段和学习方式的转变，这将为模型教学活动提供很多新机会，提出很多新课题。对此，教师们应努力抓住这些机会，让模型教学焕发新的生机与活力，为课堂教学增添情趣。

走出教室，给课堂更大舞台

　　传统的课堂教学就是把学生"圈"在教室里。这样虽然能加强知识的"灌输"，也会在一定程度上提高学生的技能，但这种教学过程往往显得呆板、无趣，学生学得也很累。实施室外教学，就可以弥补室内教学的"先天不足"。

　　首先，室外课可以提供广阔的教学空间和充实的生活背景；能让学生摆脱教室的限制，找回大自然的感觉；能让学生感悟到知识与大自然、现实生活有着千丝万缕的联系；能让学生体会到知识来源于生活，反过来也服务于生活；能让学生的想象打破时间和空间的局限，任其翱翔；能激发学生高昂的学习兴趣和强烈的自信心。

　　其次，室外课使教室的限制不再存在，可以给学生提供进行实践活动的极大空间，有利于培养学生合作交流的意识。

　　另外，室外课有利于学生产生良好的情感体验。学生是十分喜欢大自然的，大自然的任何事物都深深吸引着他们的兴趣，使他们产生愉悦的情感体验。当教师把课堂从室内搬到大自然中时，这些愉悦的情感就会不由自主地产生，令学生身心十分愉快，学习的欲望就会增强，学习的效率就会提高。

　　开拓教育资源，实施开放的室外教学，要求教师打破学校与社会、自然的壁垒，引导学生走出课堂、走出校园、走向社会、走向自然，广泛而深入地开展综合实践活动，让学生在体验自然、体验社会、体验人情、体验生产中增强社会责任感，提高综合实践能力。

　　更重要的是，教师要打破教室的壁垒，建立开放的课堂教学格局。其中，教学目标、教学内容、教学方法、教学过程、教学活动都应该是开放的。课堂要充满生气，教师要努力拓展学生的活动空间，给每一个学生带来学习的乐趣。

（一）体验实境，让教学充满生活情趣

新课程标准指出，建设开放而有活力的教学课程，课堂与生活要紧密联系在一起。先进入文本，再跳出文本，走向生活，是教学改革努力的方向，也是让学生的学习真正实现个性张扬的有效途径。

俗话说："百闻不如一见"。没有什么比亲手摸一摸，亲眼看一看，亲口尝一尝，更能真切地获得感受了。

为此，教师要注重真实的场景教学，加强课内外结合，积极地把学生引向学习场所，引向生活和大自然，让学生在活动过程中学知识、用知识，发展学习能力、提高学习兴趣。

教室内，鹤岗中学的余洪河老师正在给学生分析峻青的散文《第一场雪》。教室外，凑巧也下起了入冬以来的第一场雪。

余老师引导学生学习课文中描述的下雪时的情景："……只见鹅毛般的雪花从彤云密布的天空中飘落下来，地上一会儿就白了……"

可是，窗外的景色似乎比课文的描写更有吸引力，不少学生侧目窗外。余老师没有像往常那样维持课堂纪律，而是说："同学们，你们喜欢观赏雪景吗？"

"喜欢！"

"那今天我们就趁下雪的机会，到教室外面去赏雪，不过要注意认真观察，等一会儿要把看到的情景说给大家听。"

学生一下拥出教室，来到操场尽情观赏雪景。有的学生伸出手来，接住飘落的雪花，仔细观察；有的干脆站在雪中，口中还大加赞赏："哇，好美呀！"……学生沉浸在美丽的雪景中。

离下课还有十分钟，余老师让学生走回教室，各自说说刚才看到的雪景。

有"小作家"之称的小环同学率先开口了："冬爷爷真是善解人意，知道我们今天学习《第一场雪》，就给我们送来了最珍贵的礼物。雪花从天空飘落下来，就像天女散花一般。"

"我以前只从书上看到雪花是六角形的，今天仔细一看，果然雪花都呈六角形，而且图案都不相同。我观察了十几朵雪花，没有发现图案完全一样的。老天真是一位神秘的魔术师，变出这么多美丽的雪花。"爱钻研科学的小浩同学也争着发言。

"老师，我尝到了雪花的味道，雪花落在我的嘴里一下就化了，凉凉的，

甜滋滋的……"

　　"我观察了下雪时的天空，是阴沉沉、灰蒙蒙的，课文中说'鹅毛般的雪花从彤云密布的天空中飘落下来'，预习时我查过'彤'这个生字是'红色'的意思，我还以为'彤云'是红色的云呢，现在我明白了，'彤云'应该是灰色的阴云。"

　　学生兴致勃勃地发表自己的看法。

　　也许学生的观察理解带有片面性，甚至不十分合理，但可以看出，他们在用心去学习、去探索。余老师发现，学生上课的兴致从来没有这样高涨过，效果也从没有这样好过。

　　第二天，雪后天晴。

　　语文课上，余老师让学生回顾昨天的观察，继续学习《第一场雪》。

　　有学生向余老师提出了要求："老师，课文重点描写了雪后的景色，我们再到外面去观察一下吧。"

　　余老师没有犹豫，对学生说："那就让我们高声朗读课文之后，再次走出教室，去赏雪、玩雪，拜大自然为师，看谁的收获大。"

　　学生高声地、充满深情地朗读完课文，有的拿着课本，有的拿着记录本，蜂拥走出教室，来到校园里。

　　在校园里，有的学生去观赏冬青上的积雪，有的则在观赏柳树上毛茸茸、亮晶晶的"银条"，有的学生干脆抓了一把雪攥在手里。

　　在操场的一边，几个学生已堆起了一个大雪人；有的在打雪仗；还有的在雪地里跑一阵，然后干脆在雪里打起了滚……

　　余老师《第一场雪》的课堂教学就这样在雪地上完成了。

　　从那以后，余老师常常找些与课文相符的实境，将学生带入其中，给学生以直接的体验。比如，余老师在教学《火烧云》一课前，让学生实地对天上的云进行观察。

　　当时，晚霞映红半边天，景色与课文中描写的差不多。学生在欣赏的时候，都追着告诉老师，这朵云像骆驼，那朵云像手枪；这朵云像白兔，那朵云像绵羊；这朵云像一只公鸡，那朵云像一棵树……学生发言很积极。

　　第二天，余老师再领学生进课堂，进行《火烧云》的学习。由于学生有了直接的体验，对课文中的内容不但理解得透彻，而且朗读得也特别有味儿。火烧云的美，已经深深地刻在了学生的心里！

　　余老师在教学时，打破了原来的教学计划，让学生走出教室，通过实境体验学语文。这种别具一格的教学形式换来了出人意料的教学效果。学生在这特殊的课堂上，获得了前所未有的喜悦与激情。

课堂缺乏生动性，有些教师经常归结为教学资源、教学设施匮乏，如抱怨缺少多媒体教学设备，缺少教学课件等。

生动的课堂不见得非要有那些现代的教学设备，只要做个有心的人，教师就会发现周围到处都有现成的教学资源：风雪雨露、鸟兽虫鱼、江河小溪……这些都能为教学所用。关键是，教师要善于打破惯有思维，敢于让学生从教室走出去。

教师可以让学生在实境中学习：从学生的实际生活经验入手，培养学生用独特的眼光去观察、认识周围的事物；用书本中的概念与语言去反映和描述生活中的实际问题，能让学生感觉知识就在身边，生活中充满了知识，从而以积极的心态投入学习中。

"生活是一本无字书，自然界是一个大课堂。"走出教室，走进实境，让学生有了身临其境之感，教学就会充满生活情趣，让学生乐在其中。

（二）亲近自然，放飞学生个性

教师总将教学地点放在教室里，长期下去，学生会对课堂产生沉闷、厌烦的感觉，这就限制了学生的思维，制约了个性的发展。

而在一定的时候，大自然也能有效地激发学生的学习兴趣，能让学生直接体验课程内容与生活的密切联系；能让学生的身心得到解放，并使学生的各种能力得到锻炼。

"盼望着，盼望着，东风来了，春天的脚步近了。一切都像刚睡醒的样子，欣欣然张开了眼……"这几天，学生老将课文中的这些句子挂在嘴上。作为一名语文教师，河南周口中学的郭圆圆老师以自己特有的敏锐，意识到这是学生在通过"特殊"的方式给自己传递信息：学习了朱自清的《春》后，更希望能到大自然中去，感受一下春天的气息。

何不利用这个机会，让学生写一篇描写春色的作文呢？郭老师想。于是在作文课上，郭老师对学生说："今天的作文课，我们到野外去上，让我们到田间地头看看春色，然后，写下你的所见所闻所思所感。"

"好，好！"学生很高兴。

一出校门，学生个个就像出了笼的小鸟，叽叽喳喳地走向学校附近的田间。

时值仲春，各种花朵竞相开放，把田野打扮得花枝招展的。

郭老师选定的去处是一块桃树、油菜和麦苗混种的田地。举目平视，一片粉色的世界；俯首低视，则是满眼的金黄；再往左右远眺，碧绿的麦苗青得直逼眼。

　　郭老师找到一块空地，让学生围定坐下，大有孔子杏坛讲学的情景，学生的脸上更是洋溢着惬意！

　　看见慈眼的春景，学生小飞摇头晃脑地即兴诵道："这样，一道儿粉红，一道儿金黄，一道儿碧绿，给大地披上了一件五彩的花衣……"

　　话音未落，学生报以热烈的掌声。

　　看到小飞开了个头，郭老师建议学生搜寻和回忆有关花的诗句。学生积极响应，脱口而出：

　　"春色满园关不住，一枝红杏出墙来"；

　　"沾衣欲湿杏花雨，吹面不寒杨柳风"；

　　"儿童急走追黄蝶，飞入菜花无处寻"……

　　学生旺盛的表现欲一下子迸发出来了，想出了很多有关"花"的诗句，田野里书声一片。

　　学生的诵诗兴致很高，郭老师提议："我们这儿的桃花远近闻名，再过几天，就要开'桃花年会'了，我们下面就只说有关桃花的诗句，好不好？"

　　郭老师按学生坐的位置，将学生临时分为两大组，一组说有关"桃花"的诗句，另一组对出作者及诗题——独特的"赛诗会"开始了。

　　"人间四月芳菲尽，山寺桃花始盛开。"

　　"白居易《大林寺桃花》。"

　　"桃花潭水深千尺，不及汪伦送我情！"

　　"李白《赠汪伦》。"

　　"桃花细逐杨花落，黄鸟时兼白鸟飞。"

　　"杜甫《曲江对酒》。"

　　……

　　就这样，学生一唱一和，兴致高处，歌声、掌声、笑声连成一片，"赛诗会"好不精彩。

　　接着，郭老师又因势利导："我们再仔细观察一下桃花，以导游的口吻，向到'桃花会'来游览观光的游客介绍一下怎么样？"

　　这下，学生又三个一群，五个一伙，细心地观察起来。不一会儿，学生争相展示自己的口才。

　　"它一般有五片花瓣，也有的多达六七片，花瓣的颜色是外浅内深的。桃花的花期是一至两周，刚开的时候是浅粉色的，渐渐地就变成了深粉红，像姑娘的脸蛋一样……"有学生用经验和观察介绍桃花的形状。

"桃花快凋谢时，叶子就慢慢长出来了。桃花的精神很可嘉，当她飘向大地之后，便化作春泥滋润桃树，为桃子的生长献上自己最后一片心意……"有学生歌颂桃花的品格。

此时，郭老师又进一步引导："同学们，我们这儿的桃花香飘万里，桃子个大、皮薄、肉厚、味甜。究其原因，普遍的解释是水土不同。我总琢磨，可能还有历史上流传下来的其他原因吧？作为'桃都'人，请大家充分发挥想象，用曲折离奇、引人入胜的故事来解释这个奥秘！"

话音刚落，学生就七嘴八舌地"构思"起来。

"很久很久以前，周口各地每年都要给皇上进贡品……"

"大臣巧设'桃花阵'，大败敌兵……"

"桃花女勇救老百姓，幻化桃林……"

"桃花仙迷恋周口村，被逐出仙境，定居周口……"

这时，郭老师打断了学生的话匣子："留着丰富的想象，写到自己的作文中。本周作文，题目自拟，体裁不限，内容与我们今天出游有关即可。"

最后，郭老师想来个轻松结尾，于是提议，看谁能说出带有"桃花"的电影、电视剧、戏剧、小说及歌曲的名称。

这更难不倒学生了。

"《桃花扇》《桃花雨》《桃花仙子》《人面桃花》《桃李情》《在那桃花盛开的地方》……"不胜枚举。

后来，学生将一篇篇充满生命力、创造力和想象力的习作交了上来。

创建生动的室外课堂，关键在于给学生创设一个活动的、开放的、自然的学习环境，让学生在民主、开放、自然的教学氛围中，活泼、主动地获取知识技能——这就是学生喜欢把课堂设在室外的最好理由。

对于任何一门学科来说，让学生走出校园，"天作屋顶地作凳，弯起膝盖当桌子"，学生就会得到放松，就会全身心投入课堂，把学习作为一种享受。

比如，景色优美的田野就能使学生展开多角度、多方位的思维活动，激发学生的想象，培养学生思维的广阔性和独创性。

郭老师将学生带进野外，给学生创设了一个生动的课堂，这极大地激发了学生的学习兴趣，写起作文来也会觉得简单、有趣。

陶行知提出："解放儿童的空间，让他们进入更广阔的社会，学习更丰富的知识"。他所倡导的教育方式是让孩子到大自然和社会中去学习。

教师应打破传统的封闭式教学模式，拓展"开放型"教学的广阔天地，带领学生走进大自然，挖掘、发现可利用的教学资源，让学生去亲身体验并感受大自然的奥妙，让学生的思维自由地驰骋。

教师让学生长期在紧张气氛中重复着同样的学习程序，就会使课堂缺乏活力和新鲜感。走出教室，回归大自然，学生自然会感到新鲜有趣，就能放松身心，在愉悦的气氛中学习，也就自然乐于学习了。

（三）开发课外资源，发挥学生潜能

通过开发课外教学资源，补充现实生活中的材料和信息，能大大丰富教学内容，使学生对知识产生浓厚的兴趣和强烈的渴望。

教师不应满足于课本上有限的篇幅，更不应照本宣科，而要在课外无限广阔的时空之中，积极有效地开发利用教学资源，占有一切可利用的阵地，发挥一切可利用的力量，最大限度地关注学生的年龄特点和天性，激活学生的思维，锻炼学生的想象，挖掘学生的创造潜能。

丰富多彩的课外生活正是美术创作的源泉。江苏省靖江市孤山中心小学的刘金祥老师常尝试把学生带到教室之外，给学生提供更多的素材，以打开学生的创作思路，丰富学生的表现形式。

刘老师设计了一个"寻宝计划"，让学生在生活中寻找适合创作的美术材料。学生热情高涨，搜集了废布料、旧泡沫、稻草、芦苇花、树根、棉花棒、冰棍等材料。在刘老师的鼓励下，学生还利用这些"稀罕物"在班里来了个展览。生活中的材料让学生的作品充满了个性和创意：学生用造型独特的树根创作出了美丽的孔雀；用飘逸的芦苇花装饰了帽子；用稻草秆编成了螳螂、蜻蜓……

寻宝计划不但让美术课堂充满了乐趣，使学生对美术充满了期待，而且还在不知不觉中渗透了环保教育。

美术新课程要求教师不仅要培养学生的观察能力，也要提高学生的感受能力。在教学"感觉肌理"一课时，刘老师带着学生到学校的花圃里和操场上用脚感觉鹅卵石小道的表面；让学生观察树皮，用手感受树皮表面的粗糙，逐渐感受物体表面肌理的概念；然后让学生动手，用纸对着树皮和地面磨印，把物体的肌理表现出来。整个教学过程气氛活跃，学生个个都有探索的欲望，收到了较好的教学效果。

在指导"美丽的乡村""多彩的课余生活"等记忆画、创作画课程时，刘老师利用课余时间，有意识地让学生出去观察市容、游览公园，并在观察方法

上进行现场指导，有选择地进行记录。在教学"画风景"一课时，刘老师还带领学生对家乡特有的美术资源孤山景观进行了充分挖掘。首先，刘老师带学生到山上写生，去寻找美、发现美。游玩的途中，见到一些古树，一个学生欣喜地对刘老师说："我好喜欢这棵老树啊！它们都长了胡子，很让人尊敬。那垂下来的柳条就像一条条小辫子。"

在刘老师的引导下，学生在作品中表现出了自己眼里美丽的孤山风景：有的学生将雄伟壮观的大雄宝殿刻画得细致逼真，线条如行云流水；有的学生用水粉颜料把孤山描绘得色彩斑斓、颇有韵味；还有的学生直接用泼墨山水的方法来表现孤山，用墨用笔都很到位。

传统的美术教学常常是把孩子关在教室里，用统一的标准来规范学生的美术学习，从而限制了学生审美个性的发展。刘老师通过努力，开拓了美术教学的多维空间，挖掘课外教学资源，大力发展学生的审美个性特征，使学生在美术殿堂中自由发展。

卢梭在《爱弥儿》一书中指出："千万不要干巴巴地同年轻人讲什么理论。如果你想使他们懂得你所说的道理，就一定要用一种东西去标示它。思想的语言只有通过他的心，才能为他所了解。"

生活中蕴涵丰富的教学资源。带学生融进去，常能唤起学生对原有相关经验的联想，从而产生感兴趣的研究问题，成为新知识的"生长点"，促进学生对新知识的理解，创造的潜能也就随之被开发出来了。

教师要善于寻找课外素材，让教学贴近学生生活，把生活中的事物转化成学生的学习对象，让学生感到亲切、生动、有趣，进而产生强烈的求知欲望，主动从事各种学习探索活动。

丰富、变化的课外生活是一部永远读不完的鲜活教材。有效地利用课外教学资源，可以使学生在更大程度上直接参与教学活动，提升学生获取并处理信息的能力，形成用口头、书面语言、图表等形式陈述问题的表达能力；培养学生丰富的想象力和知识迁移能力；并在实践中使学生逐步形成一定的归纳、分析、判断的逻辑能力；也让学生的想象力和创造力得以充分发展、延伸。

（四）利用课外活动，让学生感受学习的乐趣

课堂上的书本知识很容易让学生觉得枯燥乏味。怎样才能让乏味的知识变得生动有趣呢？

把书本知识与课外实践活动有机结合起来，是一种值得尝试的方法。教师

可以根据学生的年龄特点，用丰富多彩的课外活动将抽象的课本知识形象化、趣味化，从而有效地激发学生的学习兴趣。

新课程标准也倡导教师应多开展以学生自主性、实践性为主的活动。精心设计活动方案，让学生在活动中获取知识、锻炼能力，他们就能真正体验到学习的乐趣，成为学习的主人。这对培养学生创新精神、实践能力和形成终身学习的习惯都有重要意义。

贵州省贵阳市第二十三中学的赫萍老师在生物教学中，尝试带领学生走出课堂，组织学生开展校园生物种类的调查、研究活动。赫老师让学生对校园里各种各样的生物进行观察和学习，既使学生学到了许多生物分类方面的知识，提高了在野外识别生物的能力，又激发了学生学习的兴趣，培养了他们的科学探究能力，从而更好地贯彻了生物课程标准的理念。以下是具体的活动安排。

1. 准备阶段

（1）确立课题

活动开始，赫老师先让学生设计选择意向调查表，再由学生自己选择并确定调查题目。

之后，赫老师对学生的问卷调查结果进行统计分析：16.2%的学生愿意对校园植物进行考察，60.8%的学生想调查校园的生物种类，23%的学生打算参加校园生物园地的规划。

（2）活动分组

各班按照自愿的方式组成"地球超人""杀虫能手""地球之友""资源开发"四个兴趣小组，并确定组长。

（3）制订计划

由学生自己设计小组活动方案（包括设计调查路线和调查记录表等），鼓励学生设计多样化的调查形式。

（4）材料用具

调查表、笔、放大镜、望远镜、照相机、软尺、采集箱等。

2. 实施阶段

赫老师确定了实施的程序：让学生先后采取调查（包括测量）、访问、查阅资料、鉴定、挂牌等方式了解校园的生物资源；要求学生对校园内每一种生物进行登记，部分种类应采集2～3套标本，不能识别的种类应请专家鉴定，认真作好调查记录；让学生尝试对这些生物进行分类，将归好类的生物资料进行整理，填写在自己设计的调查表上。

（1）调查记录

在赫老师的指导下，学生记录校园里各种生物的名称、形态特征、生活环境、数量、生长情况等资料，并认真地填写调查记录表。学生以小组为单位，小组成员分工合作。

（2）制作并鉴定标本

学生根据自己的生活经验区分不同生物的名称；对于部分生物科类（尤其是不认识的生物），学生在赫老师指导下将它们制成了生物标本，然后对各种生物进行鉴定，并将调查记录表填写完整。

（3）参观访问

调查结束后，对于无法鉴定的生物，学生拿干制标本向有关专家了解它们的名称、生活习性和饲养方法等。这既开阔了学生的视野，又培养了他们的探究能力。

（4）制作卡牌

学生到图书馆查找有关书籍，弄清校园内生物的种、科、属、学名和它们的生活环境等知识，请有关专家鉴定无法查阅的生物，最后给校园植物编写名录，制作塑料质地的卡牌。

（5）挂牌

学生将自己制作好的卡牌对校园植物进行挂牌，挂牌后还为植物拍摄照片，让来到校园的每一个人都了解认识所有的植物。这样，既培养了学生利用科学工具书籍查阅知识的动手能力和社会实践活动的能力，又增长了他们的生物知识，营造了一种良好的校园文化氛围。

3. 总结阶段

（1）表达交流

调查活动结束后，各小组向全班同学汇报调查过程、结果和体会，并且提出在调查中所想到的其他问题，跟其他小组交流。

全校师生能在每棵植物上看到挂着的学名牌，学生能科学地称呼植物的学名，并且纠正一些模糊和错误的概念。学生对生物的多样性也有一个初步的认识。花草树木能够美化校园，学生保护环境的认识也有了进一步的提高。

（2）结果分析

这一活动后，学生的自主学习意识明显增强了，会主动地搜集资料，获得相关的生物知识，取得了不小的成绩。

"地球超人"小组调查到校园花卉植物种类共有80余种，76%的植物是绿色开花植物，58%是木本观叶类，42%是草本观叶类，28.7%是木本观花果类，47.1%是草本观花果类，24.2%是藤本观花果类。对较大的木本植物，小组成员还测量了植株的胸径、植物的盖度（植物地上部分的投影面积）。

"地球之友"小组调查清楚的动物有十几种，有的动物种类还有待专家进一步鉴定。

　　"杀虫能手"小组提出"以虫治虫"的方案来预防和消灭害虫，以减少环境污染，达到保护校园植物资源的目的。

　　"资源开发"小组调查到金银花是常见的治疗感冒的中成药"银翘解毒丸"中的首味中药，何首乌、芍药、杜鹃、牡丹等都是常用的中药材。另外，小组成员还了解到校园里可以食用的植物有芦荟、金橘、银杏、仙人掌、蕨、石榴、樱花等，栀子、月桂、金银花、桂花、月季、万寿菊等植物可用来提取香料。

　　在学生的精神世界中，希望自己成为一个发现者、研究者的需要特别强烈。表现自己、展示自己，享受成功，这是所有学生的天性。现代教育理论强调，教师要在师生的双边活动中，发挥学生学习主体的作用，调动学生的学习积极性。

　　教师的教学思维不能只停留在调动学生的积极性和兴趣上，而是要更进一步地激发学生的求知欲和探索精神，让学生在实践中去直接体验和感受知识。

　　教师要确立"以活动促发展"的指导思想，把学生带入丰富多彩的世界中去，让学生从单一的"书本—作业—考试—升学"的传统学习生活中解脱出来，尽力开发、创设贴近学生生活世界的学习情境，使学生在活动中学习。

　　学生喜闻乐见的活动素材蕴涵于学生的生活中，蕴涵于课本中，蕴涵于灵动的社会生活中。教师要用敏锐的触角来开发、挖掘、重组、设计……将活动设计在课本和生活的结合点上，将活动设计在学生兴趣与思维的兴奋区内，让活动拓宽学生的视野，让活动带动学生的学习。

　　参与有声有色的课外活动，学生会在有意无意中积累知识，在耳闻目睹中理解知识，在喜闻乐见中运用知识。走出教室，用有趣的活动代替乏味的教学，就等于为学生搭建了一个成功的舞台；在这个舞台上，学生不仅能掌握必要的知识和技能，也能获得成功的体验和学习的欢愉。

　　因此，我们不难看出，教师要不失时机地打破"只有教室里才是课堂"的惯性思维，让学生走出教室，把课堂搬到室外，让学生放松情绪、开阔眼界，增加对知识的直观体验，使教学变得生动有趣。

　　然而，由于室外教学的特殊性，如天气状况、周边环境等因素对教学影响很大，因此，在实施过程中，教师尤其要在安全性、灵活性、效益性上做好文章。教师应从教学目标出发，以教学内容、学生实情、学习条件、外界环境等因素为依据，实事求是地设计教法，处理教学中产生的问题，推进室外教学的顺利开展。

研发有趣课件，让教学更具冲击力

PPT 是近几年兴起并广泛运用于教学的电脑软件。用 PPT 开发出的融文字、图像、声音、动画等多功能为一体的多媒体演示课件，在教学中具有独特的功能。具体表现为：首先，PPT 课件具有独特的动画效果。利用 PPT 可以制作出色彩艳丽、造型优美的画面，而其形成的连续画面集，不仅可以在计算机上连续播放，还可以在计算机控制的大屏幕上进行动画演示。但其他教学媒体都是静态的，达不到这个效果。变化着的刺激物和活动着的刺激物最容易引起学生的注意，如果在课件中有目的地加入这种动画功能，就更能增加课堂教学的趣味性，有效吸引学生的注意力，提高课堂教学的效率。其次，PPT 课件具有多重感官冲击效果。PPT 课件可以综合利用音频、图片、文字等资料，做成视频，然后通过投影放大至屏幕上播放，抓住学生的眼球，给学生强烈的视觉冲击；利用多媒体播放背景音乐，给学生以听觉冲击。

一句话，用 PPT 课件辅助教学，能把教学时说不清道不明的知识，通过形象生动的画面、声像同步的情境、言简意赅的解说、悦耳动听的音乐，将知识更形象、生动地展现在学生面前，让学生的学习变得轻松愉快。

（一）随心所欲的动画效果，可以降低教学难度

学生具有十分强烈的好奇心和求知欲。他们总是非常乐于接受新鲜的事物，也期待着教师能改变一贯的传统教学手段，以多变的手法来引导他们更轻松、更愉快地学习。PPT 课件独特的动画功能就正好能满足他们的这一愿望，带给他们新奇的感受。

讲"蝴蝶和蛾"一课时，湖南省湘潭七中的生物老师郭连香，是这样运用PPT课件的。

她先播放了蝴蝶和蛾身体结构的平面图，然后提问："蝴蝶和蛾的身体各由几部分组成？"

根据学生的回答，课件动画依次显示各个部分的名称。

让学生们觉得有趣的是，当回答正确的时候，屏幕上会出现一个大大的笑脸；当回答错误的时候，屏幕上就会出现一个大大的哭脸，并要求重做一次。这样，学生的学习情绪立即被调动起来了，都想亲自试一试。

接着，郭老师利用PPT动画出示了一些常见的蝴蝶和蛾，然后又根据学生的需要，逐一显示各种蝴蝶和蛾的身体结构，归纳出蝴蝶和蛾身体构造的异同点。期间，学生还可以根据自己的需要对那些不容易记住的部分要求老师重复播放，以更好地记忆。

最后，在PPT课件上，郭老师展示了一些蝴蝶和蛾的身体器官，并让学生拼接成完整的一只蝴蝶和一只蛾。如果学生拼接准确，动画就会显示出一只飞舞的蝴蝶或蛾；而一旦拼接错误，动画显示的拼接物就会跌落到地面上。

在进行拼接时，郭老师要求学生以小组为单位进行竞赛。对此，学生们很兴奋，都想一次完成拼接，为本小组争得荣誉。就这样，通过拼接游戏，他们又有效地巩固了刚刚学的新知识。

利用多媒体课件画面的逼真性、情节的趣味性和色彩的生动性，郭老师激发了学生的兴趣；而多媒体课件化静态为动态、化抽象为具体的特点，则降低了思维的坡度和教学的难度，让学生轻易地突破了难点，获得了前所未有的自信。

体育课上，安徽马鞍山三中的体育老师郑贤俊，经常用PPT制作课件，用动画给学生分解那些纷繁复杂的体育动作，将体育教学化难为易。

由于年龄特点，中学生的形象思维和观察能力稍差一点。对郑老师示范的简单动作，他们还可以很快掌握，但一遇到高难度动作就不好说了。像投掷项目中铅球的最后用力顺序、跳跃项目中的走步式跳远、俯越式跳高的转髋、背越式跳高的过竿等动作，尽管郑老师反复讲解了多次，也示范了好几次，但仍有不少学生对这些动作的变化、完成的时机和过程，看不清楚，做得不得要领。

后来，郑老师改变了原先的做法，上室外课之前先上室内课。

在室内运动大厅，郑老师先在课件中插入一些与教学有关的运动实景，如奥运会比赛的实况，点燃学生情绪，然后再将复杂的运动技术用动画慢放的形式逐渐展现在学生面前。

在教"背越式跳高的过竿动作"时，郑老师播放了北京奥运会男子跳高决赛的精彩场面：为了争夺奥运金牌，只见最后三位运动员你追我赶，一次又一次地以优美的动作飞越横杆。观众席上不时传来热烈的掌声和喝彩声。

屏幕前的学生们也被这精彩的赛事深深地打动了。

郑老师问："你们想成为奥运冠军吗？"

"想！"学生们齐声答道。

"今天，我们要学习的项目是背越式跳高的过竿动作。你们知道什么是背越式跳高吗？"

"不太清楚。"学生们很老实地回答。

"刚才我们看的比赛中运动员使用的动作，就是背越式跳高的过竿动作。用这样的动作跳高，就叫做背越式跳高。如果大家练会了这个动作，也许将来也会像俄罗斯选手斯林诺夫（2008年北京奥运会男子跳高冠军）一样成为奥运冠军哦！"郑老师鼓励学生道。

学生们的学习情绪立即高涨起来了。

"老师，你快点教我们吧！"学生们显得急不可耐了。

心领神会的郑老师赶紧用课件播放背越式跳高过竿动作的慢放动画：把整套动作分解成若干个动作要领，一个接着一个地慢放。在音乐声中，学生们跟着慢放的动画边看边徒手模仿，播放了两三次就掌握了动作要领。

看学生对技术动作有了初步的概念，郑老师就带着学生到操场上实战演习去了。

在训练中，学生们发现，由于掌握了动作要领，那些本来认为很难掌握的动作现在比较容易就做出来了，而且完成的质量也不错，还获得了郑老师的表扬，因而训练热情就大大地提高了。

郑老师先用PPT课件中奥运会比赛的视频激发了学生的学习兴趣，调动了学生情绪，然后又利用课件将体育活动中的高难度动作进行分解，变快为慢，使难以模仿的快速动作在学生面前得以清楚地展示，降低了动作的讲解难度和模仿难度，从而使学生能够很好地掌握动作要领，使体育训练的效果得到了提高。

纵观这两堂课，学生的热情都很高涨，充满了对知识的渴望。同时，有趣的、随心所欲的动画效果也降低了教学难度，使学生对知识的掌握更加容易。

（二）通过多重感官冲击，抓牢学生的心

人类最常用的信息交流手段是通过视觉和听觉进行的，约占人类信息总量的 95％左右。科学研究表明，人们通过听觉和视觉获得的信息是所有信息的 94％，这充分说明了听觉和视觉对学习的重要作用。

在学习过程中同时使用听觉和视觉是很重要的。而 PPT 课件就是这样一种视听结合的教学辅助工具。其具有的像、音、图、文并茂的特点，富有感染力，从多方面冲击视觉、听觉功能，不仅加深了学生对知识的理解和掌握，更提高了课堂的生动性。

上"长征"一课时，河北邯郸十四中的语文老师刘洪波，使用了将视频、音频、图片文字等资料综合在一起的 PPT 课件，给学生带来了全新的感受。

上课后，刘老师先用课件播放了电视剧《长征》的插曲。音乐慢慢地响起，开始把学生的思绪带入那个战争年代。紧接着，毛泽东的《七律·长征》配乐诗朗诵开始了："红军不怕远征难，万水千山只等闲……"雄浑的、充满激情的声音在学生耳边回荡。

不知不觉中，学生欣赏完了诗词，但脑海中却还不停地浮现长征的景象……

看到学生进入了状态，刘老师问："同学们，你们知道红军长征的行军路线吗？"

有学生回答："知道一些，在历史课中老师提到了一点点，但是不太清楚。"

"那么现在，我们就来看一看红军的长征路线是怎样的吧。"说着，刘老师开始用动画演示"红军长征路线示意图"，让学生了解红军长征的原因、过程。

每当刘老师讲到红军长征过程中的重要事件时，课件就会自动出示相应的图片和文字资料。

讲解完后，刘老师问："现在你们还有什么不明白的地方吗？"

小红举手说："刘老师，刚才说到遵义会议的内容时，我没有注意。你能再讲一遍吗？"

"没问题，这很简单。"说着，刘老师就把鼠标移到示意图上，在标注"遵义会议"的地方轻轻一点。课件就自动出现了关于遵义会议的图片和文字资料。

"小红，你把这段文字给大家读一遍，好吗？"刘老师问。

"好。"小红愉快地回答。

等这段文字读完后,刘老师问小红:"现在你对遵义会议的内容清楚了吗?"

"老师,我明白了!"小红答道。

刘老师继续询问其他学生,看他们还有哪些不清楚的地方,然后再以同样的方式帮助他们反复地学习,并在学习中让学生一点点地领悟长征精神。

学完长征的路线、原因和过程后,刘老师提问:"我们还学过哪些红军长征的故事?"

"爬雪山过草地。"

"四渡赤水。"

"飞夺泸定桥。"

……

学生们争先恐后地回答。

"同学们回答得很好!下面我们就通过影片来欣赏一些红军长征的经典故事。大家想不想看?"

"想!"学生们的激情被点燃了。

刘老师开始用课件播放电视剧《长征》中过草地时老红军勇救小红军、红军飞夺泸定桥、强渡大渡河、爬雪山的视频片段。

影片放完,全班同学为之动容,气氛达到了高潮。

刘老师适时小结道:正是因为身上具有的不畏艰难、不屈不挠的精神,红军才翻越了雪山,走过了草地,完成了二万五千里的长征。接着,他让学生畅谈自己的感悟和启示。很多学生都积极地发表自己的看法。

归纳完学生的发言后,刘老师用配乐朗诵的方式结束了这节课:"长征精神就是坚韧不拔、自强不息、勇往直前。虽然红军的长征已经成为历史,但我们自己的长征才刚刚开始。人生就好比长征,人生就是一次一次的突围,我们要心怀自己的梦想,勇敢,坚韧地走下去……"

在优美动听的音乐、图文并茂的文字资料、精彩的影片播放中,这堂课落下了帷幕。但学生们却还意犹未尽,依然沉浸在那遥远的、战火纷飞的岁月中。

在"长征"的教学中,刘老师先用PPT课件显示声音效果,对学生的听觉进行冲击,创设了一种情境,使学生身临其境,激发了他们的情感,从而成功导入新课;接着,他再巧妙地将动画引入教学,充分挖掘PPT课件形象化的优势,让学生了解了长征的大致过程,这一环节充分利用PPT课件的视觉冲击效果，凝聚了学生情感，形成了强烈的共鸣。就这样，通过多媒体技术制作的 PPT 课件把视频、音频、动画等综合起来用于教学，给学生带来全新的视听冲击，加深了学生对所学内容的印象和感受，也加深了学生对知识的理解。

上"全民族抗战开始"这一课时，为了揭露六十年前日寇惨绝人寰、令人发指的罪行，历史老师王光宏运用 PPT 课件展示了一些历史资料，播放了一些视频短片。他是怎样设计的呢？

课堂上，王老师二话没说，就用 PPT 课件展示了十几幅日本军国主义者屠杀南京人民的图片，并用文字说明这是哪年哪月哪日的什么事件，然后告诉学生："这些都是铁的事实，但在日本却仍然有为数不少的军国主义分子不承认，许多青年学生不了解。所以，我们更应该了解这段悲惨的历史，不忘国耻。"

"这段历史是残酷的，大屠杀是血腥的。然而却不为日本人所承认。这是个悲剧。作为受害者，我们要搜集更多的证据让加害者面对确凿的铁证，低下头颅。"说着，王老师播放了影片《南京大屠杀》中"草鞋峡大屠杀"的片段。

凝重的背景音乐，再配上这样的画面：随着一阵阵枪响，人们纷纷倒下。镜头定格，有的双眼圆睁，有的血肉模糊，死人堆里还有人挣扎……惨不忍睹的场面给学生带来了强烈的视觉冲击力，让学生产生了强烈的震撼，更激起了他们对日寇罪行的愤恨。

在"全民族抗战开始"的教学中，王老师重点利用视频对学生的视觉、听觉产生冲击效果，让学生对日本军国主义犯下的滔天罪行有一个真实的感受，激起学生的责任感，有效促进了他们对这段历史的理解。

上"寒潮、台风"这一课时，地理老师张汉洋运用了大量的视频、动画等资料，给学生带来了深刻的印象，也取得了很好的教学效果。

教"寒潮"时，张老师主要通过给学生看视频短片、回答问题来完成这一课的讲解。

寒潮的内容并不多，张老师通过视频短片中的语言、声音、图像，很直观地就把它们反映了出来。当学生看完短片后，他又马上打出问题：寒潮发生的时间在什么时候？寒潮的源地在哪儿？寒潮的影响范围有多大？

学生的积极性立刻被调动起来了，争先恐后地回答问题。

教"台风"时，张老师采用了比较教学法。他用 PPT 课件动画方式对寒潮和台风进行了一次比较。

在大屏幕上用动画演示完寒潮、台风侵入我国的路径图后，张老师让学生找一下不同之处。待学生轻松地说出源地不同（陆地、海洋）和影响范围不同后，张老师就通过比较法归纳什么是台风、寒潮，帮助学生从感性认识上升到了理性认识。接着，他又运用PPT课件演示了几个台风卫星云图，简单介绍了一下台风的结构，让学生观察台风向我国移动的路径、时间。

为了说明台风的危害，张老师还用PPT课件播放了美国大片《龙卷风》中龙卷风来临的片段，加深了学生对灾害天气的感受。

在"寒潮、台风"的教学中，张老师重点利用动画来比较寒潮与台风的区别。形象的动画演示很容易帮学生突破教学难点，起到了意想不到的教学效果；视频的视觉冲击效果，加深了学生对台风这种自然灾害的了解，促进了学生环保意识的形成，在情感态度与价值观方面均有提升。就这样，原本抽象的地理知识，通过PPT课件的轻松演绎，就形象地展现在学生面前了，调动了学生的积极思维，加深了他们对知识的理解和掌握。

（三）通过PPT课件，拉近学生与生活的距离

教师应该用素质教育的思想来指导教学，本着对社会负责的态度进行教学，而不能只关心分数的高低。在教学中，运用PPT制作生动有趣的课件，利用PPT课件的特点和优势，使课堂变得生动有趣，使学生更加关注社会，积极提高学生的道德素质，把培养情感和价值观落到实处，应成为课堂教学的重点之处。

在物理教学中，福建省泉州二中的物理教师刘正刚，密切联系社会生活实际，通过运用PPT制作的生动有趣的课件，让学生了解了外面的世界。比如，他就用PPT课件让学生了解了温室效应、热岛效应。

课堂上，刘老师问："同学们，你们知道为什么现在的天气越来越反复无常，尤其是灾害性天气越来越频繁吗？"

"我知道。"有学生举手回答，"是人类破坏环境造成的！"

"是温室效应！我爸爸跟我说过。"

……

教师提出的问题让课堂气氛渐渐变得活跃起来。

"回答得很好！原因就是环境遭到破坏，形成了温室效应、热岛效应，从

而造成了天气的反复无常。那么，你们知道什么是温室效应、热岛效应吗？它们形成的具体原因又是什么呢？"刘老师继续问。

大多数学生摇了摇头。

"现在，我们就来了解一下关于温室效应、热岛效应的知识。同学们要注意了！"说着，刘老师就用课件播放关于温室效应、热岛效应的视频短片。

播放形式是画面配以文字资料：目前乱砍滥伐的现象非常严重，地球上能吸收二氧化碳的森林面积在不断地减少，这导致空气中二氧化碳含量上升，形成"温室效应"，致使全球气候变暖，对人类生存环境构成危害。而不合理的建筑布局、绿化面积缺少、大量使用钢筋混凝土等，则是造成热岛效应的主要原因。

"同学们，现在我们已经了解了温室效应、热岛效应的形成原因。那么，我们应怎样保护森林资源，怎样利用所学知识去开发利用二氧化碳呢？"播完课件，刘老师适时地引导学生思考。

经过课堂讨论、活动交流，学生们归纳出了一些利用物理知识保护环境的措施，也认识到物理知识与人类生活密切相关，认识到了自己肩负的使命。而另一方面，学生们更深刻地了解了物理学的价值，对物理学习也产生了浓厚的兴趣。

在教学过程中，刘老师应用 PPT 课件，密切联系生活中的实际物理问题，让学生体会到生活中处处有物理，学到了许多与生活有关的物理知识，体现了物理新课程理念：从生活走向物理，从物理走向社会。

上"爱护水资源"这节课时，浙江省台州八中的地理教师沈和善，意识到这是一个对学生进行资源教育的好机会，就用 PPT 课件播放了"我国水资源状况"的视频短片。

在短片中，他穿插了画外音讲解："地球表面 71％ 被水覆盖，但只有不足 1％ 的淡水可利用；我国人均占有水量约为世界人均占有水量的四分之一，居世界第八十多位，许多城市极度缺水⋯⋯"

看完短片之后，学生们有些惊讶：原来我们生存的地球是缺水的。

沈老师告诉大家："资源匮乏，分布不均匀，加上社会发展的用水量不断增加，加剧了水资源的短缺。这样的情况再得不到改善的话，只要二十年，世界上将有三分之二的人面临无水可用的困境。"

听着老师的讲解，学生的表情凝重起来，注意力更加集中。

这时，沈老师又用课件展示了几张图片和一组数据：一个滴水的龙头一天要漏掉43升水，一个漏水的马桶一天要漏掉960升水，而一个人一天只需用100升水，浪费的水比用掉的多……北京市每年洗车要洗掉一个昆明湖；贵阳市的洗车行业在两三年后也将把红枫湖洗干……

学生们一片哗然。

接下来，沈老师又通过课件告诉学生使用含磷的洗涤剂会导致水体富营养化，从而造成赤潮、蓝藻的爆发；往水中丢一粒纽扣电池所污染的水，是一个人一生的用水量。

就这样，沈老师在地理课中运用课件展示图片和资料，不仅让学生认识到了造成这些污染的原因，还加强了学生的环保意识。

学生其实很关心社会，只是缺少合适的引导。因此，增强学生对自然和社会的责任感，让他们了解建立节约型社会的重要性，激发他们的危机感，比单一传授科学知识更重要。沈老师就利用PPT课件让学生了解了目前人们最关注的一些环境问题，让他们在学知识的同时，意识到自己肩上的担子很重。

兴趣是最好的老师。美国心理学家布鲁纳指出：最好的学习动机是学生对所学知识本身的内部兴趣。在教学过程中，一些教师以为把教学内容讲得越精细越好，因而出现了"一言堂""填鸭式"的教学方式，但事实上，学生对这种教学方式下的教学内容是没有兴趣的。对学生而言，没有兴趣的学习，是一种消极的、压迫式的学习，是一种负担。

随着计算机应用技术的不断发展，多媒体教学已成为当今教学领域的热点。教师应充分认识PPT课件在教学方面的特点和优势，利用PPT课件的光、声、影、色等刺激学生的各种感官，让学生直观、形象、生动地体验知识的形成过程，从而产生强烈的学习兴趣。

利用报刊资料，让知识更贴近生活

课本是学生学习的主要工具。在内容的编排上，它越来越要求与生活实际紧密联系。但由于教材的编写周期较长，版本更新较慢，而社会的发展却日新月异，这使得课本内容常常出现与生活、社会发展脱节的现象。

青少年的身心特点决定了他们对各种事物充满好奇心，渴望去了解生活和社会。如果教师只按照课本那些"过时"的内容教学，显然满足不了学生进一步了解生活和社会的需求。

作为一种课程资源，报刊在课堂教学中应被广泛运用。这是因为它具有符合教学和学生需求的特点。

首先，它具有新闻性。报刊中的很多新闻事件，内容新颖、紧跟时代，可以满足学生及时了解生活、了解社会的欲望。

其次，它具有贴近生活的特点。报刊内容生动地描述了当前社会中各式各样的、发生在身边的事件，可以激发学生的学习兴趣。

再次，它具有多样性。报刊内容题材广泛、信息多样，涵盖政治、经济、科技、文化、生活、人物观点和思维方式等各方面内容，其中所阐述的观点与体现的风格也呈现多样化的特点。

在新课的导入、重点的切入、讨论交流、课堂探究和巩固复习等方面，教师都可以适当运用报刊，利用报刊内容为教学服务，拓宽学生的知识面，使传授的知识更加贴近生活，使课堂变得更加活泼、生动。

（一）用报刊内容导入新课，激发学生学习兴趣

德国教育家第斯多惠说："教学的艺术不在于传授本领，而在于激励、唤

醒、鼓舞。"在一节课的开始阶段，由于心理准备不充分，学生往往与教师的期望存在一定的心理距离。此时，教师直接讲授新知识，讲解重点内容，肯定难以引起学生注意。这就需要教师在切入新课这个环节上下工夫，来激励、唤醒、鼓舞学生的积极情绪。

给学生读报纸，用一些时下新奇的或贴近生活的新闻报道导入新课，无疑是个不错的选择。

在讲"物质中元素的含量"一课时，湖北英山中学的化学教师吴中胜先问了一个时事问题："同学们，你们知道国内最近发生的重大食品安全事件是什么吗？"

学生们开始交头接耳，议论纷纷。

有一个学生举手回答："我知道，是牛奶掺假，造成了一些小孩的死亡。"

"对！对！我也听我爸爸说过这件事情。"

"说是容易得肾结石。"

"昨天，我爷爷叫我不要喝牛奶了！"

……

一些学生也附和道。

"回答得很正确。你们平时很关注身边发生的事情，是个好习惯，希望继续保持！"接着，吴老师话锋一转，"牛奶为什么要掺假？在牛奶中掺的是什么物质？为什么质检部门没有检查出来？"

这时，大部分学生都摇了摇头。

"那你们想知道这些问题的答案吗？"

"想！"学生异口同声地回答。

吴老师拿出一张报纸，说："这上面报道了牛奶掺假的事件，同学们想不想我读给大家听一听？"

"好！"学生的情绪被调动起来了。

吴老师读道："9月11日晚卫生部指出，近期甘肃等地报告多例婴幼儿泌尿系统结石病例。调查发现，患儿有食用三鹿牌婴幼儿配方奶粉的历史。经相关部门调查，高度怀疑石家庄三鹿集团股份有限公司生产的三鹿牌婴幼儿配方奶粉受到三聚氰胺污染。卫生部专家指出，三聚氰胺是一种化工原料，可导致人体泌尿系统产生结石，严重的可造成死亡。"

刚读完这段新闻，就有一个学生举手提问："吴老师，三聚氰胺到底是一种什么样的化工原料？往牛奶中掺三聚氰胺有什么作用？"

"这个问题问得好！在牛奶中掺三聚氰胺的目的是为了提高蛋白质含量。牛奶中蛋白质的多少是通过测牛奶中氮元素的含量来衡量的，而三聚氰胺中就含有氮元素。你们想知道怎样测算牛奶中氮元素的含量吗？"

一个学生说："老师，你快点讲吧！我们都等不及了！"

吴老师说："其实，这个问题并不高深玄妙。我们这节课的重点就是测物质中元素的含量。只要学好本节课，你们就会测算牛奶中蛋白质的含量了。"

学生听后立即产生了学习的兴趣和欲望，很快就进入了学习状态。

"良好的开端是成功的一半"，新奇的引导艺术能够对学生产生强烈的吸引力，使学生受到感染，引导学生走入知识的殿堂。可以说，成功地切入新课是一种创造，为一节课的成功奠定了基础。

吴中胜老师在课堂教学中利用报刊内容，激发学生对测算牛奶中蛋白质含量的兴趣，把学生低迷的学习情绪调到高涨，同时还让学生产生了一种新知识不乏味的感觉。

在讲"非洲地形和地貌"时，某教师拿出了一本体育杂志——《第五频道》，指着封面人物问："你们知道这是谁吗？"

学生们仔细看了看，然后摇了摇头。有的学生还私下里交头接耳开了："这人到底是谁啊？我没有见过。你们谁知道啊？"

这时，有一个学生恍然大悟："我想起来了！在奥运会百米赛跑中，就是这个人得了金牌，还打破了世界纪录！他叫……"

"我知道，他叫博尔特，还获得了200米的金牌，是当今世界上跑得最快的人！"

"对！对！就是他。我也想起来了。"学生们都突然记起来了。

余老师问："你们知道他是哪个国家的人吗？"

"不清楚。"许多学生又都想不起来了。

"这本杂志就有关于他的介绍，要不要我读给大家听听？"

"太好了！太好了！"学生们鼓起掌了。

"乌塞恩·博尔特，牙买加人，身高1.96米。在8月16日北京奥运会男子百米飞人大战中，他以9秒69的成绩轻松打破了9秒72的原世界纪录并夺得金牌。在8月20日的男子200米决赛中，他再次以19秒30的成绩打破了美国名将迈克尔·约翰逊保持了12年的世界纪录，成为双冠王。"

待余老师读完关于博尔特的介绍后，有个学生问："牙买加在什么地方？

我怎么从来都没有听说过？"

"在非洲。"

"对！在非洲。"

学生们七嘴八舌地议论着。

余老师打断他们的话："非洲出了许多擅长田径项目的运动员，特别是在中长跑项目上。但是你们有没有想过非洲为什么盛产优秀运动员？你们想了解非洲这块神奇的土地吗？"

"想！"

"那好，大家翻开课本，拿出地图册，翻到非洲地形地貌这张图，随着我走进神奇的非洲，了解一下非洲的地形和地貌。"

学生们立即行动起来，很快就做好了学习准备。

案例中的地理教师，先不给学生讲地理知识，而是介绍了一下与非洲有点关系的、当前最有影响力的风云人物之一——博尔特，利用学生对博尔特的好奇心，吸引学生进入非洲世界，心甘情愿地学习非洲的地理知识。

这种课堂导入可以说很成功，学生学得也很高兴。

（二）利用报刊内容中的现实问题吸引学生

利用贴近生活的报刊内容来为教学服务，是一种新颖的教学方法。经常利用时尚而贴近生活的报刊内容开展教学，或开展活动讨论，并以此进行巩固复习，也可以成为教师们的新教学法。

在即将讲完"压强"这一章时，安徽省六安市四中的物理教师冯修哲，给学生布置了一个任务。他让学生在学校图书室查阅报刊资料，收集一些与压强有关的新闻、资讯、生活事例等，准备在上"压强"复习课时讨论交流。

复习课上，冯老师说："与压强知识有关的现象在日常生活中随处可见，但我们平时却没怎么注意它。那么，压强的知识在实际生活中到底有哪些应用呢？现在，请同学们先展示一下自己收集到的与压强有关的内容吧！谁先来说一说？"

小军首先站了起来，说："我这里有一段与压强有关的新闻：《新安都市报》报道，105 国道预计使用年限为 15 年以上，但现在才使用 5 年就要大修，而且已经是伤痕累累了……"

四中正好处于 105 国道旁边。听到这个新闻，学生立刻议论起来了："这不是在说我们学校旁的这条道路吗？这条路确实像报纸上说的那样，已经损坏得不成样子了。"

冯老师说："这个内容选择得很不错！现在哪位同学用我们学过的压强知识解释一下这条路到底是怎样损坏的？"

学生们纷纷举手要求回答。冯老师挑了平时很少主动举手发言的学生小亮来回答。

小亮想了想，说："是汽车对路面的压强过大造成了路面的损坏。"

"回答得很正确！是什么原因造成了这么大的压强呢？我们可以通过什么方法来减小压强呢？要想解决路面过快损坏的问题，我们应该采取哪些措施呢？同学们先讨论交流一下，然后归纳出减小压强的方法有哪些。"

学生们立即展开了气氛热烈的讨论。

看到学生们那股认真劲儿，冯老师不禁露出了满意的笑容。

当学生总结完减小压强的方法后，冯老师接着问："你们还收集到其他关于压强的报刊内容了吗？"

许多学生都举手说："我收集了一些，让我来读给大家听听。"

冯老师说："大家都别急，一个一个来。但是要注意，不但要读出来给大家听，还要解释清楚用到了压强的什么知识。好不好？"

"好！"学生们的情绪非常饱满。显然，他们对解释自己收集的报刊内容充满了兴趣。

小敏把收集的报刊内容读给同学听："中国三峡总公司最新消息，三峡水库蓄水到 156 米的目标可望在 27 日实现。随着蓄水深度的不断增加，坝体承受的压力也不断增大。这对坝体的抗压能力是一种检验……"

"小敏，你再解释一下为什么坝体受到的压力会随着蓄水深度的增加而增大？"小敏读完后，冯老师说。

"根据所学的压强知识，我们可以得知：随着深度的不断增加，坝体受到的压强也不断增大，因此坝体受到的压力也是不断增大的。我们经常看到水库坝体建造成上窄下宽的形状，就是因为这个。"

小敏的话刚说完，教室里就响起了热烈的掌声。

这时，小强急忙站了起来，说："我这里还有个更有趣的现象。大家想不想知道？"

"是什么呀？"有学生问道。

小强故作神秘地说："大家都看到过鲜活的河鱼或池塘里的鱼吧？你们有

谁看到过从深海中捕捞出来的活海鱼?"

学生们想了想,都说:"是没有看到! 市场上卖的海鱼都是死的。这是为什么呀?"

小强说:"让我来告诉大家吧!"说着,他拿出了一张卡片,高声朗读道,"生活在深海中的鱼虽然受到海水很大的压强,但因长期生活在深海里,它们体内外的压强也就相互平衡了。可是,被渔民捕捞上来后,它们体外的压强就突然不存在了,而体内的压强却还是那么大。它们根本来不及适应新的环境,就因体内的压强远远大于体外的压强而导致内脏破裂、死亡了。这就是我们看不到渔民从深海捕捞出来的活鱼的原因。"

教室里又一次响起了热烈的掌声。

随着一个接着一个的发言,学生们举的例子越来越多。教室里的气氛也越来越热烈,以至于冯老师不得不打断学生的发言。

就这样,在热烈的讨论交流中,学生们完成了对"压强"知识点的复习。

冯老师的复习课利用报刊内容贴近日常生活的特点,使学生感受到生活处处是知识,知识与生活有密切联系,感到所学的知识很有用,可以解决生活中的实际问题,从而不自觉地提高了学习兴趣。

学生的学习兴趣被激发起来,就愿意动脑筋思考教师的提问,愿意参与教师设置的讨论,从而使教学过程变得生动、活泼,学习氛围变得更加浓厚。

此外,教师引导学生把收集到的报刊内容摘录下来制成卡片,用于知识的复习与巩固,还可以提高学生运用知识分析、解决实际问题的能力,发展和巩固学生的学习兴趣。

(三) 运用多种观点,促进学生进行课堂探究

教师提问题,学生思考问题、解决问题;或者教师讲学生听……这种课堂形式总是让学生处于被动的状态,久而久之就养成了被动的学习习惯,让学习变成了一项烦人的任务。这样一来,学习哪有兴趣可言? 课堂气氛可想而知,肯定会沉闷不已。因此,教师应该有创造性,开发新的教学模式。

利用报刊内容和观点多样性的特点,让学生阅读具有多样性观点的文章,并找出自己认为合理的文章进行摘录,并用于交流。这样既可丰富学生的社会人文知识,加深他们对课程内容的理解,又能促使学习主动化,促进课堂的活跃。

上"明末农民起义"一课时，辽宁省锦州六中的历史教师李成林，提出了一个问题："平时看书和看电视时，我们经常看到吴三桂、李自成、多尔衮等历史人物的名字，知道李自成领导的明末农民起义军攻占了明都城北京，推翻了明王朝。但李自成却败在了吴三桂手里。那么，李自成起义失败的原因是什么呢？"

　　举手回答的学生不多。

　　"历史书提到的很少，需要我们查找资料进行补充。"李老师一边示意举手的学生放下，一边说，"我想要你们通过阅读文史类的报纸、杂志，了解一下别人的观点和看法，然后把你们认为最合理的理由摘录下来。等讲完这章后，我再和你们一起在课堂上探讨。"

　　任务布置下来以后，学生们就开始行动了。课余时间，他们一头扎进图书馆，查阅相关报纸、杂志，并做了大量的笔记和摘录。

　　上课时，一听说要展示交流，大家就热情高涨地把自己的观点展示给大家。

　　一位学生拿出自己摘录的内容，说："我这里有个我个人非常认同的观点，想给大家读读。李自成起义失败的原因主要是政策上的失误。他不懂得巩固根据地，建立统一战线，笼络精英分子。他的农民军还停留在劫富济贫的思想阶段。按马克思主义的说法，阶级矛盾不可调和，但实际上是可以缓和的。毛主席就懂得建立统一战线。而且，历史上也不乏成功的例子。比如，东晋的建立就是笼络了以王谢为首的士大夫集团才站住脚的，以至于有'王与马，共天下'的说法。至于建立根据地，李自成就更谈不上了。短短三年，他们就经历了成功到失败的过程。从根子上讲，李自成的农民起义军还没有摆脱'流寇主义'的思想，以至于失败后，造成的影响很小。大家都知道'反清复明'的口号很响，但有谁听说过'反清复顺'呢？"

　　内容读完以后，教室里响起了一片掌声。学生们也议论纷纷，有人附和，有人反对，争论声此起彼伏。教室里的气氛渐渐热烈起来了。

　　这时，又有一位学生站起来说："大家别急，听听我的理由吧！也许比他的更有说服力。"

　　教室里顿时安静了下来。

　　这位学生读道："李自成起义失败的原因是他当皇帝当得太早了。皇帝当早了，只有坏处没有好处，因为他容易处于众矢之的。俗话说得好'枪打出头鸟'，尤其是周围还有很多敌人存在的时候。历史上好多人都懂得这个道理，然而李自成却不懂。早年，周文王天下三分有其二，尚且服侍殷。这不是因为他谦虚，而是不到时候。孙权劝曹操当皇帝时，曹操说："是儿欲使吾居炉火上耶。"就连朱元璋都在九字真言中提到了"缓称王"。英雄所见略同，古今一理。而李自成呢，一打下西安来就匆匆忙忙地称帝，其实当时他控制的只有湖北、河南、陕西三个省，而且只是军事占领。从这点来看，急于求成，没有稳扎稳打，才是李自成起义失败的原因。如果他明白这些道理，或许就成功了。"

这位学生刚刚读完，教室里就热闹起来了。大家还是为说服别人而交流、争论。

等了一会儿，李老师让学生们安静下来，说："我们还是听听更多的观点吧！"

接着，又一位学生说出她的观点："我这张报纸上的观点是，李自成起义失败是战略上的失误。崇祯十四年是关键的一年。当时，李自成率众从鱼腹山杀出，进入河南，得牛金星、宋献策、李岩等人，队伍也由几百人一下子发展到百万之众，接下来攻洛阳，破襄阳。然而，打下襄阳后，他怎么办的呢？正是在这个战略问题上的判断失误才发生了后来致命的失误。当时，李自成采取了顾君恩的意见：先打西安，再攻北京，进而推翻明王朝。可惜，这个战略是错误的。因为它没考虑到新兴的清王朝的作用。清王朝从努尔哈赤起已经发展了几十年，兵强马壮，后方稳固，进可攻、退可守。这是将来的劲敌。但显然农民军没意识到这一点，没有战略全局的观念，以至于在后来吃了大亏。江南是明朝的主要赋税来源地，也是明王朝的老家，所以北上并没有点中明王朝的要害。事实是清军入关后南明王朝的政权还坚持了十八年。他们靠的就是江南的富庶之地。所以说，李自成此时不应该北上，而应该南下。待南方平定，再大举北伐，到那时清朝再强大，也不可能灭亡大顺了，最多两者打个平手。"

教室里又是一片掌声，学生的发言和讨论接着进行……

随着越来越多的学生发言，课堂的气氛已经沸腾了。李老师适时地打断了学生的发言，说："今天，同学们的观点都很有道理，但是也具有片面性。我认为把你们的观点进行整合，去粗存精，就是一篇很好的关于李自成起义失败原因的论文。如果大家认为这些理由还是不够充分，那么就在课后继续阅读相关的报刊、杂志，收集更多的资料吧！大家说好不好？"

"好！"学生们一致赞成。

以中学生目前的知识，对于李自成起义失败的原因，肯定了解得不够全面、充分。这该怎么办？实行鲁迅先生所说的"拿来主义"。我们不懂，不代表别人不懂。报刊杂志上，解决这个问题的方法很多。果然，经过一番查阅后，学生们就轻而易举地解决了这个问题。

　　课程标准要求，除教材以外，学校和教师还应积极开发和利用其他课程资源，如广播、影视节目录音和录像资料、网络资源和报刊等。所以，教师应该把报刊、杂志作为一种重要的课程资源，对现行教材进行有效补充，使课堂教学变得更加丰富、生动。

　　但在课堂教学中，教师需要注意：要充分考虑报刊使用的频率、时间、数量等问题，既要让报刊为教学服务，使课堂变得生动，又要把握报刊使用的"度"的问题。具体使用时，要注意：有针对性；内容的选择要合适；要恰当地收集整理报刊资料等。

西南师范大学出版社
《名师工程》系列丛书目录

系列	序号	书　　名	主编	定价
思想者系列	1	《回归教育的本色》	马恩来	30.00
	2	《守护教育的本真》	陈道龙	30.00
	3	《教育，倾听心灵的声音》	李荣灿	30.00
	4	《心根课堂——让教育随学生心灵起舞》	刘云生	30.00
	5	《做一个纯粹的教师》	许丽芬	26.00
	6	《率性教书》	夏　昆	26.00
	7	《为爱教书》	马一舜	26.00
	8	《课堂，诗意还在》	赵赵（赵克芳）	26.00
	9	《今日教育之民间立场》	子虚（扈永进）	30.00
	10	《教育，细节的深度反思》	许传利	30.00
	11	《追寻教育的真谛——许锡良教育思考录》	许锡良	30.00
鲁派名师系列	12	《大教育视野下的特色课程构建——海洋教育的开发实施》	白刚勋	30.00
	13	《复调语文》	孙云霄	30.00
	14	《智趣数学课——在情感深处激发学生的数学智能》	王冬梅	30.00
	15	《高品位"悦读"——让情感与心灵更愉悦的阅读教学》	马彩清	30.00
	16	《品诵教学——感悟母语神韵的阅读教学》	侯忠彦	30.00
	17	《智趣化学课——在快乐中提升学生的科学素养》	张利平	30.00
名校长核心思想系列	18	《智圆行方——智慧校长的50项管理策略》	胡美山　李绵军	30.00
	19	《做一个智慧的校长》	孙世杰	30.00
	20	《成为有思想的校长》	赵艳然	30.00
名校系列	21	《人本与生本：管理与德育的双重根基》	广州市广外附设外语学校	30.00
	22	《生本与生成：高效教学的两轮驱动》	广州市广外附设外语学校	30.00
	23	《世界视野与现代意识：校本课程开发的二元思维》	广州市广外附设外语学校	30.00
	24	《让每个生命都精彩——生命教育校本实践策略》	王鹏飞	30.00
	25	《好学校，从关注每个学生开始——石梅小学优质教育多元感悟》	顾泳　张文质	30.00
高效课堂系列	26	《让作文教学更高效——王学东写作教学手记》	王学东	30.00
	27	《用什么提高课堂效率——有效数学课必须关注的10大要素》	赵红婷	30.00
	28	《让作文更轻松——小学作文高效教学36锦囊》	李素环	30.00
	29	《让研究性学习更高效——研究性学习施教指导策略》	欧阳仁宣	30.00
	30	《让母语融入学生心灵——提升学生语文素养的高效施教艺术》	黄桂林	30.00
创新班主任系列	31	《班主任专业化成长策略》	杨连山	30.00
	32	《班级活动创新与问题应对》	杨连山　杨照　张国良	30.00
	33	《班集体建设与创新人才培养》	李国汉	30.00
	34	《神奇的教育场——打造特色班级文化创新艺术》	李德善	30.00
教研提升系列	35	《校本教研的7个关键点》	孙瑞欣	30.00
	36	《教师怎样做小课题研究——高效助力教师专业化成长》	徐世贵　刘恒贺	30.00
	37	《今天我们应怎样评课》	张文质　陈海滨	30.00
	38	《今天我们应怎样进行教学反思》	张文质　刘永厗	30.00
	39	《一节好课需要的教育智慧》	张文质　姚春杰	30.00

系列	序号	书　　　名	主编	定价
优化教学系列	40	《高效教学组织的优化策略》	赵雪霞	30.00
	41	《高效教学方法的优化策略》	任　辉	30.00
	42	《高效教学过程的优化策略》	韩　锋	30.00
	43	《让教学更生动——激发兴趣让学生快乐认知》	朱良才	30.00
	44	《让教学更高效——策略创新让教学事半功倍》	孙朝仁	30.00
	45	《让教学更开放——拓展延伸让学生触类旁通》	焦祖卿　吕　勤	30.00
	46	《让教学更生活——体验运用让学生内化知识》	强光峰	30.00
	47	《让知识更系统——整合与概括让学生建构体系》	杨向谊	30.00
	48	《让思维更创新——思辨与发散让学生思维活跃》	朱良才	30.00
创新语文教学系列	49	《曹洪彪新概念快速作文》	曹洪彪	30.00
	50	《小学语文：享受对话教学》	孙建锋	30.00
	51	《小学语文：名师教学目标落实艺术》	刘海涛　王林发	30.00
	52	《小学语文：名师魅力教学设计艺术》	刘海涛　王林发	30.00
	53	《小学语文：名师魅力课堂激趣艺术》	刘海涛　豆海湛	30.00
	54	《小学语文：单元整体教学构建艺术》	李怀源	30.00
	55	《小学作文：名师情趣课堂创设艺术》	张化万	30.00
教师成长系列	56	《做会研究的教师》	姚小明	30.00
	57	《学学名师那些事》	孙志毅	30.00
	58	《给新教师的建议》	李镇西	30.00
	59	《教师心灵读本：成为有思想的教师》	肖　川	30.00
	60	《教师心灵读本：教师，做反思的实践者》	肖　川	30.00
创新课堂系列	61	《个性化课堂教学艺术：小学语文》	商德远	30.00
	62	《如何实现三维目标——让学生与文本共鸣的诵读教学》	张连元	30.00
	63	《想说　会说　有话可说——突破作文瓶颈的三维教学法》	杨和平	30.00
	64	《综合课的整合创新教学》	周辉兵	30.00
	65	《如何打造学生喜欢的音乐课堂》	张　娟	30.00
	66	《理想课堂的构建与实施——一个教研员眼中的理想课堂》	张玉彬	30.00
	67	《小学语文：决定教学质量的关键策略》	李　楠	30.00
	68	《用〈论语〉思想提升数学教育智慧》	胡爱民	30.00
	69	《童化作文——浸润儿童心灵的作文教学》	吴　勇	30.00
幼师提升系列	70	《全国优秀幼儿健康教育活动课例评析》	教育部教育管理信息中心	30.00
	71	《全国优秀幼儿艺术教育活动课例评析》	教育部教育管理信息中心	30.00
	72	《全国优秀幼儿社会教育活动课例评析》	教育部教育管理信息中心	30.00
	73	《全国优秀幼儿语言教育活动课例评析》	教育部教育管理信息中心	30.00
	74	《全国优秀幼儿科学教育活动课例评析》	教育部教育管理信息中心	30.00
教师修炼系列	75	《班主任工作行为八项修炼》	杨连山	30.00
	76	《教师心理健康六项修炼》	李慧生	30.00
	77	《教师专业化五项修炼》	杨连山　田福安	30.00
	78	《课堂教学素养五项修炼》	刘金生　霍克林	30.00
	79	《高效教学技能十项修炼》	欧阳芬　诸葛彪	30.00
	80	《教师新师德六项修炼》	王毓珣　王　颖	30.00
创新数学教学系列	81	《小学数学：名师教学目标落实艺术》	余文森	30.00
	82	《小学数学：名师高效教学设计艺术》	余文森	30.00
	83	《小学数学：名师易错问题针对教学》	余文森	30.00
	84	《小学数学：名师魅力课堂激趣艺术》	余文森	30.00
	85	《小学数学：名师同课异教》	林高明　陈燕香	30.00
	86	《小学数学：名师抽象问题艺术教学》	余文森	30.00

系列	序号	书　　　名	主编	定价
教育心理系列	87	《做最好的心理导师——中学生心理健康咨询手册》	杨东	30.00
	88	《每天学点教育心理学》	石国兴　白晋荣	30.00
	89	《学生心理拓展训练与指导》	徐岳敏	30.00
	90	《好心态成就好学生——学生心理问题剖析与对症教育》	李韦遵	30.00
名师名课系列	91	《名师如何炼就名课》（美术卷）	李力加	35.00
教育通识系列	92	《用心做教师——青年教师快速成长的十大定律》	王福强	30.00
	93	《做最受学生欢迎的老师》	赵馨　许俊仪	30.00
	94	《做有策略的校长——经典寓言与学校管理智慧》	宋运来	30.00
	95	《做有策略的教师——经典故事中的教育启示》	孙志毅	30.00
	96	《从学生那里学教书》	严育洪	30.00
	97	《突破平庸——提升教育质量的31个跳板》	严育洪	30.00
	98	《教育，诗意地栖居》	朱华忠	30.00
	99	《好班规打造好班级》	赵凯	30.00
	100	《做学生成长的引领者——学生终身成长的素质培养》	田祥珍	30.00
	101	《如何管出好班级——突破班级管理的四大瓶颈》	刘令军	30.00
	102	《青春期性教育教师实用手册》	闵乐夫	30.00
教育细节系列	103	《名师最具渲染力的口才细节》	高万祥	30.00
	104	《名师最有效的沟通细节》	李燕徐波	30.00
	105	《名师最有效的激励细节》	张利李波	30.00
	106	《名师培养学生好习惯的高效细节》	李文娟　郭香萍	30.00
	107	《名师人格教育的经典细节》	齐欣	30.00
	108	《名师营造课堂氛围的经典细节》	高帆　李秀华	30.00
	109	《名师最有效的赏识教育细节》	李慧军	30.00
	110	《名师最有效的批评细节》	沈旎	30.00
教育管理力系列	111	《名校激励管理促进力》	周兵	30.00
	112	《名校安全管理执行力》	袁先澂	30.00
	113	《名校师资团队建设力》	赵圣华	30.00
	114	《名校危机管理应对力》	李明汉	30.00
	115	《名校校本研究创新力》	李春华	30.00
	116	《学校文化力建设策略》	袁先澂	30.00
	117	《名校长核心教育力》	陶继新	30.00
	118	《名校长高绩效领导力》	周辉兵	30.00
	119	《名校行政管理细节力》	杨少春	30.00
	120	《名校教学管理提升力》	张韬　戴诗银	30.00
	121	《名校学生管理教导力》	田福安	30.00
	122	《名校校园文化构建力》	岳春峰	30.00
大师讲坛系列	123	《大师谈教育心理》	肖川	30.00
	124	《大师谈教育激励》	肖川	30.00
	125	《大师谈教育沟通》	王斌兴　吴杰明	30.00
	126	《大师谈启蒙教育》	周宏	30.00
	127	《大师谈教育管理》	樊雁	30.00
	128	《大师谈儿童人格塑造》	齐欣	30.00
	129	《大师谈儿童习惯培养》	唐西胜	30.00
	130	《大师谈儿童能力培养》	张启福	30.00
	131	《大师谈早恋与性教育》	闵乐夫	30.00
	132	《大师谈儿童情感教育》	张光林　张静	30.00

系列	序号	书　　　名	主编	定价
课程系列高中新	133	《高中新课程：教师角色转变细节》	缪水娟	30.00
	134	《高中新课程：班主任新兵法细节》	李国汉　杨连山	30.00
	135	《高中新课程：教学管理创新细节》	陈　文	30.00
	136	《高中新课程：更有效的评价细节》	李淑华	30.00
教学新突破系列	137	《把教学目标落实到位——名师优质课堂的效率管理》	冯增俊	30.00
	138	《拿什么调动学生——名师生态课堂的情绪管理》	胡　涛	30.00
	139	《零距离施教——名师和谐师生关系的构建艺术》	贺　斌	30.00
	140	《一个都不能落——名师提升学困生的针对教学》	侯一波	30.00
	141	《让学习变得更轻松——名师最能吸引学生的情境设计》	施建平	30.00
	142	《让知识变得更易学——名师改造难学知识的优化艺术》	周维强	30.00
教学提升系列	143	《方法总比问题多——名师转变棘手学生的施教艺术》	杨志军	30.00
	144	《用特色吸引学生——名师最受欢迎的特色教学艺术》	卞金祥	30.00
	145	《让学生爱上课堂——名师高效课堂的引导艺术》	邓　涛	30.00
	146	《拿什么打开思路——名师最吸引学生的课堂切入点》	马友文	30.00
	147	《没有记不牢的知识——名师最能提升学生记忆效果的秘诀》	谢佳兰	30.00
	148	《让学生的思维活起来——名师最激发潜能的课堂提问艺术》	严永金	30.00
名师讲述系列	149	《施教先施爱——名师讲述班主任的核心教导力》	杨连山　魏永田	30.00
	150	《在欢乐中成长——名师讲述最具活力的课堂愉快教学》	王斌兴	30.00
	151	《让学生做自己的老师——名师讲述如何提升学生自主学习能力》	徐学福　房慧	30.00
	152	《引领学生高效学习——名师讲述如何提高学生课堂学习效率》	刘世斌	30.00
	153	《教育从心灵开始——名师讲述最能感动学生的心灵教育》	张文质	30.00

《名师工程》系列丛书

征稿启事

《名师工程》系列丛书是西南师范大学出版社策划、组织出版的大型系列教育丛书。丛书以新课程下的新教学为背景，以促进施教者的教育能力为落脚点，以提高教育质量、提升教师水平为宗旨。

丛书首批推出的"名师讲述""教学提升""教学新突破""高中新课程""教师成长""大师讲坛""教育细节""创新语文教学""教育管理力""教师修炼""创新数学教学""教育通识""教育心理""创新课堂""思想者""名师名课""幼师提升""优化教学""教研提升""名校长核心思想""名校工程""高效课堂""创新班主任""鲁派名师"等系列，共150多个品种，其余系列也将陆续出版。为了让广大教师有一个交流、借鉴的机会，同时也为了给广大教师提供更多、更好的图书，《名师工程》系列丛书编辑出版委员会特向全国教育工作者征集稿件。

稿件要求：

1.主题鲜明、新颖，有独创性。

2.主题以提升教育能力为主，也可适当外延。

3.主题要有一定规模、有典型案例支撑。

4.案例要贴近教育实际，操作性强。

5.文章、书稿结构清晰，语言精彩。

书稿作者在选题确定之后，请及时与我们做好沟通，具体事宜确定好之后再进行创作；也欢迎用已经完稿的稿件投稿。一线教师如希望参与图书案例的创作，可联系我社策划机构，由策划机构备案，在适合的图书中参与创作。

真诚欢迎各位教师踊跃投稿。

联系方式：

西南师范大学出版社高教分社

电话：023-68254356   E-mail：zcj@swu.cn

西南师范大学出版社高教分社北京策划部

电话：010-68403096

E-mail：guodejun1973@163.com